KB024597

오박사의
미래교육으로 가는
7가지 방법

오찬숙

프롤로그

"오박사의 미래교육으로 가는 7가지 방법"은 2020년 10월 출간된 나의 두 번째 책인 "학교를 변화시키는 마법(이하 마법)"에서 이야기했던 'V. 미래의 학교는?'의 내용을 보다 구체적으로 펼쳐놓은 것이다. 2020년이면 지금으로부터 약 3년 전 코로나19가 한창일 때였고, 원격수업과 고교학점제, 미래교육에 대한 이야기들이 시작되던 시기였다. 과거에서 보았을 때 미래인 지금, 많은 변화가 이루어졌어야 하는데 "학교를 변화시키는 마법"에서 썼던 것과 같은 맥락의 이야기를 하고 있는 나를 발견한다. 사람의 생각이 바뀌지 않는 것인지, 아니면 상황이 나아지지 않은 것인지 의아하다.

2020년 "마법" 책을 탈고하며 미래교육에 대한 궁금증으로 다시 시작한 공부가 긴 시간이 지나 이제 '미래교육으로 가는 7가지 방법(이하 미래교육 방법)'으로 구체화되었다. "마법" 책이 학교를 변화시키는 방안에 관한 것이라면, "미래교육 방법" 책은 학교를 넘어 지역과 우리 교육 전체를 변화시키는 방안에 관한 것이라 할 수 있다. 많은 사람들이 미래교육에 대해 관심을 갖고 이야기하고 있지만 교육 현장에서 실행하는 연구자로서, 나는 보다 실제적 방안을 이 책을 통해 제안하고 싶었다.

그래서 '미래교육의 지향점'과 '미래지향적 교육과정'을 근거로 '미래교육을 위한 대안들'을 살펴보았고, 현장 중심의 개혁을 추진할 수 있는 방안들을 제안했다. 아무리 좋은 개혁이나 변화 방안도 학교 현장에서 실행되지 않으면 무의미하다. 나는 교육에서도 '개혁의 확산' 방법을 적용해야 한다고 생각한다. '개혁의 확산' 방법은 개인이나 조직, 어제와 오늘, 그리고 미래에서도 같은 방식으로 적용되는 것으로, 미래교육으로 가는 방안을 구상하고 '개혁의 확산' 방법을 통해 많은 학교에서 실행될 수 있게 추진해야 할 것이다. 12년 전 융합교육을 시작해서 아직까지도 융합교육이 우리 교육을 살릴 수 있는 유일한 길이라 믿고 있는 내가 그다지 고집스러운 사람은 아닌 것으로 생각해 주길 바란다.

끝으로 '개혁의 확산'에 대해 연구자이며 행정가로서 공부할 수 있도록 지도해 주신 고려대학교 신현석 교수님께 감사드리며, 오랜 기간 매일 책상에 앉아 있는 내 뒷모습만 보아 온 우리 가족들에게 미안하고 고마운 마음을 함께 전하고 싶다.

2024년 1월
저자 오찬숙

차   례

01

들어가며

나는 언제나 주변인, 경계인, 아니 회색인. 그래서 나는 중간이 좋다 📎

··

고교학점제와 그린스마트스쿨, 교과교실제로 자신의 진로에 따라 선택한 교과를 바쁘게 옮겨 다니면서 공부하는 것도 중요하지만, 우리 아이들이 우리 반, 우리 교실, 우리 공간 안에서 소속감을 느끼고 정서적 안정과 위안을 받으며 자라나는 것도 중요하다. 남들이 보기에 장학사, 교장, 장학관을 하며 살아가는 내가 스포트라이트를 받는 중심에 있다고 생각하겠지만, 사립 교사와 공립 교사, 교사와 행정가 중간에 있는 나는 언제나 주변인, 경계인, 아니 회색인이었다. 어디에도 완전히 속하지 못해 어디에나 섞일 수 있는 융합형 인간. 그래서일까, 나는 언제나 중간이 좋다. 융합교육을 해야 한다고 12년이 넘게 주장하고 있는 내가 개인적으로 이곳저곳 어디에도 속하지 못해 조금은 슬프지만, 양쪽의 장단점을 모두 알고 이해하기에 융합적 발전이 가능하다고 생각한다. 그래서 더욱 이 글을 쓰는 것이 합당하다고 본다.

나는 완벽한 교과교실제보다는 중간 단계의 교과교실제, 철저한 학점제보다는 중간 수준의 학점제를 주장한다. 교과교실에서 공부하면 효과적인 교과들, 예를 들면 과학, 음악, 미술, 기술, 체육 등의 교과는 교과교실에서 공부하고 반면에 국어, 영어, 수학과 같은 공통교과는 우리 반에서 공부하는 것이다. 우리 반 교실이 없어 어린 학생들이 책가방을 메고 매시간 교정을 떠돌아다녀야 하는 완벽한 교과교실제보다는 우리들만의 교실이 있지만 특정 교과는 다른 장소에서 다른 아이들과 공부하는 중간 형태의 교과교실제가 더 맘에 든다. 외국을 똑같이 따라 하는 것보다 우리는 우리의 특성에 맞추어 해야 한다. 'BTS'나 '오징어

게임'이 그러하듯이 우리에겐 우리의 장점이 있다. 담임교사제는 학생들에게 심리, 정서적으로 큰 도움을 줄 수 있는, 다른 어느 나라에서도 볼 수 없는 우리만의 정말 좋은 장점이 있는 제도이다. 완벽한 교과교실제나 학점제에서는 담임의 역할은 거의 없어지게 되고 정말 행정적인 지원을 하는 교사만이 남게 될 것이다.

고교학점제 또한 마찬가지이다. 모든 학생들이 원하는 모든 교과를 개설하기란 너무나 어려운 일이다. 그래서 나는 '교과특성화고1)를 여럿 만들고, 학생들이 배우고 싶은 교과를 다양하게 개설해 놓은 학교에 진학하여 원하는 교과들을 배워야 한다고 생각한다. 그러고도 만약 자신의 학교에서 원하는 교과가 없을 땐, 같은 지역 내 교과특성화고들이 특정 요일 함께 운영하는 공동교육과정 시간에 자신이 원하는 교과가 개설된 학교로 이동하여 학습하는 것이다. 그래서 나는 가는 곳마다 교과특성화고를 만들려고 노력했었고, 나름의 성과도 거두었다.

최근 그린스마트스쿨이나 고교학점제, AI·SW 교육 등 미래교육에 대한 이야기들이 많은데, 사실 과거에도 언제나 앞서가고자 노력하는 우리들은 개혁에 대해, 미래교육에 대해 관심이 많았었다. 아니 그건 우리만이 아니라 전 세계 사람들도 마찬가지로 아마 인간의 속성일지도 모른다. OECD2)에서는 2001년 "미래를 위한 학교교육(schooling for tomorrow)"을 발간했고, 우리나라에서도 2010년 "2020 미래교육보고서"가 서적으로 출판되는 등 과거부터 미래교육에 대해 관심을 가져왔다. 그렇다면 학교를 다시 만들어야 혁신학교이고 미래학교일까? 새로 만들어진

---

1) 교과특성화학교란 특정 분야에 소질·적성이 있는 학생이 특성화된 교육을 받을 수 있도록 중점교과 관련 과목과 프로그램을 다양하게 운영하는 학교이다.

2) OECD(경제협력개발기구, Organization for Economic Co-operation and Development)는 1961년 9월에 창설된 국제 경제 기구이다.

학교가 미래학교라면 기존의 열심히 하고 있는 학교는 과거 학교인가? 언제나 바꾸고 변화하고 미래로 나아가야 한다는 말들이 지금까지의 노력을 초라하게 만든다. 개혁의 방법을 공부한 내가 이렇게 말하는 것이 이상하게 들리겠지만, 우리는 이제 무엇을 다시 만들고 새로운 이름을 붙이고 하는 것에서 벗어나야 한다. 그것이 혁신학교이든 미래학교이든 간에 구태여 표시하지 말자. 그냥 모든 학교가 미래를 지향하는 교육으로 나아가면 될 것이다.

너무나 많은 사람들이 우리의 교육이 50년 이전과 똑같이 분필 하나로 주입식으로 가르치기 때문에 문제라고 말하며, 선진국 교육 방식을 열망한다. 이제 학교에서 과거 우리가 너무나도 원했던 토의·토론과 발표식 수업, 창의성을 기르는 교육을 하려 하는데, 왜 그렇게도 많은 학생들이 학원에 가서 주입식 수업을 받아야 하는지, 그것에 대해 우린 생각해 보아야 한다. 이 부분에 대해서도 회색인이며 융합교육을 실천해 온 나는 학교에서 학생중심, 경험중심의 교육과 함께 교과 학습을 충실히 해야 한다고 주장한다. WEF[3]가 제시한 21세기에 필요한 기술에는 '기초문해력', '역량', '인성자질'이 있는데, 그중에서도 글을 읽고 쓰는 능력, 수리력과 같은 '기초문해력'이 근본으로 필요하다고 WEF는 말한다. 그러니까 과거에 우리들이 중요하게 여겼던 기초문해력은 21세기를 살아가는 데 있어서도 꼭 갖추어야 하는 매우 중요한 것이다.

그런 맥락에서 보면, 지필고사를 치르지 않고 학생 참여형 수업으로 진행하는 자유학기제나 혁신학교에 대해 많은 학부모님들이 **학력이 떨어질까 봐 걱정하는 부분에 대해 보완이 필요**할 것 같다. 일제고사,

---

3) 세계경제포럼(World Economic Forum, 이하 WEF)은 주요 경제 및 사회 문제에 대한 세계 협력을 위해 노력하는, 제네바에 본부를 둔 국제기구이다.

지필평가를 보는 것만이 학생의 학력을 올리는 것은 아니지만, 어느 정도의 학습이 병행되어야 한다는 것도 일리가 있는 생각이다. 활동중심의 교육을 해야 하지만 학습도 해야 한다. 실제 자유학기제를 운영할 때도 모든 시간 활동이나 체험을 하는 것이 아니라 '교과'와 '자유학기 활동(진로탐색, 주제선택, 예술·체육, 동아리 활동)' 시간으로 구성하도록 되어 있지만, 학습량이 부족하고 내실 있는 교육 프로그램을 마련하지 못해 단순 재미나 취미 활동처럼 운영된다는 비판을 받고 있다. 이것을 오전에 교과에서 배운 지식을 바탕으로 오후 자유학기 활동을 구성한다면, 즉 **교육과정을 '교과기반 융합교육'으로 편성한다면 지식이 실제 경험을 통해 내면화될 수 있을 텐데, 안타까움이 있다.** 교과와 연계되지 못하는 것은 학생중심, 참여식 수업을 강조하는 혁신학교에서도 마찬가지이다. 실제 자유학기제 활동이나 주제중심 활동 등을 융합교육으로 진행하는 학교도 있지만, 대다수 학교에서 그렇게 하기엔 교사들의 협업 업무량이 많아져서 교과 따로 활동 따로 하기 때문에 공부를 안 하고 놀기만 한다는 비난을 받게 된다.

나날이 발전하는 AI(인공지능)가 우리 삶의 형태를 바꾸고 있는 지금, 우리 교육이 가고 있는 방향이 절대 잘못된 것은 아닐 것이다. 이미 많이 변화해왔고 지금도 모두 열심히 하고 있으니 변화와 혁신의 새로운 이미지(new image)로 우리 스스로 노력하고 있지 않다고 자책하지 말자. 공간을 바꾸고 체제를 바꾼다고 변화되는 것이 아니라 **'무엇을 어떻게 가르치느냐'가 더욱 중요할 것이다. 학생들이 지식을 습득하고 그 지식의 바탕 위에 역량을 기를 수 있는 교육, 그리고 각자 고립되어 홀로 살아가야 하는 현실 속에서 함께 협력하는 것을 배울 수 있는 학교, 그것이 우리에게 필요한 미래의 학교**이다.

02

미래교육에 대한 단상들

전 세계가 4차 산업혁명과 코로나 팬데믹을 거치며 새로운 모습으로 변화하고 있다. 교육도 그 흐름에서 예외일 수 없다. 처음 비대면 수업, 온라인 원격 학습을 진행하느라 혼란스러웠던 시기를 지나 코로나19가 종식된 지금, 학교는 에듀테크를 활용한 교실 수업, 온라인 수업, 블렌디드 러닝이 자유롭게 이뤄지고 있고, 학교만이 아니라 대학이나 연수기관에서도 대면과 비대면을 수시로 스위치하는 것을 일상으로 여기고 있다. 더욱이 얼마 전까지만 하더라도 과연 가능할까 생각했던 AI(인공지능) 학습, 메타버스 활용 수업이 학교에서 진행되고 있고 학생들은 이미 메타버스 세계 속에서 생활하고 있다.

코로나 팬데믹을 지나며 불과 2, 3년 전과 비교해 학교의 모습이 많이 달라졌지만 많은 사람들은 앞으로도 더 큰 변화가 올 것이라 예상한다. 온라인 학교에서 더 나아가 학교 무용론이 대두되고 있으며, 심지어 우리의 두뇌에 클라우드를 연결하게 될 것이라는 미래학자 레이먼드 커즈와일 박사의 예측(박영숙 외, 2021:269)을 볼 때 아예 가르친다는 행위 자체가 없어질 것이라는 예상도 가능하다. 그런 극단적인 변화는 정말 생각하고 싶지 않지만, 우리가 영화에서 봤던 모습들이 실제 구현되고 있는 현재 모습들을 돌아보며 그 또한 가능할 수 있다는 생각을 하게 된다.

과거 우리가 상상했던 미래교육의 모습이 각자의 집에서 컴퓨터나 로봇에게서 수업을 받는 것이라고 한다면 원격수업을 하고 있는 현재가 미래교육의 모습이니, 코로나19로 인해 미래가 한순간에 우리에게 다가왔다고 말하는 사람들의 말이 옳을 것이다. 여러 책들에서도 디지털이나 AI가 중심인 미래를 이야기하고 있는데, 코로나 사피엔스(최재천 외, 2020:73)에서는 코로나19로 인해 인류의 생활 공간이 온라인, 디지털 플랫폼으로 옮겨가는 언택트(untact) 비대면 사회가 되기 때문에 4차 산업혁명이 더욱 가속화될 것이고 따라서 디지털 문명에 대한 적응력이 필요하다고 했으며, 비욘드 사피엔스(김수형 외, 2020:153)라는 책에서도 2045년의 공교육을 학교 또는 집에서 기기를 이용해 교육 시스템에 접속하면 AI가 수업을 하고 교사들은 전통적인 수업 대신 학생들의 창의성과 인성을 교육하는 데 집중하는 모습으로 묘사하고 있다. 그렇다면 미래에도 학교가 필요할까?

1. 미래에도 학교가 필요할까?

코로나19는 미래에도 학교의 존재가 필요함을 다시 한번 공감하게 한 계기

코로나19 팬데믹으로 비대면 원격수업의 시간이 2년 이상 지속되면서 장기화된 원격수업은 여러 문제들을 야기시켰고 그것은 비단 우리나라에서만이 아니라 미국이나 영국 등 다른 나라에서도 마찬가지였다. 미국에서 교육열이 매우 높은 지역인 버지니아주 페어팩스 카운티[1]에서는 온라인 수업만 11개월째 진행한 결과 하반기 낙제(F) 학생이 급증하였고 사회성 발달이 늦어지는 등 학부모들의 성적하락과 사회성 발달 부진에 대한 우려감이 컸었다. 스웨덴에서도 대면수업에서 큰 문제가 없었던 학생들이 원격수업으로 인해 학습체계가 흐트러지고 불안감이 증대되고 동기부여가 제대로 안 되며, 특히 수업을 따라가기 힘들

---

1) 페어팩스 카운티는 온라인과 대면수업을 병행하는 하이브리드 방식으로 수업하다가 당시 가을학기부터 주 5일 대면수업을 재개하였다(미주한국일보, www. Koreatimes.com, 21.3.18.).

고 도움이 필요한 학생들이 원격수업으로 더욱 힘들어졌다는 점에 주목했다(오마이뉴스, 2021.4.27.). 그리고 미국의 경우 스터디닷컴, 디스커버리러닝과 같은 온라인 과외 프로그램이 있지만 비용 부담이 크고 이미 온라인 수업에 진절머리를 내는 학생에게는 별 효과가 없다는 지적과 함께 학부모들은 2021년 초 비대면 수업 장기화에 따른 학생의 정신적, 심리적, 학습적 폐해는 수년간 이어질 수 있다며 대면수업을 요구했었다(동아일보, 2021.1.14.).

우리나라에서도 학생들의 정상적인 등교수업을 어렵게 했던 코로나19 장기화로 인해 학습 공백과 학력격차 심화, 사회성 결여, 정서적 어려움, 신체활동 저하 등의 문제점들이 나타났고, 급기야 2022년 선거에서 여야 관계없이 기초학력 저하를 주요 이슈로 거론할 정도로 심각한 사회적 문제가 되었다. 현재 학교에서 학력격차 해소, 정서·심리적 지원, 돌봄 지원 등에 중점을 두어 노력하고 있지만 오랜 기간 지속된 학교교육의 공백을 메우기에는 어려움이 큰 상황이다. 미래교육의 상징인 온라인 비대면 수업을 계속해야만 했던 **코로나19 팬데믹은 역설적이게도 등교수업이 학생들에게 매우 중요하고** 미래에도 학교의 존재가 필요함을 다시 한번 공감하게 한 **계기가 되었다.** 학교는 단순히 지식 전달의 장소만이 아닌 것이다.

2. 미래교육에 대한 합의된 정의 📎

미래교육에 대한 충분한 사회적 합의가 부족한 상황

빠르게 다가온 4차 산업혁명과 코로나19 팬데믹으로 전 세계는 기술의 발전뿐만 아니라 급격한 사회, 경제, 문화적 변화를 겪었고 그로 인해 미래에 대한 관심이 더욱 높아졌다. 스마트 기술의 발달로 인해 반복적이고 수동적인 일자리에서 고차원적이고 분석적인 사고를 요하는 직업이 더욱 많이 필요하게 되었으며, 과거 여러 사람들이 힘을 모아 집단으로 하던 일에서 개별적인 컴퓨터 작업을 해야 하는 분절적인 사회가 되었다. 그리고 환경오염으로 인해 또다시 겪을 수도 있는 강력한 감염병을 걱정하며 재택근무와 원거리 화상회의를 일상으로, AI 로봇과 경쟁해야 하는 상황에 놓여있다. 특히 인공지능, 사물인터넷, 빅데이터와 같은 디지털 기술의 발달은 교육에 있어서 과거와 다른 접근이 필요함을 보여준다. 이러한 시대적 변화는 불확실한 미래에 대해 많은 사람들의 불안과 우려를 자아냈고 더욱이 그런 시대를 살아가야 할 학생들의 미래교육에 대해 많은 관심을 갖게 하였다.

10년 전, 20년 전에도 우리는 미래교육을 이야기했다. 한때는 미래를 위해 '글로벌'이 아니면 안 된다고 영어교육을 강조하다가 10여 년 전부터는 '혁신교육'이 학생들을 구할 방법이라고 했었는데, 이제는 '미래교육'이 아니면 안 된다고 야단들이다. 최근 미래교육은 더욱더 핫이슈가 되어 '미래'라는 단어가 들어가지 않으면 마치 도태된 교육인 양 모든 것에 '미래'를 붙여 과연 무엇이 진짜 미래교육인지 혼란스럽기까지 하다. 학습에도 미래, 시설에도 미래, 학교에도 미래, 모든 것에 '미래'라는 단어를 붙여 오해가 생기기도 한다. 어떤 이들은 미래교육이 혁신교육이라고 생각하고, 미래교육이 아이들의 학력을 떨어뜨릴 것이라며 반대한다. 오죽하면 오래되고 낡은 학교 건물을 보수하는 사업에도 미래라는 단어가 붙어 '그린 스마트 미래학교'가 되었는데, 그 지정을 반대하는 학부모 모습을 신문에서 볼 수 있을 정도이다.

미래는 무엇이고 미래교육은 무엇일까? 과거부터 미래라는 단어가 최첨단을 의미하는 것으로 많은 영역에서 사용되고 있지만, 아직까지 명확하게 미래교육이 어떤 것인가에 대해 정의된 바가 없고 그에 대한 충분한 사회적 합의도 부족한 상황이다.

> AI교육이 미래교육인가? 기후환경교육이 미래교육인가?, 아니면 역량교육이 미래교육인가? AI로 학교교육을 대체할 수 없고, 기후환경교육이나 역량도 따로 가르쳐지는 것이 아니라 교과 활동 안에서 지적 역량과 함께 길러지는 것이다.

오래전부터 세계 여러 기관이나 학자들은 21세기, 미래교육을 대비하기 위한 여러 제안들을 해왔다. 세계 경제를 좌지우지하는 경제인과 사업가들이 모인 세계경제포럼(World Economic Forum, 이하 WEF)에서는 이미 2015년에 **21세기 학생들에게 필요한 16가지 생존기술**을 이야기했고, 2019년 경제협력개발기구(Organization for Economic Cooperation and Development, 이하 OECD)에서도 미래시대에 필요한 역량을 "OECD **학습 나침반 2030**"을 통해 '**학생주도성**'과 '**변혁적 역량**'으로 제시하였다.[2] 미래학자 다니엘 핑크(2012)는 이미 2000년대 초반에 세계가 풍

---

2) 이 부분에 대해서는 'Chapter 03 미래교육 지향점'에서 보다 자세하게 이야기할 것이다.

요, 기술 발전, 세계화에 기인한 하이컨셉·하이터치 시대로 가고 있어 학생들에게 예술적·감성적 아름다움을 **창조하는 능력과 공감을 이끌어 내는 능력**이 필요할 것이라 말했었다. 산업화 시대, 정보화 시대를 지나 4차 산업혁명 시대를 살아가고 있는, '과거에서 보았을 때 미래인 지금 현재' 생각해 보면 여러 미래학자들의 이야기가 매우 타당한 이야기였다는 생각을 하게 된다.

(1) 현재 미래교육의 상황은?

우리나라도 예전부터 진로·진학·직업교육에 힘쓰며 학생들의 미래를 대비하기 위해 다양한 교육을 강조해왔다. 2000년대 초반에는 ICT 활용 교육, 2007년에 세계화·정보화에 따른 글로벌 영어교육을 강조했고, 2011년에는 세계적 과학·기술인재 육성을 위한 초·중등 융합인재교육(STEAM)에 힘썼으며, 최근까지도 학생들이 진로에 따라 다양한 과목을 선택·이수할 수 있도록 하는 고교학점제를 준비하며 미래를 대비하고자 노력 중이다. **교육부에서는 2022년 미래교육으로의 전환을 위해 '그린스마트 미래학교' 조성과 '고교학점제' 도입·추진을 이야기했고, 2023년 '디지털 기반 교육혁신방안'을 수립하여 2026년까지 '디지털 교과서 플랫폼'을 도입·확산하는 계획을 세워 추진 중이다**(2022, 2023 교육부 주요업무 추진계획).

서울시교육청은 디지털 교수학습 전환을 위한 인공지능 교육과 미래지향적 교육환경 조성에 힘쓰며, **'AI 기반 융합 혁신미래교육 중장기 발전 계획('21-'25)'**을 세워 2022년에 이어 2023년에도 AI, 과학, 메이커, 영재, 정보, 수학교육을 아우르는 계획으로 실행하고 있다. 전남교육청의 경우 미래교실 수업을 위한 **태블릿 PC 보급**과 더불어 AI **활용 교육**을 하고 있으며, 지속가능한 미래학교 구축을 위해 '미래형 혁신학교'와 '통합운영학교3)', '그린스마트스쿨'과 '학교공간혁신' 등을 추진하고 있다(2023 전남교육 주요업무계획). 경기도교육청도 '**에듀테크 활용 학습**'과 '디지털 교육환경'을 강화하고, '그린스마트 미래학교'와 초·중 통합, 중·고 통합의 다양한 '**미래형 통합운영학교**'를 시도하고 있다(2023 경기교육 주요업무계획). 최근 핫한 주제인 **국제 바칼로레아**(IB) **프로그램**을 운영하고 있는 제주시교육청은 미래교육을 기초·기본교육, 독서교육, 예술교육, 정보교육 등을 강화하는 교육으로 규정하고 창의성을 기르기 위한 SW·AI 교육과 융합인재교육(STEAM)을 실시하고 있으며, 대구시교육청도 인공지능교육과 메이커교육, IB 프로그램 등 미래역량교육에 중점을 두고 있다(2023 제주시교육, 2023 대구미래역량교육).

이처럼 교육부와 시·도교육청들은 디지털 기반 미래교육을 위한 공간조성 및 공간 재구조화, 미래형 혁신학교와 통합학교, 에듀테크 활용 학습을 위한 스마트기기 지급과 SW·AI 교육 그리고 수학, 과학, 영재, 정보, 메이커교육 등을 포함하는 과학중심 STEAM 교육과 IB 프로그램 등을 미래교육 방향으로 설정하고 교육에 힘쓰고 있다.

미래교육에 대한 관심은 이러한 교육 기관들만이 아니라 여러 지자체나 연구기관, 사기업들과 학부모에 이르기까지 나날이 커지고 있다. 어떤 이들은 기존 학교의 존재 의미가 없으니 스마트러닝 시스템을 갖추고 AI로 교육하거나 MOOC나 **미네르바**, **에꼴** 42와 같은 새로운 방식의 교육을 해야 한다고 말하고, 또 다른 이들은 미래 의학이나 과학기술 분야의 우수 인재를 기를 수 있도록 높은 지적 역량과 창의성을

---

3) 통합운영학교란 초·중, 중·고, 초·중·고 등 서로 다른 학교급을 하나의 캠퍼스에 모아 인적·물적 자원을 공동으로 활용하는 학교이다.

갖추도록 교육하는 것이 필요하다고 주장한다. 또한 인성교육이나 협업 능력이 중요하다는 사람들, 예술교육과 인문학교육이 필요하다는 사람들, 수학·과학교육, 안전교육, 건강교육 등이 중요하다고 생각하는 다양한 의견들이 있다. 한편으로 여러 지자체나 교육 기관, 학자들은 코로나19가 환경을 망가뜨리고 훼손했기 때문에 발생했다는 점에 주목하여 생태환경교육을 하는 것이 미래교육을 하는 것이라고 주장하기도 하고, 이미 시중에는 미래교육을 이야기하며 AI 학습을 내세우는 온라인 학습 사이트들이나 드론이나 VR, 코딩을 가르치는 학원들, 메타버스를 활용한 다양한 교육 프로그램을 운영하는 이들도 있다.

(2) 미래를 변화시키는 유일한 방법은 현재를 변화시키는 것

각자의 관심이나 사회적 이슈에 따라 이런 교육을 해야 하고 또 저런 교육을 해야 하고, 그래서 이것을 하다 보면 저것을 못하는 것 같아 다시 저것을 하다 보면 이것을 놓치게 되는, 항상 다람쥐 쳇바퀴 돌듯 교육이 다시 회귀한다는 생각을 하게 된다. 그러나 코로나19 팬데믹과 같은 상황을 다시 겪지 않으려면 미래시대를 살아갈 학생들에게 어떤 방향으로 어떻게 교육해야 하는가에 대해 더욱 깊이 숙고할 필요가 있다.

아이들에게 미래가 무엇이냐고 물어보면 '지금', '조금 후', '내일', '일주일 후'라고 말한다. 그들에게 미래가 명확한 시간으로 구별되지 않듯이, 미래교육은 그 기준 시점에 따라 어제의 교육, 오늘의 교육 또는 내일의 교육일 수 있다. 사실 1, 2년 후의 미래 모습, 아니 한 주나 한 달 후의 미래도 알 수 없는 상황에서 미래교육을 규정한다는 것이 매우 어렵지만 미래교육을 지향하며 우리의 현재를 돌아보는 것은 매우 의미있는 과정일 것이다.

나는 '현재', '현재'가 모여 '미래'가 되기 때문에 '현재의 교육'이 곧 '미래의 교육'이라 생각한다. 나의 이전 책인 "학교를 변화시키는 마법 (오찬숙, 2020)" 마지막 부분에서 이야기했듯이, 미래교육은 어떤 형상이 정해져 있는 것이 아니며, 현재와 완전히 동떨어진 교육이 아니다. 과거 우리들도 미래를 대비한 교육을 잘 받았기에 현재 발전된 한국에 살고 있는 것이고, 현재 우리 학생들도 교육을 잘 받으면 미래에 더욱 발전된 세계에서 잘 살 수 있을 것이다. **지금 우리가 미래지향적인 작은 변화들을 지속적으로 해나간다면 그런 것들이 모여 발전된 미래교육의 모습이 되니,** 미래교육은 바로 현재 우리가 어떤 교육을 해야 하는가로 귀결될 수 있다.

(3) 무엇이 미래교육일까?

학생들을 교육하는 이유는 무엇일까? 미래는 예측할 수 없는 것으로, 학생들이 그런 예측 불가능한 미래시대를 잘 살아갈 수 있도록 교육하기 위해서다. 그렇다. **미래교육은 '앞으로 다가올 때를 대비한 교육', 즉 미래를 위한 교육으로, 학생들이 앞으로 그들의 삶의 터전에서 행복하게 잘 살아갈 수 있도록 교육하는 것이다.** 그러기 위해 우리들은 학생들이 미래시대를 잘 살아갈 수 있도록 지식과 역량 그리고 인성을 고루 갖출 수 있도록 교육해야 한다.

오랜 기간 학교교육은 학생들이 자신의 진로에 따라 교육받고 사회·경제적으로 독립하여 살아가기 위한 준비 과정으로 여겨져 왔지만, 최근 빠른 속도로 변화하는 사회 변화 속에서 학교는 학생들이 새로운 문제에 직면했을 때 배운 지식을 적용해 해결하고 성과를 낼 수 있도록 지식과 역량을 배우는 곳이라 할 수 있다. 이것은 IT 기술이나 인터넷으로 아무리 지식을 쉽게 얻을 수 있다 하더라도 핵심적이고 필수적인 지식을 배워야 하고, 자신이 학습한 핵심 개념이나 지식을 다른 맥락에서 연결하여 활용할 수 있는 학습 기회가 있어야 한다는 것을 의미한다. 학생들이 학습을 통해 지식을 내면화하고 그 지식을 바탕으로 역량을 기를 수 있는 교육이 미래교육이며, 현대사회의 고질적인 유행병 '외로움'을 안고 살아가야 하는 현실 속에서 더불어 살며 협력하는 법을 배울 수 있는 학교, 그것이 우리에게 필요한 미래학교의 모습이다(오찬숙, 2020: 308).

엄청난 속도로 발전하는 인공지능 기술을 보며 많은 사람들이 미래에 대한 다양한 예측을 내놓고 있다. 최첨단 신기술로 인해 미래엔 노동시간이 줄어들고 삶이 여유로워질 것이라는 전망이 있고, 또 다른 면에서는 로봇이나 인공지능이 인간의 일자리를 대체하여 그로 인한 문제들이 많아질 것이라는 전망도 있다. 미래는 언제나 우리가 경험하지 못한 시간이기 때문에 지금껏 우리 교육이 해왔던 것처럼, 학생들이 밝은 미래로 나아갈 수 있도록 **지식과 기술**을 익히고 윤리적이고 책임감 있는 행동을 할 수 있는 **태도와 가치관**을 성장시켜야 한다. 그리고 **창의적**으로 생각하고 **협업**할 수 있도록 기회를 주고 도와주는 교육을 하고, 그 어떤 상황에서도 스스로 판단하여 문제 상황을 헤쳐나갈 수 있도록 **학생 주도성**을 키워주는 것도 필요할 것이다. 여러 사람들이 미래교육으로 제안하는 AI교육이나 디지털교육, 환경교육, 메이커교육, 토론교육 등 많은 교육들이 물론 미래교육에 있어서 매우 필요할 것이다. 하지만 어느 한 가지만 강조하여 교육하는 것이 아니라, 미래사회를 살아갈 아이들에게 필요한 인성과 창의성, 사회성 교육이 교과 학습을 기반으로 학교의 모든 교육활동 속에서 유기적으로 이루어질 때 **미래교육이 추구하는 가치가 실현될 수 있다고 생각한다.** 이것이 **자기중심적 개인주의가 강하고 집단적 정체성이 약화된 디지털 네이티브 Z세대인 우리 학생들에**

게 꼭 필요한 교육(오찬숙, 2020:130)이며, 4차 산업혁명으로 더욱 중요하게 여겨지고 있는 **미래핵심역량**[4])을 지식에 기반하여 키우는 교육(오찬숙, 2018:26 – 29)인 것이다.

3. 유행에 흔들리지 않고 큰 강물처럼 흐르는 교육 📎

우리나라 사람들은 유행이랄까 아니면 변화랄까 어떤 하나가 이슈화되기 시작하면 모두 그것을 해야만 하고, 그것도 다른 사람보다 빨리 받아들여야 앞서 나가는 사람이라 생각하는 경향이 있다. 그러한 양상은 패션이나 전자제품, 자동차와 같은 제품에서부터 경제, 문화, 생활 패턴, 교육 분야 등에 이르기까지 다양한 분야에서 볼 수 있는데, 새로운 변화를 따라가지 못하면 내가 퇴보하는 것이고, 그것도 빨리 쫓아가지 못하면 뒤처지게 된다고 생각하는 일종의 강박증적 모습을 보여주는 것 같다. 한때 학생이나 젊은 사람들이 모두 검정 롱 패딩을 입어 온 거리가 검은색 롱 패딩으로 가득 차 다른 모습을 한 사람들을 찾아볼 수 없었던 겨울의 모습이 생각난다.

그런 성향으로 인해 우리가 보다 빨리 발전하고 그래서 단시간에 선진국 대열에 설 수 있게 되었는지는 모르겠지만, **새로운 유행에 너무 집중하느라 그 이전의 중요했던 것들을 소홀히 하게 된다.** 그래서 얼마 전까지도 너무나 중요한 것이라 강조했던 것들이 한순간에 아무것도 아닌 것이 되어버리는 허망함이 있다. 교육 분야도 예외가 아니어서 한때는 글로

---

4) 필자는 오찬숙(2018)에서 미래핵심역량을 '창의성', '자기주도성', '문제해결력', '정보통신역량', '의사소통 및 협업 역량', '공동체 역량'으로 제안하였다.

벌 영어교육, ICT 교육이 너무나 중요했었고, 또 다른 시기에는 열린교육, 교과교실제, STEAM 교육 등이 중요하게 강조됐었다. 그리고 최근에는 자유학년제에 이어 고교학점제, 혁신학교, 그리고 미래교육, AI 교육, IB 교육에 이르기까지 시기별로 이것이 아니면 안 된다는 생각이 들 정도로 모두가 하나에 집착하고 있다.

무엇이든 빨리 잘하고자 하는 우리들의 성향으로 인해 성과 위주의 학습, 예를 들면 대학입시를 위한 경쟁 위주의 학습이나 높은 시험 점수를 받기 위한 암기식 학습을 했을 것이다. 그런 학습이 우리나라의 빠른 성장을 촉진하는 데 도움을 주었을지 모르지만, 그로 인한 학생들의 **불행감, 우울감**이 있다는 것은 부인할 수 없다. 그리고 주입식 교육이 학생들의 창의성을 기르지 못한다는 수많은 반성적 이야기들이 있었고 아마 그런 취지에서 자유학기제나 혁신교육 등이 나왔을 것이다. 어떤 이유에서든지 실제로 오랜 세월 동안 과도한 암기식, 주입식 교육이 이루어지고 있었고, 반면 시대적으로 미래사회에서 잘 살아가기 위해 창의성, 문제해결력, 비판적 사고력, 협업, 의사소통 등의 역량들이 필요하다는 인식이 널리 퍼져 2015년 교육부는 지식 위주의 암기식 교육에서 배움을 즐기는 행복교육으로의 전환을 강조하며 2015 개정 교육과정을 발표하고 창의융합형 인재가 갖추어야 할 핵심역량을 제시하였다(교육부, 2015). 세계적으로도 OECD(2019)가 미래를 위한 교육 시스템 준비를 위해, 개인과 사회의 성공을 추구하던 목표에서 개인과 집단의 행복, 복지를 목표로 하는 체제로 전환해야 하며 학생들의 주도성을 키우는 교육으로 나아가야 함을 강조하였다.

그러나 많은 사람들은 그러한 학생 경험과 체험 중심 교육으로의 변화 움직임들이 지식교육을 아예 하지 않고 학생들을 그저 놀게만 한다고 오해 아닌 오해를 하여, 절대로 혁신이나 미래라는 용어를 사용하지 않기를 바라고 있다. 2022년 선거 결과에서도 볼 수 있듯이 본래 취지대로 운영되지 못했던 혁신교육은 학생들의 학력을 떨어뜨린다는 강한 비난을 받았다. 지식교육을 중시했던 과거가 모두 잘못된 것도 아니고, 학생활동 중심 교육을 강조하는 지금 현재가 모두 잘못된 것도 아닐 텐데 우린 여전히 너무나 극단적이다. 학교교육은 사회·정치적 변화와 관계없이 큰 강물처럼 흘러가고 있고, 그 흐름 속에 교사들은 자신들이 해야 할 소임을 묵묵히 하고 있다.

(1) 교육 변화에 대한 비판과 오해의 이유는?

시대가 농경, 산업, 4차 산업혁명 시대로 변하고 있고 그에 따라 교육도 변화하고 있다. 하지만 시대가 변했는데 교육은 지금도 50년 전과 똑같다고 하는 사람들부터 학생들이 무엇을 안다고 지식은 가르치지 않고 놀기만 하냐고 비판하는 사람들에 이르기까지, 많은 사람들은 아직도 교육에 대해 할 말이 많고, 각자의 생각과 관점에 따라 여전히 비판을 한다. 이러한 비판들과 함께 전 세계적으로 사회적 변화와 기술적 발전에 맞추어 교육이 미래를 대비하는 교육으로 변화해야 한다는 의견과 주장들이 넘쳐나고 있다.

우리 교육 현장이 짧은 시간에 많은 변화를 하고 있지만, 변화하고 있음에도 여전히 비판과 비난을 받는 이유는 무엇일까? 그것은 아마도 지식교육과 역량교육을 보는 관점 그리고 시험에 대한 생각들이 다르기 때문이다. 일례로, 혁신학교를 반대하는 입장에서는 공부를 시키지 않아 학력이 저하되고 시험을 치르지 않기 때문에 상급학교 진학 시 적응하지 못할 것이라고 생각한다. 암기 및 입시 위주의 획일적 교육에서 벗어나 창의적 교육과정을 운영하고 토론·체험 중심의 교육을 하자는 혁신학교의 취지가 공부는 시키지 않고 다른 것만 한다는, 즉 '공부를 하지 않는 학교'로 알려지게 된 것이다(중앙일보, 뉴시스 등 2021.3.17./8.2.). 혁신학교와 일반학교 모두에서 근무했던 나는 '그게 아닌데'라는 생각을 한다.

우리는 사물을 보거나 상황을 볼 때 너무 극단적이다. 지식중심의 암기식 교육이 너무나 심해 '우리 교육이 언제쯤 다른 선진국들처럼 토론수업, 질문하는 수업으로 바뀔 수 있을까'라고 비난받았던 과거 당시에도 학교 교사들은 프로젝트 수업, 토의·토론 등의 학생활동 중심 수업을 했었다. 또한 학생활동 중심 수업을 해야 한다고 교육당국이 힘주어 말하지만, 학교에서 교과 학습은 하지 않고 노는 활동만 한다고 비난받는 지금도 학교에선 지식교육을 하고 있다. 학생들이 지식을 많이 기억해야만 창의력을 높일 수 있다고 주장하는 사람들도 기억 학습 외에 휴식, 독서, 융합교육, 예술교육 등 어느 한 방식에만 의존하지 말고 조화롭게 교육과정을 편성 운영해야 한다고 말하는 것처럼(박제원, 2021:187), 교사들은 학생중심 교육을 강조하는 것이 기존 교육 방식이 너무 지식중심의 주입식 교육이었기 때문에 학생들이 활동하고 참여하는 수업을 좀 더 해서 학생들의 역량과 주도성을 길러주도록 강조하는 것이라 이해한다.

학교교육에는 본질적으로 해야만 하는 과업이 있다. 교과교육과 함께 이루어지는 인성교육 그리고 역량교육이다. 앞서 말한 것처럼, 과거 암기식, 주입식 교육이 판을 칠 때에도 교과교육을 하면서 인성교육과 역량교육을 함께 했었고, 역량교육을 해야 한다고 강조되는 현재 이 시점에도 교과교육을 하면서 인성교육과 역량교육을 하고 있다. 단지 가르치는 방식이 시대의 변화에 따라 분필에서 다양한 교재교구로, ICT

교육으로, 그리고 코로나19로 인한 원격교육 등과 같은 에듀테크를 활용하는 방식으로 변화되고 있는 것이며, 수업 방식을 토의·토론이나 발표, 조별활동 등 다양한 학생 주도적 방법으로 진행하고 있는 것이다. 언제나 수단이 목적을 능가할 수는 없다.

(2) 교과 기반으로 교육과정을 재구성해야 했는데…

혁신교육이나 자유학기제 등을 반대하는 대다수의 사람들이 학교에서 공부는 시키지 않고 놀기만 한다고 생각하는 이유 중 하나가 학교에서 진행하는 많은 행사와 활동들이 교과 수업과 연계되지 못하고 일회성 체험활동으로 진행되어 본래 목적과 취지를 살리지 못해서일 것이다. 사실 학교 여러 부서에서 추진하는 문화, 예술, 체육, 언어, 인성 관련 활동들이 학습과 관련 없이 겉도는 행사로 여겨지는 이유가 바로 여기에 있다.

예컨대 요즘음 강조되고 있는 자유학기제나 자율교육과정, 프로젝트 수업, 창의적 체험활동 등 **학생활동 중심의 교육 프로그램을 진행할 때에는 학생들에게 교과 학습을 시키고 그와 관련된 활동으로 프로그램을 구성하여야 한다.** 왜냐면 사실적, 개념적 지식을 충분히 배우고 그것을 바탕으로 실제 체험의 기회를 주어야 지식이 체계화되고 교과 간 내용의 연계성을 파악할 수 있기 때문이다. 그러나 많은 경우, 교과 관련 없이 단순한 일회성의 노작활동이나 체험활동으로 운영하다 보니 학생들은 그런 활동에서 의미를 찾지 못하고, 많은 학부모들은 놀기만 하는 것 같아 학력이 떨어질까 우려하는 것이다. 그러니 교사들의 책임이 전혀 없다고만은 볼 수 없다.

교사들은 프로젝트 수업이나 주제별 체험활동 등을 구성할 때 단순한 체험활동이 되지 않도록 반드시 교과에 기반한 교육과정 재구성으로 학생들의 메타인지를 높여야 한다. 12년이 넘도록 융합교육을 공부하고 실행해 온 나로서는 모든 학교에서 교과 공부를 하고 그것과 관련된 프로젝트를 여러 교과에서 함께 진행하는 융합교육을 제대로 실행한다면 학생들의 지적 영역과 정의적 영역을 함께 기를 수 있을 것인데, 제대로 실행하지 못하는 현 상황이 안타까울 뿐이다. **미래교육, 혁신교육, 융합교육 등에 대한 오해는 교과에 기반한 학습을 하게 될 때 불식될 수 있을 것이다.**

(3) 교육은 정치 변화와 관계없이 지속되어야 한다

한 가지 더 강조하여 말하고 싶은 것은 교육 변화가 반드시 어떤 정치적 변화와 연결되는 것이 아니며, 더욱이 교육 발전을 위해서는 정치 변화와 관계없이 지속되어야 하는 영역이라는 점이다. 선거철이 되면 언제나 언론에서 후보자가 진보성향 또는 보수성향이기 때문에 교육에 있어서 이러저러할 것이라는 이야기들을 많이 한다. 교육에 있어서 보수와 진보가 어디 있나, 본질은 같은데. **나는 보수인 줄 알았는데 교육에 대한 생각은 진보이고, 내가 진보인 줄 알았는데 내 아이에 있어서는 보수인 것을. 그래서 교육은 정치와 분리되어야 한다.** 시대가 변하고 사회가 바뀌어도 교육의 본질은 바뀌지 않는 것으로, 정치적 변화와 관계없이 교육은 도도히 흐르는 물처럼 흐르고 있다.

자세히 살펴보면, 물론 '혁신학교'는 진보성향 교육감들의 대표 정책이지만, '꿈끼 탐색 주간'이나 '자유학기제', '역량중심 교육과정' 등은 보수정권인 박근혜 정부(2013-2017)에서 시작된 것으로 지금까지도 지속적으로 추진되고 있다. 2013년 8월 국가수준 학업성취도 평가가 초등은 폐지하고 중학교는 과목을 축소하는 개선안으로 제안되었고, 학교교육 내실화를 위해 중학교 자유학기제가 시작되었다. 그 후로 창의융합형 인재 양성을 위한 통합형 교육과정 개발, 자기주도적 학습역량을 키우기 위한 학생참여중심 수업 활성화, 객관식 지필평가 비중 축소 및 수업과 연계한 과정 평가 확대 방안 등도 추진되었다(2015, 2016 교육부 업무계획). 특히 일반고등학교의 역량 강화를 위해 원하는 교과목을 집중 학습할 수 있는 '교과중점학교' 확대와 미래사회에서 요구되는 '역량교육' 강화를 정책의 방향으로 삼고, 학교별 교과 중점학급 및 학교 간 교육과정 공동운영을 확대하고자 했으며 '기초학습클리닉'이나 '멘토링제'를 도입해 기초학력 보장 프로그램 내실화를 기하고자 했었다(2016, 2017 교육부 업무계획). 다시 말해, 초창기 일부 혁신학교를 제외하고 얼핏 보아 진보 정부의 교육정책이라 여겨지는 학생중심 교육, 역량중심 교육 등은 진보성향 교육 실행자들에 의해서 만들어진 교육정책이 아니라, 보수 정부에서 시작되어 지금까지 지속되어 온 것이다. 그러니까 **교육정책 변화가 반드시 어떤 정치적 변화와 연결된 것이라고 보는 것은 다소 무리가 있는 것이다.**

여러 새로운 교육정책에 대한 궁금증을 가졌던 필자도 뒤늦게 시작한 교육학 공부를 통해 세계 교육의 방향이 이미 1990년 이전부터 역량교육이나 창의성교육, 융합교육 등 현재 우리 교육이 변화하는 방향과 같은 방향으로 이동하고 있으며, 현재에도 미래교육 방향으로 세계가 함께 변화하고 있음을 알게 되었다. 좀 더 비약해 말하자면, 만약 지난 10년 보수 정당이 정권을 잡고 교육정책을 실행했었더라도 아마 지금과 같은 방향으로 변화했을 것이라는 생각도 하게 된다. 교육은 정치와 관계없이 이루어져야 하는 유일한 영역으로, 유행에 흔들리지 않고 큰 강물처럼 흘러가는 교육이어야 한다.

수업의 변화, 공부하는 교사, 학생을 위한 노력, 협력하는 문화는

교육이 가야 할 본질적인 방향으로, 학교 현장은 시대적 요구에 맞추어 그런 방향으로 자연스럽게 변화하고 있다. 단지 최근의 교육 변화를 그리고 교사들의 변화 노력들을 혁신이라는 이름으로 명명(naming)했을 뿐이기에, 혁신이라는 것을 어느 특정 누구누구들만의 것이라거나 그동안 변화된 모든 것들로만 생각하지 않아야 한다. 많은 교사들이 초창기 혁신학교에 거부감을 느꼈었지만, 오랜 시간에 걸쳐 혁신학교를 받아들이게 된 것은 시대의 변화에 따라 자신들의 수업을 변화시키고 싶어 했던 교사들의 욕구(needs)와 그러한 변화를 할 수 있도록 협력적 학교 문화를 만들었기 때문이다. 다른 무엇보다도 자신들의 수업에 부족함을 느끼고 있던 교사들에게 교사로서 시대의 변화에 따라 수업을 바꾸어야 한다는 말은 공감을 불러일으켰고 이제는 혁신이라는 이름을 떠나 교육의 본래 목적대로 발전해 나가고자 노력하고 있다.

혁신학교의 취지는 좋았지만 현장의 학생, 학부모, 지역사회로부터 환영받지 못하는 사례가 너무나 많다고 이야기하고 있는 것처럼, **어떤 교육정책이든지 본래 목표와 달리 학부모들이 반감을 갖게 되는 것은 정책 실행에 있어서 우리 학교 현장에 맞게, 제대로 작동될 수 있는 방향으로 추진되는 것이 아니라, 본래의 목적을 달성하기 위해 정말 중요한 것은 변화시키지 못한 채 겉모양만 변화해왔기 때문이다.** 이미 변화되고 있는 교육의 흐름을 굳이 혁신이라는 용어로 라벨링(labeling)하여 많은 사람들의 반감을 불러일으키지 말고, **교사들 스스로 세계변화의 흐름에 맞춰 수업 방법 개선을 꾀할 수 있도록 실제적 지원을 하는 것이 필요**하다.

4. 공존해야 하는 지식교육과 역량교육 📎

지식교육과 역량교육은 상치 개념이 아니다

최근 **미래교육과 역량교육이 학생들의 학력을 떨어뜨린다는 생각으로 인해 역량교육을 강조하는 것이 지식교육을 하지 않는 것으로 오해하는 경향**이 있다. 오랜 기간 교육당국이 개념적 지식에 대한 학습을 낡은 방식으로, 창의력학습을 혁신적 방법이라고 강조해왔기 때문에, 일부 사람들은 역량교육을 하면 지식교육이 등한시될까 봐 우려하며 거부감을 갖는 경우가 많다. 그러나 학교는 과거에도, 현재에도 지식교육 또는 기억교육을 하고 있다. "OECD 학습 나침반"이나 "WEF의 21세기 기술"5)에서도 이야기하고 있듯이, 지적 역량은 모든 교육의 기반(base)으로, 개별 교과의 학습 없이 창의력, 문제해결력, 비판적 사고력은 길러질 수 없다. **마치 펌프에 마중물이 없으면 물을 끌어 올릴 수 없는 것과 같이 지식은 모든 교육을 위한 '마중물'과도 같은 역할을 한다.** 개념적 지식 없이 지식의 확장은 불가능하며 그에 근거한 창의력이나 문제해결력, 비판적 사고력과 같은 역량도 길러질 수 없는 것으로, **지식교육과 역량교육은 서로 배치되는 개념이 아닌 것**이다. 그래서 교사들은 개별 교과 학습을 바탕으로 창의력, 문제해결력, 비판적 사고력을 키울 수 있도록 수업을 설계하여 교육하고 있지만, 최근 코로나19 장기화로 인한 학습결손과 역량교육에 대한 강조가 함께 맞물려 마치 학교 현장에서 지식교육을 하지 않는 것처럼 오해하고 있는 것 같아 다소 안타깝다.

---

5) 'Chapter 03 미래교육 지향점'에서 보다 자세하게 다룰 것이다.

코로나19를 지나며 놀람과 혼란 속에서 학교는 비대면 원격수업을 진행하는 등 여러 방법을 시도했지만 학교교육은 정상적으로 이뤄지지 못했고, 2021년 국가수준 학업성취도 평가 결과(교육부, 2022)에 따르면 코로나19 발생 전이었던 2019년에 비해 2020년과 2021년 보통학력 이상 학생 비율이 현저히 낮아졌고, 교과별 기초학력 미달 학생의 비율은 크게 증가한 것으로 나타났다. 학생들의 학력이 낮아졌다는 것은 미래의 인재를 길러야 하는 국가적 차원에서도 매우 심각한 것으로, 2022년 당선된 진보와 보수 교육감 모두 기초학력 증진이 필요함을 강조하였다. 교육을 보는 관점에 따라 평가 강화 방안이나 교육회복 프로젝트와 같이 다양한 해법을 제시하고 있지만, **학습결손과 학력격차를 보완하기 위해서는 무엇보다도 각 학교에서** 학생들의 여건에 맞는 꾸준한 학습지도 노력이 필요하다.

한때 사토 마나부의 '배움의 공동체' 수업 방법이 대유행(boom)했을 때, 아마 그때가 혁신학교가 처음 도입될 당시였는데, 우리 학교6)에서도 배움의 공동체 수업을 시도해 보고자 벤치마킹을 위해 가서 보기도 하고 강사를 모셔서 강의도 듣고, 그리고 교사들끼리 협의도 여러 번 했었다. 그때 수업 방법에 대한 열띤 토론을 거쳐 우리 학교 선생님들은 학생들끼리 협력해서 스스로 깨우치는 것도 좋은 방법이지만 우리 학생들에게 더욱 적합한 것은 일정 수준의 교과 학습 후 그것을 심화시키는 방법으로 학생들의 활동을 도입하는 것이 최선이라는 결론에 도달했다. 그래서 창의성과 협업 역량 등을 키워주는 수업 방법으로 배움의 공동체 방법이 아닌, 학생들 수준에 맞추어 기초학습을 충분히 한 후 협동학습이나 토의, 토론, 발표 등의 수업 방법을 적용하는 것을 선

---

6) 필자가 교감으로 재직했던 ○○중학교이다.

택하였다.

**역량도 좋고 지식도 좋지만 교육은 학생들에게 맞게 이루어져야
한다.** 최근 이슈가 되고 있는 'IB 교육(International Baccalaureate, 국제 바
칼로레아)'이나 '하브루타교육(Havruta)', '거꾸로 수업(flipped learning)' 등
의 경우, 그러한 교육들이 역량을 키울 수 있는 매우 훌륭한 방법들이
지만 기초적 지식 없이 진행될 때 효과를 거두기가 어렵다. 기초적 지식
이나 개념도 형성되지 않은 학생들에게 수업 방법만을 바꾼다고 해서 고차원
적 교육이 되는 것이 아니라는 것을 현장 교사들은 모두 알고 있는 사실인데,
일부 사람들은 그런 방법을 도입하면 저절로 교육이 잘 될 것이라 생각한다.
그러한 교육 방법들은 모든 학교, 모든 학생들에게 천편일률적으로 적
용되는 것이 아니라 그 학교, 그 학생에게 맞게 그 학교 교사가 구성해
서 적용해야 한다.

학생들의 학업 수준이 높아 기본적 지식이 갖추어져 있고, 토론으
로 지식을 확장하는 것이 가능한 학교라면 IB 교육이나 하브루타교육
을 적용하는 것이 맞을 것이고, 다문화학생이 많은 학교는 한국어 교육
과 한국문화 이해교육, 그리고 각 학생 나라의 정체성 교육을 하는 것
이 더 시급할 것이다. 또한 기초학력이 낮아 시험 문제가 의미하는 바
조차 이해하지 못하는 학생들이 많은 학교라면(실제 그런 학교가 많이 있
다) 기초학력을 높이는 수업이 우선되어야 할 것이다. **어떤 교육 방법이
좋다고 하여 막대한 예산을 들여 모든 학생들에게 일괄적으로 시행하
는 것은 또다시 학생들의 학습의욕을 꺾어 수업에서 이탈하게 할 수 있
다.** 한때 거꾸로 수업이 효과적이라고 했지만 스스로 공부할 수 있는
여건이 갖추어져 있지 못한 학생들이 많은 경우, 그 수업을 따라가는
학생들이 적어 지금은 열기가 시들해진 것에서도 볼 수 있듯이, 과거부

터 지금까지 시대적으로 강조되는 여러 교수학습 방법 모두 마찬가지이다.

그 어떤 경우라도 학생들이 학습하고자 하는 학업 의지를 갖도록 하는 것이 무엇보다 중요하고 그리고 기초학력을 단단히 한 후에 활동 수업으로 역량을 기르는 것이 필요하다. 역량교육을 해야 한다고 강조하는 것이 지식교육을 하지 말라는 것이 아니며, 지식교육을 한다고 해서 역량교육이 안 이루어지는 것도 아니다. 현장 교사로서 **나는 최근 역량교육을 강조하는 것이 지금까지 우리가 챙겨서 하지 못했던 교육 영역에 보다 더 신경 써서 잘해보자는 이야기라고 생각한다.** 과거 우리가 열망하던 선진국 수업 방식과 학부모들이 요구하는 학력 신장에 대한 요구를 모두 수용할 수 있는 것은 바로 학생 수준에 맞추어 설계된 교과 교육과정에 기반한 역량교육이다. 창의성, 협업 능력, 학생 주도성 등의 역량을 키워야 한다고 이야기를 들으면 교사들은 당연히 자신들의 교과 수업에서 교과 지식과 더불어 역량을 키울 수 있도록 교육과정을 다양하게 구성해야 할 것이다. **미래시대를 위해 필요하지만 우리 교육에서 부족했던 역량교육은 지식교육의 바탕 위에 다양한 방법으로 이루어져야 한다.**

(1) 평가, 미래교육에서도 핫이슈

2022년 시·도교육감 선거전에서도 볼 수 있었듯이, 코로나19 장기화로 인한 학력 저하 문제와 그 문제를 해결하기 위한 평가 방안이 미래교육 방향에 있어서 주요 이슈가 되고 있다. 코로나19로 인해 오랜 기간 등교수업을 하지 못하고 온라인 비대면 수업을 해야만 했던 학생들이 학교에서 여러 방법으로 지원했음에도 학습결손이 생겼고 그로 인해 기초학력이 저하되고 학력격차가 심화되는 결과를 가져왔다. 한편, 일부에서는 기초학력 저하가 코로나 이전인 10여 년 전부터 야기된 것으로, 학생활동 중심 교육과정과 지식을 확인하는 지필평가 대신 수행평가 등 **과정 중심 평가를 강조해온 진보 교육감들의 정책이 학력 저하에 영향을 미쳤다는 이야기**를 한다(뉴시스, 2022.6.19.). 사실 2017년 문재인 정부에서 국가수준 학업성취도 평가 전수조사를 폐지했고 자유학기제 운영 시 중간·기말고사를 실시할 수 없으며, 서울은 2011년부터, 경기는 2016년부터 단계적으로 초등학교에서 중간·기말고사를 폐지했었다. 이는 단답형 지식을 암기하고 학생들을 서열화시키는 평가에서 수업 중 태도나 적극성, 협업 능력 등을 평가하는 **학습 과정 중심 평가로 전환하여 학생들의 과도한 학업 스트레스를 줄이고 학생의 성장을 돕고자 한 것이었다.**

평가에는 중간·기말고사처럼 시기를 정해서 치르는 지필평가 외에도 학습 과정을 평가하는 수행평가, 교사들이 학습 준비상황이나 학습 내용의 이해 정도를 알기 위해 실시하는 진단평가, 형성평가 등 다양한 평가들이 있다. 학교에서 그러한 다양한 평가들을 통해 학습 과정과 학업 수준을 평가하고 있지만, 초등학교나 중학교 학부모들은 정기고사인 지필평가가 없어 학생들이 공부하지 않는다는 이야기들을 하고, 고등학교 학부모들은 축소된 지필평가 대신 과목별로 과도하게 부과되는 수행평가를 준비하느라 밤을 새우는 아이들을 보는 것이 너무 안타깝다고 말한다.

학습의 결과를 중시하는 지필평가가 아니라 학습발달 정도를 평가하는 **과정중심 평가로 경쟁보다 협력을 교육하는 것이 옳지만, 그렇다고 해서 경쟁을 전혀 하지 않는다면 잘해보고자 하는 마음을 갖기란 쉽지 않다.** 과거 우리들이 시험 때문에 어쩔 수 없이 공부했지만, 시험 후 아는 것이 많아지고 어려운 일을 해냈다는 성취감을 느꼈었다. **학생들은**

사실적 지식과 개념적 지식을 공부하고 시험이라는 과정을 통해 내가 아는 것과 모르는 것이 무엇인지를 알게 되는 메타인지를 키우게 된다. **메타인지는 우리가 가진 지식을 삶에 적용하고 자기주도적으로 행동하게 하는 미래교육에 있어 매우 중요한 역량**이다. 그러니까 학습에 대한 내적 동기를 갖게 하는 것이 교육적으로 바람직하겠지만 어떤 경우 외적 동기, 외재적 보상이 과업 수행을 위한 에너지를 이끌어 내기도 한다. 마치 스포츠 경기처럼 학교에서도 **긍정적 목표 달성을 위한 선의의 경쟁이 필요한 것**이다. 아마 그런 이유로 자유학기제에서 시험을 치르지 않는 것에 대해 학부모들이 불만을 갖고, 짧은 기간만이라도 시험을 대비하여 공부하는 것을 바라는 것이리라.

하버드대보다 들어가기가 어렵다는, 2022년 WURI 랭킹(The World's Universities with Real Impact Ranking 2022) 종합 1위를 차지한 세계적인 혁신 대학 '미네르바스쿨'의 평가는 수업 태도, 발표, 과제, 프로젝트 등을 종합적으로 고려해 이루어진다. 물론 대학이기 때문에 초·중·고등학교와는 다소 다를 수 있지만, 평가를 다양하게 하는 것은 학생들의 다양한 기량을 키울 수 있다는 장점이 있다. 우리 교육도 이전부터 논술형 평가, 토의·토론이나 구술발표, 실기시험, 연구보고서 등의 수행평가를 해오고 있고, 2022년 개정 교육과정에서는 과제 수행의 과정을 평가하는 과정중심평가[7])를 총론 주요사항에 반영하였다. 이제 **우리 평가 시스템을 지식과 역량을 키울 수 있도록** 지필평가와 수행평가를 적절한 비율로 조정하고 다양한 형태의 평가를 도입해 학생들의 학습과 성장에 도움을

---

7) 과정중심평가는 '교육과정의 성취기준을 기반으로 한 평가계획에 따라 교수·학습과정에서 학생의 변화와 성장에 대한 자료를 다각도로 수집해 적절한 피드백을 제공하는 평가'를 의미한다(교육부, 한국교육과정평가원, 2017).

주어야 할 것이다. 학원과 달리 학교는 지식을 배우면서 사회성과 협동심과 같은 타인과 더불어 살아갈 수 있는 역량을 길러주는 곳이기 때문이다.

다행스럽게도 평가의 중요성을 인식하여 2022년 국가수준 학업성취도 평가의 개선 내용으로 미래 핵심역량을 진단할 수 있도록 컴퓨터 기반 평가(CBT)를 도입하여, 2023년 9월 중학교 3학년과 고등학교 2학년 전체 학생의 3%를 표집하여 학업성취 수준뿐만 아니라 학생들의 학교생활 만족도, 사회·정서적 역량 등 비인지적 특성에 대한 진단을 실시했다. 이를 통해 국가수준의 학업성취 수준 파악과 추이 분석이 가능해 앞으로 학교교육의 성과 점검 및 교육정책 수립의 기초자료로 활용될 것으로 보인다.

교육을 바라보는 관점의 차이는 학교 시험 실시 유무뿐만 아니라 평가의 유형[8]과 내신 평가 방식, 대입의 정시와 수시 비율, 자사고와 특목고와 같은 수월성 교육과 평등적 관점의 보편적 교육의 대립을 가져온다. 그러한 사례로 최근 미래교육의 대안으로 떠오르고 있는 IB 교육에 대한 팽팽한 의견 대립을 들 수 있다. IB 교육은 학생들의 생각을 꺼내는 교육을 위해 내신과 대입 시험 모두 '논술형'으로 하고 '절대평가'를 지향해야 한다고 주장하는 것으로, 현재 제주시교육청과 대구시교육청을 비롯한 많은 교육청에서 도입 의지를 밝히고 기반 조성에 힘쓰고 있지만, 전교조를 비롯한 여러 교육단체들은 사교육 심화를 이유로 반대하고 있고, 일부 시·도의원들의 반대 목소리도 높다. 또한 2023

---

8) 평가 시기에 따른 분류(진단, 형성, 총괄 평가), 평가 방식에 따른 분류(지필, 수행평가), 평가 기준에 따른 분류(상대평가, 절대평가), 평가 문항 형태에 따른 분류(객관식_선택형, 주관식_서답형) 등이 있다.

년 10월 10일 교육부가 발표한 "2028 대학입시제도 개편 시안"에 대해서도 설왕설래하고 있다. 교육부는 이번 개편 시안을 통해 수능을 통합형 과목체제로 바꾸고 고교 내신평가를 9등급제에서 5등급제로 개편하여 학생 간 과도한 경쟁을 완화하고, 고교 내신에 절대평가와 상대평가를 병기하여 대학이 고교 내신에 대한 신뢰를 갖고 평가에 활용할 수 있도록 미래형 대입제도를 구상하고 논의하겠다고 발표했다. 그러나 고교 내신과 수능에서 절대평가를 해야 한다고 생각하는 이들은 이번 개편 시안이 미래사회를 대비하는 방안이 아니라 '미래가 보이지 않는 시안'이라는 비판을 하고 있다(서울시교육청 입장문, 2023.10.13.).

교직에서 35년 이상 몸담고 있는 나로서는 상대평가에서 절대평가로, 그리고 다시 상대평가, 그리고 다시 절대평가로 변화하는 과정9)을 보아왔다. 그 어느 편의 이야기도 모두 틀린 말은 아니었으며, 그 반대로 완전히 바뀔 수도 없었다. 학교에서 기초학력 부진 학생이 없도록 잘 가르치면서 미래시대 우리나라를 이끌어갈 창의적인 학생도 길러낼 수 있는, 무엇보다도 학생들의 웰빙(wellbeing, 행복)을 추구할 수 있는 방법은 무엇일까?

---

9) 고등학교 내신의 경우 1996년 절대평가 도입, 2005년 상대평가(성적 부풀리기 때문에 도입)로 다시 바뀌었고, 2012년 성취평가제(절대평가)가 부분적으로 다시 도입되어 지금까지 상대평가와 절대평가가 공존하고 있는 상태이다. 수능에 있어서도 2017년 한국사, 2018년 영어 절대평가를 도입하여 영어학습 부담을 완화하고자 했지만, 국어나 수학, 탐구 등의 다른 교과들의 과도한 경쟁이 과열되었다.

(2) 모두의 공감을 얻는 미래교육 방향
– 일부가 아닌 대다수 학부모들의 공감을 얻을 수 있는 미래교육 방향이 나와야 한다.

현재 교육부와 여러 시·도교육청에서 미래교육을 위해 추진하고 있는 주요 정책들을 살펴보면 그린스마트 미래학교, 고교학점제, AI 활용 교육, 미래형 혁신학교, 공유학교, 통합학교, IB 교육, 메이커교육, 기후환경교육 등등 많은 것들이 추진되고 있다. 하지만 앞서 이야기했듯이, 일부 정책들은 현장의 공감을 얻지 못해 실제적인 것은 변화시키지 못한 채 겉모양만 변화되고 있거나, 그 정책을 추진하기 위해 너무나 많은 혼란과 어려움이 있을 것으로 예상되어 미루고만 싶은 것들도 있고, 기존에 해왔던 일을 마치 미래교육을 위해 새로이 하는 일인 양 확대하고 있어 '미래교육이 제대로 되어야 할 텐데'라는 걱정이 되기도 한다.

무엇보다도 미래교육이 성공하려면 '그래, 그렇게 하는 것이 미래교육의 방향으로 옳다'라는 현장의 공감을 얻어야 실제적으로 운영될 수 있고 전국적으로 확대되어 교육의 변화를 가져올 수 있는 것이다. 교육 현장에 있는 필자로서는 교육이 많이 변화하고 있다는 것에 공감하지만, 교육 밖에 있는 일반적인 사람들은 그다지 변화했다고 생각하지 않고 더욱 미래교육 방향으로 발전해야 한다고 생각하는 것 같다. 2022년 실시한 제17차 "한국교육개발원 교육여론조사(이하, KEDI POLL)" 결과에서도 '초·중·고등학교에 대한 국민들의 평가'는 3점(5점 척도 기준) 이하로 낮은 수준이고 전년 조사 결과와 대비해서도 근소하게 낮아진 것으로 나타났다.

그림 2-1 초·중·고등학교에 대한 평가(전체 및 초·중·고 학부모, 2022)

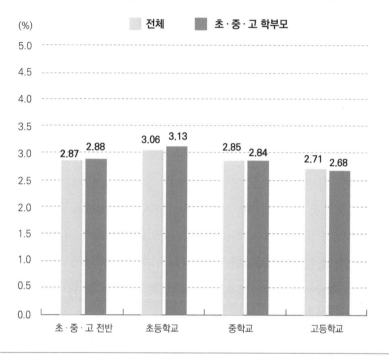

출처: 한국교육개발원 교육여론조사(2022), p. 92.

그리고 '**학교 선택 시 고려사항**'으로 초등학교는 인성교육(30.4%), 중학교도 인성교육(24.2%), 고등학교는 진로지도(21.9%)의 순서로 나타나 학교급별로 중요하게 생각하는 것이 다르다는 것을 알 수 있으며, 유·초·중등 교육정책에 있어서 '기초학력 보장 체제 구축'과 '온종일 돌봄 정책 확대'가 '**향후 가장 주목해야 할 정책**'임을 볼 수 있다.

그림 2-2 학교 선택 시 고려사항(전체, 2022)

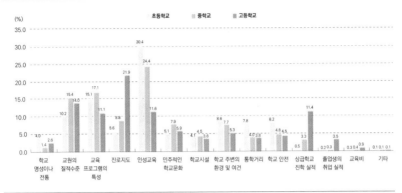

출처: 한국교육개발원 교육여론조사(2022), p. 122.

그림 2-3 향후 주목해야 할 정책

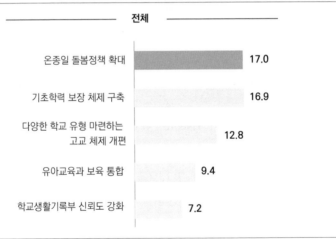

출처: 한국교육개발원 교육여론조사(2022), p. 108.

또한 교육정책에 대한 네 가지 측면10)에서의 의견을 물어본 결과
(한국교육개발원, 2022:110)에 따르면 무엇보다도 교육정책 마련에 있어
'국민여론 반영'이 2.81%(5점 척도 기준)로 낮은 점수로 나타나 향후 교육
에 대한 국민들의 생각을 반영하는 것이 필요함을 알 수 있다.

그림 2-4 우리나라 교육정책의 네 가지 측면에 대한 의견(평균, 2021-2022)

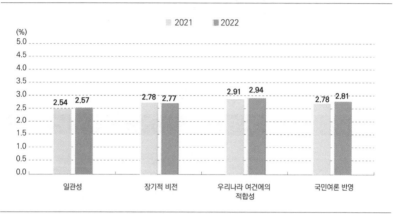

출처: 한국교육개발원 교육여론조사(2022), p. 110.

현장의 공감을 얻기 위해서는 학부모, 교사, 학생들이 시행하고자 하는
정책에 대해 충분히 이해할 수 있도록 홍보하거나, 추후 정책 시행 시 나타날
문제점에 대한 지적을 할 때 그 내용을 경청하고 정책 수립에 실제로 반영되
어야 한다. 대부분 경우, 의견수렴은 관련 분야 TF팀을 꾸려 자문을 구
하거나 일반인을 대상으로 한 공청회와 여론조사 등을 통해 이뤄지는
데, 많은 경우 공청회나 홍보성 연수는 형식적인 행사로 진행되어 진정
성을 갖고 문제점에 대해 이야기하는 것을 놓치게 되고, 의견조사는 특

10) 정책의 네 가지 측면을 '일관성', '장기적 비전', '우리나라 여건에의 적합성', '국
    민여론 반영'으로 질문하였다.

정 정책을 진행하기 위한 준비작업으로 실시되는 경우가 많아 타당성에 문제가 있을 수 있다. 과거에도 당시 문제점을 이야기하던 이들의 의견을 귀담아듣지 못하고 교육 현장의 상황과 맞지 않은 정책을 계획하고 막대한 예산을 들여 실행하고자 했으나 중단된 사례들이 있었고, 또한 지금까지 실행되고 있지만 큰 효과를 얻지 못한 채 많은 사람들의 불편만을 초래한 경우도 흔히 볼 수 있다. 여러 문제점들로 인해 추진을 중단하는 경우는 그나마 다행이지만, 정책의 경로의존성11)으로 인해 **오랜 기간 실행되고 있는 정책을 다시 되돌리기에는 매우 큰 어려움이 있다.** 그래서 정책 결정은 매우 신중하게 다각적인 검토를 통해 이뤄져야 한다.

2022년만 하더라도 교육부 이하 거의 모든 시·도교육청이 혁신교육을 중심으로 학생생활지도나 미래교육 등에 대해 한목소리를 냈지만, 2022년 선거 이후 대다수 지역에서 AI·SW 교육, 디지털 기반 교육, IB 교육 등을 미래교육 방안으로 추진하고 있고, 진보 교육감이 있는 지역에서만 혁신교육이 진행되고 있는 상황이다. 혁신학교나 혁신교육지구 등 혁신 관련 정책들이 많은 부분 약화되었다 하더라도, 오랜 기간 전국에 걸쳐 동형화12) 과정을 거치며 확산된 혁신학교(총 2,746개교)와 혁신교육지구 사업은 지금 당장 진보 교육감 재임기간에 나온 것이라 하여 **완전히 없었던 것으로 하기엔 많은 혼란과 부담이 있을 것으로 예상**된다. 그러한 양상은 자사고나 특목고를 폐지하고자 했던 지난 정부의 지속적 시도가 매우 어려웠던 것과 같은 것이다.

---

11) 경로의존성(path dependence)은 시간적으로 이전 단계가 다음 단계에 인과적으로 영향을 준다는 개념으로, 일단 어떤 경로가 선택되면 다른 경로로 전환하는 데 필요한 비용이 점점 더 커지기 때문에 큰 계기가 없는 한 기존 경로를 벗어나기가 더욱더 어려워진다는 것을 의미한다.

12) 동형화(isomorphism)는 각 조직은 가장 인정받고 있는 조직구조를 닮아감으로써 모든 조직이 유사해지는 결과를 갖게 되는 것을 의미한다.

이러한 상황에서 교육정책은 각계각층 사람들의 의견수렴을 통해 **각 정책에서 좋은 부분은 받아들이고 부족한 부분은 채우며 발전시켜 나가야 할 것이다.** 과거 혁신학교와 혁신공감학교에서 근무했던 많은 현장 교사들은 처음 혁신(공감)학교 지정 시에 엄청난 반감을 갖고 있었지만 오랜 시간 학생중심 교육을 진행하면서 이것도 나름의 장점이 있다는 생각을 하게 되고, 아마도 거창하게 '혁신'을 위해서라기보다는 학생들에게 도움을 주고자 이쪽저쪽의 장점을 스스로 택해서 교육했을 것이다. 단지 '이 길만이 옳은 길이다'라는 융통성 없는 편협한 생각보다는 이것에선 이 장점을 갖고, 저것에선 저 장점을 가져 더 좋은 안으로 만드는, 소위 요즈음 미래시대의 아이콘인 '통합', '융합'을 하면 어떨까 한다.

　　현재, 오랜 기간 활동중심 교육에 치중하여 지식교육에 대한 요구가 있는 것은 지금까지의 교육정책에서 학습이 누락되었던 것이니 그 부분을 보충하여 교육하고, 학생들이 암기식, 주입식 교육으로 인해 학생들의 창의성과 문제해결력을 키울 수 없었다는 지적에 대해서는 수업과 평가의 변화된 부분은 받아들여 지금보다 균형 잡힌 교육을 해야 할 것이다. 그리고 정보교육이 단순히 컴퓨터를 다루는 것이라는 생각에서 벗어나 정보교육에 대한 감각을 다시 새롭게 하여 **디지털 리터러시와 디지털 시민의식**을 높일 수 있도록 교육하고, 다시 올 수 있는 또 다른 팬데믹 상황을 대비하도록 **디지털 교수학습 방식, 에듀테크를 도입해** 발전시켜야 한다. 최근 큰 관심을 받고 있는 **교권이나 학생들의 생활인성교육**도 잘 살펴 교권과 학생인권이 조화로운 미래교육 방향으로 나아가야 한다. 이러한 이야기들이 2022년 지방선거의 대다수 공약으로 채택되었던 것을 보아도 많은 사람들이 원하는 미래교육 방향이라는 생각이 든다.

　최근 10여 년에 걸친 교육의 변화는 부정적인 면도 있었지만, 긍정적인 면에서도 많은 변화를 촉진해왔고 현재 그 영향은 교육 전반에 걸쳐 스며들어 있다. 이러한 변화들이 싫다고 하여 다시 예전의 경직되고 경쟁적인 교육으로 돌아가자고 한다 해도 이미 변화가 진행되고 있기에 서로 간의 보완이 필요하다. 학부모나 사회에서 바라보는 교육에 대한 기대와 현재 교육이 변화해 가는 방향에 대한 서로의 간극을 좁히며 부족한 부분을 메꾸어 나가는 것이 성공적인 미래사회를 대비하는 교육으로의 변화 방향일 것이다.

5. 미래교육으로 나아가는 구체적인 교육 방법 📎

교사들의 협업을 통한 융합교육

　많은 사람들이 미래를 대비하기 위해 이러저러하게 교육해야 한다고 주장하고 제안하는 것에 비해, 아직까지 미래교육 방향으로 나아가기 위한 실제적이고도 체계적인 방법(solution)은 제시되지 못하고 있는 것 같다. 교육 현장에서 바라볼 때 그러한 주장들의 미래교육에 대한 방향성은 매우 타당하고 옳지만, **실제 학교 현장에서 어떻게 실행되어야 하는가에 대해서는 매우 실제적이지 못하다는 느낌을 갖게 한다.** 그것은 아마도 그런 제안들의 대다수가 학교 밖에서 교육에 대해 우려하는 것으로 교사들이 현재 어떻게 노력하고 있는지에 대해 잘 알지 못하기 때문이기도 하지만, 학교 현장에서 교육을 하고 있는 사람들이 실제로 가능한 변화 방안을 겉으로 드러내어 제안하지 못했기 때문이라고도 생각된다. 학교교육은 교사들이 자신이 속해 있는 각각의 학교에서 실제로 그리고 스스로 실행해야만 바뀌는 것으로, 미래교육으로 나아가기 위해 교사들이 실행할 수 있는 방안으로 제시할 필요가 있다.

이제 우리는 어디에서, 무엇으로부터 시작해야 하는 것일까? 매번 그래왔듯이 이미 하고 있던 것에 새로운 이름을 붙이고 겉모습을 바꾸는 것에서 벗어나, 이미 하고 있는 것을 보다 실제적이고 효과적으로 하는 것에서부터 시작하자. 현재 미래학교에 대한 제시가 다양하다. 그린스마트 미래학교나 통합운영 미래학교, 혁신미래학교13), 도시형 미래학교14), 제2학교15) 등등. 이러한 것들은 학교의 프레임(틀, frame)을 변화시키는 것으로 가시적인 변화 모습을 볼 수 있을 것이다. 프레임을 바꾸는 것도 변화를 가져오는 데 효과적이지만, 우리가 지금까지 겪어왔던 것처럼 그 내용은 바뀌지 않을 수도 있다. 지금 내가 이야기하고자 하는 것은 그 외형을 바꾸려는 것이 아니라 학교 안에서 이루어지는 교육 내용에 관한 것이다. **진짜 중요한 것은 미래교육을 실제로 실행하는 것이다.**

전 세계 교육 변화의 중심이 '역량교육'이라면 우리 교육도 '역량'으로 가야 한다. '창의성과 인성', '지적 역량'과 더불어 '사회적 역량'을 갖추도록 교육해야 하고, 미래사회에서 원만하게 살아가기 위해 자기 스스로 결정하여 행동하고 주장할 수 있는 '자기주도적 역량'을 키워야 한다. 또한 최첨단 과학기술의 발달로 인해 변화된 사회를 살아갈 수

---

13) 혁신미래학교는 기존 혁신학교 모델에 정보통신기술을 적극 활용하는 미래학교 모델을 통합한 학교이다(서울시교육청, 전북교육청 등).

14) 도시형 미래학교는 수영장·체육관·도서관 등 지역주민들이 함께 사용할 수 있는 학교복합화시설을 포함한 유·초·중 통합학교이다.

15) 제2학교는 학생이 현재 다니는 학교를 일정 기간 벗어나 진로설계 및 공동체성 함양 등 학생 스스로 프로젝트를 만들어 가는 학교이다.

있도록 '디지털 리터러시' 교육이 이뤄져야 하고, 여러 분야 전문가와 교류하며 가치를 창출해 낼 수 있도록 협업 역량도 키워야 한다. 이러한 교육들은 과거에서부터 현재에 이르기까지 지속적으로 이루어져 왔지만, 이제는 그것을 보다 체계적이고 실질적으로 강력하게 해야 할 필요성이 있다. 그렇다면 **역량을 기르는 교육 방법은 무엇일까? 어떻게, 어떤 방법으로 기존의 학교교육을 유지하면서 그러한 모든 것을 놓치지 않고 할 수 있을까?**

그 물음에 대해 나는 감히 교사들의 협업을 통한 융합교육16) 방법을 제안한다. 일반적으로 역량을 키우는 교육 방법으로 학생활동 중심, 참여형 수업을 이야기하지만, 이러한 방법은 학력을 떨어뜨리는 것이 아닌가 우려하게 되고 평가는 어떻게 해야 하나 고민하게 한다. 학력은 교과교육을 통해 키워져야 하는데, 체험이나 경험을 위한 여러 활동으로 인해 학력이 떨어질 수 있는 부분을 교과 기반 융합수업으로 진행한다면 이러한 것을 방지하면서 역량 중심의 교육을 할 수 있을 것이다.

2020년 10월 말, 코로나19가 무섭게 맹위를 떨치던 시기에 우리 (경기도창의융합교육연구회)는 '포스트 코로나 시대, 창의적 학교교육으로의 리부트(Reboot)'를 주제로 교육 현장 온라인 포럼을 개최했었다. 그때 나는 포럼 준비를 하면서 웨인 홈즈와 찰스 패넬 등이 집필한 **"인공지능 시대의 미래교육(AI in education)"이라는 책**을 읽었다. 평소 미래교육에 대한 관심도 있었고 코로나19로 인해 원격수업이 진행되고 있는 시점에서 교육에서 인공지능이 어떤 방식으로 활용될 수 있는가에 대

---

16) 교육과정 통합 접근 방식인 융합교육은 각 교과 교육과정을 학생들의 성취 수준과 흥미, 요구에 맞게 재구성하여 교육하는 학생 경험중심의 교육활동으로, 학생들의 삶의 터전을 기반으로 교과 내용과 결합된 활동중심의 프로젝트 수업 방식으로 이루어지는 것이다(오찬숙, 2020:132).

한 궁금증이 있었다. 특히나 외국 저자들이 쓴 책이라 외국의 상황은 어떤한지 알아보고 싶었기 때문이다. 그런데 그 책에서 저자는 인공지능에 대한 이야기 전에 무엇을 어떻게 가르칠 것인가와 평가의 역할에 대한 이야기를 먼저 하면서, **미래교육을 위해 핵심개념을 이해하는 교육과정으로의 변화가 필요하고 그 방법으로** 교육과정 통합, 학제간 융합적 접근 방식을 제안하였다. 인공지능 기술을 교육적으로 활용함에 있어서도 우선적으로 선행되어야 하는 것은 기존의 지식 전달 방식 수업에서 학생 주도적으로 핵심개념을 이해하고 탐구할 수 있도록 수업 방식을 변화시키는 것이며, 더 나아가 학생 스스로 핵심개념을 또 다른 핵심개념과 연결할 수 있도록 교육과정을 구성하는 것이다. 나는 포스트 코로나 이후 인공지능(AI) 시대에도 역시나 융합교육이 미래교육으로의 방향이라는 더욱 강한 확신을 갖게 되었다.

물론 융합교육이 모든 교육 문제의 만병통치약은 아닐 것이다. 하지만 많은 교육 선진국에서 예컨대, 높은 학업성취도와 더불어 창의성 교육을 함께 하는 **핀란드, 캐나다, 호주 등의 여러 나라에서 융합교육 방법을 미래교육으로 가는 방법으로 채택하고 있는 이러한 시점에, 우리도 과감히 우리의 교육을 융합교육으로 방향 전환함으로써 미래를 살아갈 학생들에게 필요한 교육을 해야만 한다고 이야기하고 싶다.** 현재 우리 교육 현장에도 융합교육으로 학생들의 변화와 성장을 이끌어내려는 노력과 시도들이 있지만, 과학과 같은 일부 교과에 편향되어 실행되고 있어 다른 교과 교사들의 참여의지를 이끌어 내지 못하고 있으며, 교사 개인 차원에서 자생적으로 실행되는 융합교육의 경우 여러 장애요인이 있어 지속적으로 실행하기가 어려운 실정이다. 하지만 포스트 코로나 시대에 교육의 변화가 요구되는 지금 이 시기에 융합교육을 보다 체계적으로 추진해서 미래교육으로 변화를 가속화시킬 필요가 있다.

시대에 따라 그리고 사회적 요구에 따라 그때그때마다 강조되었던 많은 교육들이 있었고, 지금도 여전히 해야만 하는 너무나 많은 교육들이 있다. 그 모든 것들이 중요하지만, 실제 학교 상황에서는 각 교과 교육과정이 있고 **반드시 해야만 하는 너무나 많은 교육 요소**[17]들이 있어 교육과정에 규정해 놓은 것만큼 효과적으로 이뤄지지 않고 있는 것이 현실이다. 교육은 몇 시간 반드시 해야만 한다고 규정을 정해놓는 것보다 **각각의 교사들이 자신들의 교과에서 중요한 교육 요소들을 반영해 교육하는 것이 더욱 효과적**이며, 무엇보다도 실제로 진정성 있게 교육하는 것이 중요하다. 또한 미래시대에 폭발적으로 늘어난 지식 가운데 스스로 필요한 정보를 선택하여 학습하고 능동적으로 행동해야 하는 학생들에게 자기주도적 역량을 길러주기 위해(오찬숙, 2020:166) **학생들 스스로 학습내용들을 프로젝트로 구성해서 진행할 수 있도록 장(場)을 마련해 주는 것도 필요**하다.

이에 다음 장(Chapter 03 미래교육 지향점)에서 WEF의 "21세기 학생들에게 필요한 기술"과 OECD의 "미래교육 및 기술 2030 프로젝트"를 중심으로 미래교육의 방향을 알아보고, 4장(Chapter 04 미래지향적 교육과정)에서 다양한 방법으로 융합교육을 실행하고 있는 호주와 캐나다의

---

17) 2023학년도 기준 학교교육과정에 편성해야 할 교육활동으로 학생안전교육, 아동안전교육, 성폭력예방교육, 성매매예방교육, 가정폭력예방교육, 학교폭력예방교육, 학교언어순화교육, 생명존중 및 자살예방교육, 학생인권교육, 양성평등교육, 성교육, 보건교육, 영양·식생활교육, 인터넷·스마트폰 과의존예방교육, 과학실안전교육, 인성교육, 시민교육, 디지털시민교육, 다문화교육, 통일교육, 노동인권교육, 장애인식개선교육, 교육활동침해예방교육, 생태전환환경교육, 진로체험교육, 문화예술교육, 독서 및 정보활용교육, 학생건강체력평가, 독도교육, 사회적경제교육, 인구교육, 놀이활동활성화, 지역향토사교육, 올바른 국어사용교육(총 33개)이 있다(2023년 교육과정 운영을 위한 참고 자료).

교육과정을 중심으로 실제적 융합교육 방안을 살펴보고자 한다. 3장과 4장에서 살펴본 내용들은 우리가 나아갈 방향에 대한 제안인 5장 (Chapter 05 미래교육을 위한 대안)의 기본 프레임을 제공하는 것으로 추후 제안하는 대안들의 필요성과 타당성을 검토해 볼 수 있을 것이다. 또한 이 책에서는 지식과 역량을 함께 기르는 교과 기반 프로젝트 학습에 대한 안내와 더불어 현재 사회적으로 매우 필요하고도 중요한 **인성교육과 디지털 소양교육**을 모든 교과 활동을 통해 교육할 수 있는 방안도 안내하였다. 본 책의 제안들처럼 교사들이 각 교과 내용을 바탕(base)으로 학생들에게 융합의 기회를 주고 그것을 프로젝트로 수행할 수 있게 한다면 우리는 지적 역량, 사회적 역량, 융합적 역량, 그 세 마리 토끼를 한 번에 잡을 수 있을지도 모른다. 우리가 해야만 하는 교육을 보다 효율적으로 그리고 지속적으로 할 수 있는 방안을 이 책을 통해 많은 사람들이 인식하고 함께 미래교육의 방향으로 나아갈 수 있기를 강하게 희망해 본다.

미래교육 지향점
(OECD와 WEF 자료를 중심으로*)

* 이 부분은 WEF(2015, 2016)와 OECD(2019)의 내용을 요약하여 기술하였다.

1. 21세기 학생들에게 필요한 기술
(The skills needed in the 21st century)

2016년 초 세계경제포럼(WEF)은 "직업의 미래(The Future of Jobs)" 보고서에서 급속한 발전의 영향으로 2020년까지 710만 개의 일자리가 사라지고 200만 개의 일자리가 새로이 나타나서 약 510만 개의 일자리가 사라질 것으로 예견했었다(WEF, 2016:13). 사무·행정이나 제조생산과 같이 단순 반복적 업무이거나 노동력을 필요로 하는 직업은 사라지는 반면, 컴퓨터를 활용하여 데이터를 분석하는, 첨단 기술을 필요로 하는 직업들이 많아질 것이라는 예측이었는데, 7년이 지난 지금 돌아보면 많은 변화가 있었음을 알 수 있다. 현재에도 **가속화된 자동화와 디지털화로 인해 일반적인 노동력이나 인지 기술을 사용하는 직업들은 감소하고 있고** 창의적 문제해결이나, 데이터 분석, 대인관계 능력이 필요한 직업들은 증가하고 있다. 이러한 직업 세계의 변화는 그에 합당한 기술(skill)을 지닌 사람들을 필요로 하지만, 오히려 기술(technology)이 넘쳐나고 있는 환경 속에서도 이에 적합한 기술을 갖고 있는 사람들은 매우 부족한 상황이다. 심지어 성인의 평균 16%는 읽고 쓰는 능력이 낮고, 평균 19%는 산술능력이 낮다는 국제성인역량 조사(PIAAC)[1] 결과(OECD, 2013)는 앞으로의 교육 방향에 대해 고민하게 한다.

---

1) Programme for the International Assessment of Adult Competencies(PIAAC). 국제 성인역량 조사(PIAAC)는 OECD에서 주관하는 국제 사업으로 2008년부터 2013년까지 1주기 조사를 마쳤고, 2주기 조사는 2018년부터 2024년까지 진행될 예정이다.

그림 3-1 직업의 미래(The Future of Jobs) 보고서 표지

출처: WEF(2016). The Future of Jobs, 표지.

2015년 당시 WEF는 '교육을 위한 새로운 비전(New Vision for Education)'을 이야기하며 21세기 시장의 요구에 부응하는 기술이 무엇인가를 알기 위해 메타분석을 실시했고, 그 결과 세 가지 큰 범주의 16개 기술이 필요함을 알아냈다. 아래 그림에서 볼 수 있듯이 21세기 학생들에게 필요한 기술은 크게 '기초문해력(foundational literacies)', '역량(competencies)', '인성자질(character qualities)'이다(WEF, 2015:2).

미래교육에 대해 관심이 생겨 여러 자료들을 살펴보다가 이 그림

을 처음 보았을 때, '그렇지. 우리 교육이 잘못된 것은 아니었어. **기초학력도 미래교육을 위해 똑같이 중요한 것이로군.**'이란 생각을 하며 안심했던 기억이 난다. 열심히 교육을 해 왔는데 그것이 잘못된 것이었다고 비난받는 것은 교사로서의 자존감에 많은 상처를 준다. 주입식 교육, 암기식 교육의 반대 개념으로 '미래교육이라 하면 역량교육'이라 할 만큼, 우리 교육이 그동안 놓쳐왔던 역량을 키워야 한다는 이야기를 너무 많이 들어서인지, 오랜 기간 학교교육에서 강조해왔던 기초문해력과 인성자질이 21세기 학생들에게 필요한 기술이라는 외국 기관의 분석 내용은 다소 생경하기도 하지만 교사인 내게 큰 위로가 된다.

WEF가 제시하는 '기초문해력'은 학생들이 일상적인 과업에 핵심 기술을 적용하는 방식으로 기존 학교에서 교과로 배우는 것들이다. '글을 읽고 쓰

그림 3-2   21세기 학생들에게 필요한 16가지 기술

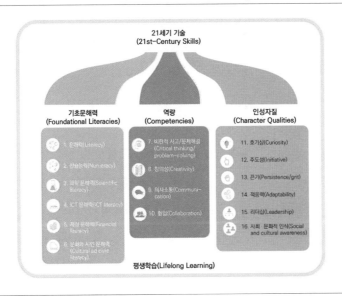

출처: WEF(2015). New Vision for Education, p. 3.

는 능력(문해력)', '산술능력(수리력)', '과학문해력', 'ICT문해력', '재정문해력', '문화와 시민문해력'이 이에 해당된다(WEF, 2016:4). 많은 나라에서 과거부터 전통적으로 중요시해왔던 것이기에 미래교육에는 해당되지 않는다고 생각할 수도 있지만, 기초문해력은 21세기 중요한 기술로 학생들이 역량과 인성자질을 기르기 위해 필요한 기초로 작용한다.

또한 WEF는 21세기에 성공하기 위해 학생들에게 전통적인 학문적 학습 외에도 역량과 인성자질이 필요하다고 보았다. '역량'은 학생들이 복잡한 과제에 접근하는 방식을 설명하는 것으로, '비판적 사고(critical thinking)'와 '문제해결력(problem-solving)', '창의성(creativity)', '의사소통(communication)', '협업(collaboration)'이 이에 해당된다. 예를 들어, 비판적 사고와 문제해결력은 문제 상황에 대응하기 위해 상황, 아이디어 및 정보를 식별, 분석 및 평가하는 능력이다. 창의성은 지식의 응용, 통합 또는 재구성을 통해 문제를 해결하고, 질문에 답하거나, 의미를 표현하는 혁신적인 새로운 방법을 상상하고 고안하는 능력이다. 그리고 의사소통과 협업은 정보를 전달하거나 문제를 해결하기 위해 다른 사람들과 협력하는 것과 관련된다. 이러한 역량은 21세기 노동력에 필수적인 것으로, 팀과의 협력은 물론 지식을 비판적으로 평가하고 전달할 수 있는 규준적 능력이다(WEF, 2015:3).

학생이 변화하는 환경에 어떻게 접근하는지를 나타내는 '인성자질'은 호기심, 주도성, 끈기, 적응력, 리더십, 사회·문화적 인식을 포함한다(WEF, 2016:4). 시장이 급변하는 가운데 끈기와 적응력과 같은 자질은 장애물에 직면하여 더 큰 복원력과 성공을 보장한다. 호기심과 주도성은 새로운 개념과 아이디어를 발견하는 출발점이 되며, 리더십과 사회·문화적 인식은 사회적, 윤리적, 문화적으로 적절한 방법으로 다른 사람들과 적극적으로 상호작용하는 것과 관련된다.

이러한 역량과 인성자질은 21세기 교육을 위해 학문적 학습만큼이나 매우 중요한 것으로 학생들이 빠르게 진화하는 디지털 경제에서 성공하기 위해 필요한 기술이다. 연결과 융합으로 생겨나는 직업들은 점점 더 사회성이 강해지고 있고 문제해결 및 협업, 의사소통과 같은 기술은 이러한 미래 노동 시장에서 점점 더 많이 필요하다. 초등학교에 입학하는 어린이의 65%가 궁극적으로 현재 존재하지 않는 직장에서 일하게 된다는 통계(WEF, 2016:3)는 창의성, 진취성, 적응력이 더욱 중요해진다는 것을 보여주는 것이다. 그러므로 우리 학생들이 21세기를 대비하여 '기초문해력', '역량', '인성자질'들을 잘 습득할 수 있도록 교육해야 할 것이다.

2. OECD 학습 나침반 2030
(OECD Learning Compass 2030)

전례 없는 사회, 경제·사회적 도전에 대한 의문과 우려가 점점 더 급박해짐에 따라, 2015년 OECD 교육정책위원회는 즉각적인 대책이 아닌 보다 장기적인 관점에서 미래교육을 준비해야 한다고 인식했다. 이와 동시에 교육과정 설계와 개발과정을 보다 증거에 기반해서 체계적으로 만들 필요성이 있으며, 교육과정 변화의 중심이 정치적 선호에 의해서보다는 학습자 중심이어야 한다고 보았다. 이런 맥락에서 여러 국가들이 미래를 위한 교육 시스템 준비를 잘할 수 있도록 **어떤 역량이 필요하고 어떻게 교육과정을 시행해야 하는가에 초점을 두어 "OECD 미래 교육**

및 기술 2030 프로젝트2)"(이하 2030 프로젝트)를 시작했다.

2016년부터 2018년까지 OECD는 전 세계의 정책 입안자들, 연구원들, 학교 지도자, 교사들, 학생 그리고 사회적 파트너들과 함께, 학생들이 자라서 미래를 이끌어 가는 데 필요한 역량의 유형을 제시하는 교육 비전과 학습 프레임워크를 공동 개발하였다(OECD, 2019:8). 그런 중에 세계는 2016년 초 시작된 제4차 산업혁명 시대에 대한 논의로 인해 미래교육에 대한 관심이 높아졌고, 2019년 말 시작된 코로나19 팬데믹으로 인해 미래교육에 대한 걱정과 우려는 더욱더 커지게 되었다.

미래교육 2030 프로젝트는 1997년 시작되어 2005년 발표된 DeSeCo 프로젝트의 이론과 개념적 기초를 수정하여 시작된 것이다. 2005년 당시에도 세계는 국제화와 현대화로 다양하고 복잡했으며, 상호의존적으로 연결되어 있어 개인은 그 속에서 변화하는 기술을 익히고 방대한 양의 정보를 받아들여야 했고, 사회적 문제와 같은 집단적 도전에 직면하고 있었다. 이러한 상황에서, 개인의 목표를 달성하는 데 필요한 역량은 좁은 의미의 특정 몇 가지 기술을 습득하는 것 이상의 복잡한 것이 되었다. 이에 DeSeCo 프로젝트에서는 이러한 문제들을 조화롭게 해결하기 위한 **세 가지 범주의 핵심역량**을 제시하여 **성공적인 삶과 적절하게 기능하는 사회**를 만들고자 하였다.

OECD는 1997년 DeSeCo 프로젝트를 시작하여 2005년 미래사회

---

2) The OECD Future of Education and Skills 2030 project: 1단계(2015–19)에서, "무엇"이라는 질문-오늘날의 학생들이 더 나은 삶과 개인 및 사회적 행복을 위해 미래를 번영하고 형성하기 위해 **어떤 종류의 역량**(지식, 기술, 태도 및 가치)**이 필요한지**에 대한 질문, 2단계(2019년 이후)에서 "어떻게"라는 질문-그러한 역량을 육성할 수 있는 **학습 환경을 어떻게 디자인하는 가**에 대한(설계 방법), 즉 **교육과정을 어떻게 효과적으로 시행하는가**에 관한 질문(OECD, 2019: 8)에 초점을 맞추고 있다.

에서 개인이 갖추어야 하는 핵심역량을 이야기했고, 2015년 장기적인 관점에서 미래교육을 준비하기 위해 OECD 미래교육 및 기술 2030 프로젝트를 시작하였다. 2005년 이후 상당한 시간이 지나며 당시의 관점을 보다 발전시켜, **2019년 '역량'에서 더 발전된 'OECD 학습 나침반 2030'을 제시하며 미래역량의 유형을 제시하였다.** 2030 프로젝트에서 변화된 사항은 성공을 추구하던 목표가 **복지를 중요시**하며 불확실한 미래를 살아가기 위해 **학생들의 주도적 활동**, 스스로 생각하고 실행하고 반성적 사고를 통해 스스로 해결해 나갈 수 있는 **변혁적 역량**이 무엇보다도 중요하다고 강조한 것이다.

표 3-1 'DeSeCo 프로젝트'와 '미래 교육 및 기술 2030 프로젝트' 비교

	DeSeCo 프로젝트	미래 교육 및 기술 2030 프로젝트
목표	개인과 사회의 성공(success)	개인과 집단의 행복(well-being)
역량의 중심	성찰(reflectiveness)	학생 주도성(student agency)
역량의 범주	핵심 역량	변혁적 역량
	상호작용적으로 도구 사용하기 이질적 집단 속에서 상호작용하기 자율적으로 행동하기	새로운 가치 만들기 긴장과 딜레마 조정하기 책임감 가지기

출처: "The definition and slelction of key competencies"(2005: 4,6,8)와 "OECD Future of Education and Skills 2030"(2019:22).

특히 2030 프로젝트에서는 '학습 나침반'의 은유를 사용하여 학생들이 우리가 원하는 미래를 향해 개별적으로 그리고 집단적으로 나아가기 위해 필요한 역량의 유형을 제시하고 있다. 나침반이 여행자에게 위치를 알려주

듯이, "OECD **학습 나침반** 2030"의 '지향점'은 미래를 향해 학생들이 나아가도록 도와주는 것이다(OECD, 2019:24). <그림 3-4> OECD 학습 나침반 2030은 최근 미래교육 이야기를 하는 많은 곳에서는 볼 수 있는 것으로, 2022 개정 교육과정의 개정 방향에도 반영되어 있다. 2022 **개 정 교육과정 총론**은 "OECD 교육 2030"의 학생 행위 주체성과 변혁적 역량을 언급하며, 미래사회가 요구하는 포용성과 창의성을 갖춘 주도적 인 사람으로 성장할 수 있도록 초·중등학교 교육과정을 개선하는 것에 중점을 둔다고 밝혔다(교육부, 2021).

그림 3-3 2022 개정 교육과정 총론 주요사항

2. 개정 중점

교육환경 변화에 적극적으로 대응하기 위해 **국가·사회적 요구**를 반영하여 미래사회가 요구하는 **포용성과 창의성을 갖춘 주도적인 사람으로 성장할 수 있도록 초·중등학교 교육과정 개선**

출처: 교육부(2021). 2022 개정 교육과정 총론 주요사항, p. 10.

학습 나침반 2030은 학생들이 우리 환경과 일상생활의 변화를 헤쳐나가기 위해서뿐만 아니라 우리가 원하는 미래를 형성하는 데 도움을 주기 위해 필요한 '지식', '기술', '태도', 그리고 '가치'를 나타낸다. '학습 나침반 2030'은 다음 7가지 요소로 구성되어 있다: **핵심 기초**(core foundations), **변혁적 역량**(transformative competencies), **주도성/공동주도 성**(student agency/co-agency), **지식**(knowledge), **기술**(skills), **태도와 가치** (attitudes and values), **예상-행동-반성 사이클**(anticipation-action-re-flection cycle)(OECD, 2019:15-17).

그림 3-4 OECD 학습 나침반 2030

The OECD Learning Compass 2030

출처: OECD(2019). OECD Future of Education and Skills 2030, p. 15.

첫 번째, '핵심 기초(core foundations)'는 전체 교육과정에 걸쳐 심화학습을 하기 위해 선행되어야 하는 것으로 지식, 기술, 태도와 가치가 이에 해당된다. 모든 학습자는 자신의 잠재력 실현을 위해, 그리고 스스로 주도성을 발휘하여 탐색하기 위해 핵심 기초를 필요로 하는데, 2030년을 위한 핵심 지식, 기술, 태도 및 가치는 단지 읽고 쓰는 능력과 수리력만이 아니라 **데이터와 디지털 리터러시, 신체·정신적 건강, 사회적 및 감정적**

기술까지를 포괄하는 것이다. 이 모든 것들은 21세기 번영을 위한 필수 요소로, 인간 지능의 중요한 측면으로 점점 더 많이 인식되고 있다 (OECD, 2019:25).

두 번째, '변혁적 역량(Transformative competencies)'은 학습자가 주변 세상의 복잡성과 불확실성에 적응하고, 더 나은 미래를 만드는 데 도움이 되기 위해 가져야 하는 역량이다. 이 역량은 학생들이 주체가 되어 자신의 관점을 개발하고 반성할 수 있게 해주기 때문에, 그리고 변화하는 세상을 만들고 기여하는 방법을 배우는 데 필요하기 때문에 변혁적이다. **새로운 가치를 창출하고, 책임을 지고, 갈등과 긴장, 딜레마를 조정하는 것**은 더 나은 미래를 만들고 번창하게 하는 데 필요한 역량들이다. '새로운 가치 창출(creating new value)'을 위해 학생들은 새로운 생각이나 관점, 경험에 대한 목적의식, 호기심, 열린 사고방식을 가져야 하고, 문제 해결을 위한 비판적인 사고와 창조성, 복잡한 문제에 대한 해결책을 찾기 위해 다른 사람들과의 협력을 필요로 한다. 또한 새로운 생각을 시도하는 데 있어서 민첩성과 새로운 생각과 관련된 위험을 관리할 수 있어야 하며 새롭고 떠오르는 통찰력과 발견에 기초하여 그들의 접근법을 바꿀 때 **적응력**도 필요하다.

'긴장과 딜레마의 조정(reconciling tensions and dilemmas)'을 위해 학생들은 다른 관점에서 문제를 보고, 이 다른 관점이 어떻게 긴장과 딜레마를 초래하는지 이해할 수 있는 인지적 유연성이 있어야 한다. 자신과 다른 관점을 가지고 있는 다른 사람들에 대해 공감(empathy)과 존중을 보여줄 필요가 있고 새롭고 다른 갈등 해결책을 고안하기 위해 창의성과 문제해결 기술을 필요로 한다. 긴장과 딜레마 조정은 복잡하고 때때로 어려운 결정을 내려야 하기에 학생들은 회복 탄력성, 복잡성과 모호성에 대한 관용, 그리고 다른 사람들에 대한 책임감을 개발할 필요가 있다. '책임지기(taking responsibility)'는 강력한 도덕적 나침반, 통제력과 진실성을 필요로 하며, 다른 사람들에 대한 동정(compassion)[3]과 존중(respect)이 중요하다. 특히, 자신과 다른 사람들의 행동에 대한 반성을 위한 비판적 사고와 자기 인식, 자기 조절 및 반성적 사고를 갖는 것이 필요하며, 책임을 지기 전에 신뢰(trust)를 쌓는 것이 중요하다. 친구와 교사, 부모로부터 신뢰를 받을 때 자신의 행동에 대해 책임을 질 가능성이 더 높다(OECD, 2019: 63-65).

세 번째는 그림의 아랫부분에 학생이 나침반을 들고 있는 모습으로 표현되고 있는 '학생 주도성(student agency)'이다. 주도성은 2030 프로젝트에서 매우 중요한 개념으로, 나침반의 은유를 사용한 것은 학생이 단순히 선생님으로부터 고정된 지도나 지시를 받는 것이 아니라, 학생들이 **익숙하지 않은 맥락 속에서 스스로 길을 찾고(navigate) 의미 있고 책임감 있는 방향을 발견하도록 배울 필요가 있다는 것을 강조**하는 것이다. OECD 학습 나침반 2030을 들고 있는 학생의 모습은 주변의 사람, 사건, 환경에 더 나은 영향을 주는 것을 배우면서 목적의식과 책임감을 발휘하는 학생을 나타낸다(OECD, 2019: 24).

주도성(agency)은 주어진 환경에서 행동하게 하는 힘으로, 자신의 행동을 관리하고 행동의 질을 통제하는 능력(agent)을 나타나게 하는 것이다. 따라서 주도성은 앞으로의 목적을 구체화하고 그 목표 달성을 위한 행동을 스스로 알 수 있는 능력을 필요로 한다. 이렇게 볼 때 학생 주도성을 키운다는 것은 주어진 환경 속에서 학생이 앞으로의 목적을 구체화하

---

3) 남의 어려운 사정을 이해하고 정신적으로나 물질적으로 도움을 베풂(표준국어대사전)

고 그 목표 달성을 위한 행동을 스스로 알아 주체적으로 자신의 행동을 관리하고 행동을 개선할 수 있는 능력을 갖게 한다는 것을 의미한다. 우리 교육에 있어서도 학생 주도성은 7차 교육과정 시기부터 현재에 이르기까지 자율성, 자기주도성, 자기주도적 학습, 학생 주도성, 자기 주체성, 자기관리 역량 등으로 지속적으로 강조되고 있는 것이며, 대학입학 학생부종합전형에서도 중요한 평가 요소 중 하나로 여겨지고 있다.

시각적으로도 볼 수 있듯이 OECD 학습 나침반 2030에서 학생은 또래, 교사, 부모, 지역사회에 둘러싸여 있고 이들이 모두 행복(wellbeing)을 향해 학생들과 상호작용하며 이끌어 주는 모습이다. 학생들은 사회적 맥락에서 주도성을 배우고 기르며 발휘하는데, 이와 같이 **학생이 목표를 향해 발전할 수 있도록 상호작용하며 지원하는 관계를** '공동 주도성(co-agency)'이라 하였다(OECD, 2019:24). 학생들은 더 큰 학습 생태계에서 유기적인 방법으로 또래, 교사, 부모, 지역사회와 상호작용하며 풍요롭게 하는 관계 속에서 공동주도성을 발전시킨다.

네 번째, '예상-행동-반성 사이클(anticipation-action-reflection cycle, AAR)'은 학생이 공동체의 행복을 위해 지속적으로 그들의 사고를 개선하고, 의도적으로 책임감 있게 행동하는 반복적인 학습 과정이다. 계획하고 경험하고 반성하는 과정을 통해 학생들은 그들의 이해를 깊게 하고 관점을 넓게 한다(OECD, 2019:25). 예상 단계에서 학생은 현재 취한 행동이 미래에 어떤 결과를 가져올 수 있는지 생각함으로써 정보를 얻게 되고, 행동 단계에서 학생들은 행복을 위해 행동할 의지와 능력을 갖는다. 반성 단계에서 학생들은 그들의 사고를 발전시켜 개인, 사회, 환경의 행복을 위한 더 나은 행동으로 나아가게 된다(OECD, 2019:17). **이러한 AAR 사이클은 변혁적 역량 개발을 위한 촉매제로, 각각의 역량**

은 적응하고 반성하는 학습자의 능력 그리고 그에 따라 행동하고 지속적으로 사고를 개선하는 학습자의 능력에 따라 발전한다.

한편, 미래교육 2030 프로젝트에서는 미래 교육에 있어서 '새로운 표준(뉴노멀, new nomal)'이 될 수 있는 교육 시스템의 획기적인 특징들을 제시했다(OECD, 2019:13). "OECD 학습 나침반 2030" <그림 3−4>에서도 볼 수 있듯이, 전통적으로 독자적인 독립체로 생각되었던 교육 시스템이 이제 그들이 기여도 하고 그것에 의해 영향을 받는 '더 큰 생태계(eco−system)의 일부'로 여겨지고 있다. 이러한 변화로 인해 교육 시스템과 이해 관련자들(stakeholder), 예를 들면 학부모, 기업주, 지역사회와 학생들이 '공유된 책임감(shared responsibility)'을 갖게 되었다. 즉, 과거 일부 선택된 사람들이 의사결정하던 방식에서 모든 사람들이 의사결정을 함께 하고 협력하고 학생 교육에 대한 책임을 함께 지고 있다. 학생들은 그저 교육 시스템에 따르기만 하는 수동적인 존재가 아니라 교사, 교장과 함께 능동적인 참여자, 변화의 주도자가 되었으며, 그들 자신의 학습에 책임을 지는 법을 배우고 있다.

마찬가지로 전통적으로 학생들의 학습 성과(learning outcomes)와 학업성취(academic achievement)가 학교 경험의 효과와 질을 규정했었지만 이제는 학생들의 '행복과 학습 경험의 가치'가 중요해졌고, '학습 과정'의 질(quality)이 성과(outcomes) 이상으로 주목을 받고 있다. 따라서 교육과정 설계 및 학습 진행에 대한 접근 방식은 '정적, 순차적(선형적) 학습 진행 모델(static, linear learning−progression)'에서 '비순차적(비선형적), 동적 모델(non−linear, dynamic model)'로 전환되고 있다. 이는 각 학생들이 자신의 학습 경로를 가지고 있으며 학업을 시작할 때 각각 다른 사전 지식이나 기술, 태도를 지니고 있음을 인정하는 것이다. 그리

표 3-2 교육에 있어서 뉴노멀(The "new normal" in education)

특징	전통적 교육 시스템	"뉴노멀"을 구현한 교육 시스템
교육 시스템	교육 시스템은 독립 기관	교육 시스템은 더 큰 생태계의 일부
책임감과 이해 관련자 관계	의사결정이 선택된 그룹을 기반으로 이루어지고 그래서 그들이 결정된 사항에 대하여 책임을 짐 분업(교장이 학교를 관리하고, 교사들이 가르치고, 학생들은 선생님의 말씀을 듣고 배움)	의사결정과 책임은 부모, 기업주, 지역사회, 학생을 포함한 이해관계자들 간에 공유됨 공동 책임(모든 사람이 함께 일하고, 학생의 교육에 대한 책임을 지며, 학생들 또한 그들 자신의 학습에 책임감을 갖는 것을 배움)
학교 경험의 질과 효과성에 대한 접근 방식	결과가 가장 가치 있게 여겨짐(학생 수행, 학생 성취가 책무성과 시스템 개선을 위한 평가 지표로 중요함) 학업성취에 주목함	"결과"뿐만 아니라 "과정"도 가치 있게 여김(학생 수행과 성취에 더하여 학생들의 학습 경험 그 자체가 내재적 가치를 지니는 것으로 인식됨) 학업성취뿐만 아니라 총체적인 학생 행복에 주목함
교육과정 설계와 학습 진행에 대한 접근 방식	순차적이며 표준화된 진행(교육과정은 표준화된, 순차적 학습 진행 모델을 기반으로 개발됨)	비순차적 진행(각 학생은 자신만의 학습 경로가 있고, 취학 시 각자 다른 사전 지식, 기술 및 태도를 지니고 있다는 것을 인정함)
모니터링(추적 관찰)의 중점	책무성과 규정 준수에 대한 평가	시스템 개선(예: 모든 수준에서 빈번한 피드백을 통한 지속적인 개선)뿐만 아니라 시스템 책무성
학생 평가	표준화 시험	다양한 목적을 위해 사용되는 다양한 유형의 평가
학생 역할	학생 자율성이 생겨나면서 교사의 지시에 따라 학습	학생 주도성과 특히 교사 주도성과 함께 하는 공동주도성을 지닌 능동적 참여자

출처: OECD(2019). OECD Future of Education and Skills 2030, p. 14.

고 학생 평가 또한 표준화된 시험에서 다양한 목적들을 위한 '**다양한 유형의 평가**'로 변화되었다. 이러한 변화에 따라, 교육 시스템 성과를 모니터링하는 중점과 목적이 책무성과 규정 준수(accountability & compliance)에 대한 전통적인 평가에서 시스템의 모든 수준에서 피드백을 통한 '**지속적인 시스템 개선**'의 평가로 옮겨갔다. 가장 중요한 것은, 교육 시스템에서 학생의 역할이 교사 지시를 듣는 교실 학습 참여자에서 '**학생 주도성**(agency)'과 특히 교실 환경을 형성하는 교사 주도성과 함께 '**공동주도성**(co-agency)'을 갖는 '능동적 참여자(active participants)'로 바뀌고 있다는 것이다.

OECD는 2019년 당시 나타나기 시작한 이러한 특징들이 지속적으로 발전하여 미래에는 더욱 보편화될 것으로 예상했고, 그로부터 수년이 지난 지금 살펴보면 '**오늘의 새로운 혁신이 미래의 일상이 된다**'는 이야기처럼 세계 교육에서 뉴노멀의 특징을 흔하게 볼 수 있다. OECD가 제안한 교육에 있어서의 뉴노멀 이야기로 전 세계적으로 미래교육이 이러한 특징을 지닌 방향으로 변화하고 있으니 우리 교육도 세계적 흐름과 같은 방향으로 변화하고자 노력해야 함을 알 수 있다.

'OECD 교육과 기술의 미래 2030 2단계'는 2019년부터 개념 수립의 초점을 '2030년 학습'에서 '**2030년 교육**'으로 전환하고 **교육과정 분석을 재설계에서 실행으로 초점을 바꾸고** 있다. 여기에서는 교육과정 변화를 더 큰 변화관리 시스템, 즉 국가나 세계가 미래를 대비하기 위해 변화해 나가는 과정의 한 부분으로 보고, 교육에 대한 관점과 평가의 변화와 함께 변화될 것으로 이야기한다. 또한 교육과정 실행의 주체로서 교사의 역할을 강조하여 교육과정 변화에 대한 신규 교사 연수나 학교 지도자를 포함한 교사 전문성 개발 연수가 있어야 할 것임을 강조하고 있다(OECD, 2019:17). 나날이 발전하는 기술, 예를 들어 AI, VR, AR와 같은 에듀테크는 지식 전달의 우수한 수단이 되고 있지만, 교육의 관계적 측면은 여전히 교사들만이 할 수 있는 것이다. 어떤 교육과정이 구성된다 하더라도 그러한 교육이 이루어지게 하는 것은 훌륭한 코치, 멘토의 역할을 하는 교사들일 것이다. 이는 지금까지 학생들의 배움에 중점을 두고 교육과정 재구성을 해 왔던 것에서 학생들의 잠재성을 이끌어내기 위한 교사들의 역량 개발에 중점을 두어야 한다는 것을 의미한다.

3. "21세기 학생들에게 필요한 기술"과 "OECD 학습 나침반 2030"의 시사점 📎

(1) 지향점 1 : 기초 교과 학습 충실화로 기본 핵심 지식을 갖추게 하자
   － 지식교육으로 기초 · 기본 학력을 키워야 한다.

WEF와 OECD 모두 21세기를 살아갈 학생들에게 기본적 핵심 지식을 갖추게 하는 것이 매우 중요하다고 강조했다. 그들이 제안한 핵심기초나 기초문해력은 변혁적 역량, 비판적 사고나 창의성 발휘 등의 교육이 시작되는 기반으로, 이는 기초 교과 학습이 충실히 되어야 다른 미래역량이나 인성자질 등이 효과적으로 학습될 수 있다는 이야기이다.

핵심기초　　　기초문해력

　　미래교육을 이야기할 때 일반적으로 전통적인 교과 학습보다는 IT 기술교육이나 역량교육에 대해 더 큰 강조를 해왔기 때문에 상대적으로 교과 학습이 중요한 것이 아니라고 생각하는 경향이 있다. 최근 미래교육에 대해 많은 사람들이 인터넷과 스마트폰의 발달로 단순한 지식은 검색으로 얼마든지 파악할 수 있으니 지식교육보다는 지식을 활용할 수 있는 창의성 교육, 문제해결 교육이 더욱 필요하다고 말한다. 그래서 암기식 교육, 주입식 교육으로 상징되는 지식교육, 교과 학습이 '과거의 교육', '진부한 교육'으로 생각되어 마치 기초학력이 부족한 학생들에게만 필요한 교육으로 여겨지기도 한다. 그러나 OECD나 WEF의 제안에서도 볼 수 있듯이, **무엇보다도 먼저 모든 학생들은 핵심적이고 필수적인 지식을 배우고 그 바탕 위에 역량과 태도, 가치 등의 인성자질을 키워야 한다.** 학교에서는 학생들이 교과 학습을 통해 사실적 지식, 개념적 지식을 충분히 습득하게 하고 그것을 바탕으로 절차적 지식과 메타인지 지식4)을 가질 수 있도록 지식교육을 해야 할 것이다.

코로나19로 인해 더욱 학력격차가 심화된 지금 학생들의 기초학력 부진이 사회적 이슈가 되었고, 교육부를 비롯한 여러 시·도교육청에서도 기존 운영 중인 '학습종합클리닉 센터', '학생 맞춤형 선도학교', '두드림학교', '교과보충 집중 프로그램' 운영 등에 더하여 기초·기본 학력 증진을 위한 여러 안(案)들을 내놓고 있다. 이 또한 학생들의 성장을 위해 기본적 핵심 지식을 갖추게 하기 위한 것으로, 일정 수준의 지식교육을 하는 것은 미래교육을 위해 매우 필요한 일이다. 현재 학교에서도 다양한 방법으로 기초·기본 학력을 보충하려는 시도들을 하고 있지만, 또 다른 팬데믹으로 비대면 원격수업을 다시 해야 할지도 모르는 상황에서 코로나19로 인해 더욱 친숙해진 **온라인 수업이나 온라인 콘텐츠, AI 수업 콘텐츠 등을 학생들의 흥미에 맞게 개발하여 활용한다면 '학생 개별 맞춤형 교과 학습'이 가능할 수 있다. 특히 수학, 과학과 같이 단계적, 반복적 학습이 필요한 경우 AI 수업 콘텐츠를 개발해서 학생들에게 보급된 태블릿 PC를 활용해 학습하게 한다면 매우 효과적일 것**이다. 수학, 물리, 과학, 컴퓨터공학 등과 같이 잘 정의된 지식의 구조를 갖고 있는 교과에서 ITS(**지능형 튜터링 시스템**, Intelligent Tutoring System)5)는 일대일 교수법보다는 못하다 하더라도 학생 맞춤형으로 단계별 학습이 가능하여

---

4) Bloom의 신교육목표 분류법에 따르면 인지적 영역에서 **지식 차원은 사실적 지식, 개념적 지식, 절차적 지식, 메타인지 지식으로 구분되고,** 인지과정 차원은 '기억하다', '이해하다', '적용하다', '분석하다', '평가하다', '창안하다'로 구분된다 (강현석 외, 2005).

5) 지능형 튜터링 시스템은 교육 분야에서 가장 오래전부터 인공지능으로써 활용해왔으며, 현재도 가장 널리 활용하는 분야이다. 일반적으로 각 **학생이 맞춤형으로** 수학이나 물리와 같이 잘 정의된 지식의 구조를 갖는 영역에 대해 **단계별 학습을** 하도록 활용되고 있다(마야 비알릭 외, 2020:122).

교사 주도의 전체 강의보다 효과적일 수 있다(마야 비알릭 외, 2020:129). 이러한 분야에서 인공지능을 활용한 시스템을 구성하는 것은 기초기본 학습 미달 학생의 지도에 활용이 효과적일 것이다.

(2) 지향점 2 : 지식교육 기반으로 역량교육을 하자

미래교육을 이야기할 때면 언제나 필요하다고 강조되는 것이 바로 **'역량**(competency)**교육'**이다. **역량은 어떤 일이나 과제를 효과적으로 해 낼 수 있는 능력**을 의미하는 것으로, OECD는 보다 나은 미래를 살아 가기 위해 새로운 가치를 만들고 긴장과 갈등, 딜레마를 조정하며 책임 감을 갖는 변혁적 역량이 필요하다고 했다. WEF도 21세기에 필요한 역 량으로 비판적 사고와 문제해결력, 창의성, 의사소통, 협업 역량을 이야 기했다. 과거부터 많은 사람들이 새로운 가치를 만들어 낼 수 있는 창 의성이나 문제해결력, 비판적 사고를 길러야 한다고 생각해왔고 디지털 AI 로봇시대인 현재에도 여전히 중요한 것으로 생각하여 다양한 교육 방법들을 제안하고 있다. 또한 최근에는 초연결의 미래사회에서 원활한 협업을 이끌어 낼 수 있도록 긴장과 갈등을 해소하고 서로를 공감할 수 있도록 의사소통하는 역량도 큰 관심을 받고 있다. 우리 교육도 그동안 지식 위주의 암기식 교육 방식이 주를 이루어 역량을 기르는 교육이 부 족했었다는 점에 주목하여 2015 **개정 교육과정에서 6대 핵심 역량**[6]**을 제시**하며 역량교육의 중요성을 강조하였고, 뒤이어 2022 **개정 교육과 정에서도** 우리 교육이 지향해야 할 가치와 교과교육 방향과 성격에 대 한 개념적 틀에 기초하여 **핵심역량을 체계화**하였다.

---

6) 2015 개정 교육과정에서는 '자기관리 역량', '지식정보처리 역량', '창의적 사고 역량', '심미적 감성 역량', '의사소통 역량', '공동체 역량'을 제시하였고, 2022 개 정 교육과정에서 '의사소통'을 '협력적 소통'으로 개선하여 제시하였다.

일부 사람들이 역량교육을 너무 강조하여 지식교육이 소홀히 되고 있다는 오해 아닌 오해도 하고 있지만, **역량교육과 지식교육은 서로 경쟁적이거나 상호 배타적인 개념이 아니다. 오히려 지식을 기반으로 역량을 보여줄 수 있고, 역으로 역량을 사용해서 지식을 업데이트하고 이해를 심화시킬 수 있다.** 역량은 단순히 지식이나 기술을 획득하는 것 이상을 의미하는 것으로, 불확실한 상황에서 마주하게 되는 복잡한 요구를 해결하기 위해 지식, 기술, 태도, 가치를 모두 끌어내어 사용할 수 있는 능력이다 (OECD, 2019:129).

예컨대, 창조와 혁신의 아이콘인 스티브 잡스가 **'창의성은 단지 연결하는 것**(creativity is just connecting things)'이라고 말한 것처럼, **지식을 다양한 맥락에서 연결하는 것이 창의성 교육이며** 지식교육이 바로 창의성 교육의 시작일 수 있다. 그러니까 학생들은 자신들이 습득한 지식을 새로운 맥락에서 효과적으로 사용할 수 있도록 지식과 지식을 연결할 수 있어야 하고, 학교는 학생이 지식의 구조를 파악하고 체계화하여 교과에서 가르치는 내용들 간의 연계성을 파악할 수 있도록 도와주어야 한다. **지식과 지식을 연결해서 다양한 맥락에서 활용할 수 있는 역량을 기르는 것, 그것이 미래교육이다.**

(3) 지향점 3 : 인성자질과 학생 주도성을 키워야 한다

WEF는 끈기와 호기심, 주도성과 같은 '인성자질'을 '기초문해력', '역량'과 더불어 21세기 기술의 큰 범주로 유목화시킬 만큼 중요한 것으로 생각했으며, '의사소통'과 '협업'을 '비판적 사고', '창의성'과 함께 21세기 학생들에게 필요한 역량으로 제시했다. OECD도 학습 나침반 2030에서 태도와 가치를 모든 학습에 선행되어야 하는 '핵심기초'로 보았고, 책임감, 공감과 존중, 협력, 신뢰 등의 '변혁적 역량'과 2030 프로젝트의 가장 중요한 개념인 '학생 주도성'을 매우 중요한 인성자질로 강조했다. 이러한 인성자질을 키우는 교육은 예로부터 우리 교육에서 매우 중요하게 여겨온 항목들로, 학교에서는 교과 수업뿐만 아니라 학교 특색활동이나 다양한 학생활동, 예컨대 자치회, 동아리, 체험활동, 교내외 행사 등 모든 교육활동을 통해 기르고자 노력해 왔다. 2022 개정 교육과정 총론(교육부, 2022) 학교급별 교육의 목표에서도 일상생활과 학습에 필요한 기본 습관 및 기초·기본 능력을 기르고 바른 인성과 민주시민으로서의 자질을 함양하는 데에 중점을 두는 것으로 강조하고 있다.

인성교육은 기존 학교교육에서 늘상 해오던 것으로 생각되어 미래교육에서 강조하는 디지털교육이나 역량교육에 비해 다소 적은 관심을 받았지만, 최근 코로나19로 인해 인성자질과 학생 주도성 교육이 더욱 중요하다는 것을 모두들 실감하고 있다. 2020년 상당 기간 학교에 등교하지 못하고 온라인 개학과 비대면 수업을 했던 학생들은 정상적인 학교생활에서 얻을 수 있었던 기본생활 습관 형성이나 성실성, 끈기, 참을성 등의 인성자질들을 키울 기회가 부족했으며, 무엇보다도 교사, 친구들과의 관계를 통한 사회성 함양이 어려워 많은 사람들이 등교수업을 해야 한다고 주장했었다.

또한 온라인 개학에 맞추어 실시된 비대면 원격수업으로 학생들은 각자의 가정에서 학습을 했으나 가정에서의 뒷받침이 없는 경우 학습 결손이 더욱 커져 학력의 양극화[7)가 발생했다. 이는 소위 인공지능 시대를 맞이하며 대면 수업이 아닌 AI 콘텐츠를 활용한 수업이 가능하지

---

7) 코로나19로 인해 등교 일수가 적었던 학교는 국어·수학·영어 모든 과목에서 상·하위권 학생의 비율이 늘고 중위권 학생의 비율이 줄었다는 결과를 보여, 학습 불평등이 증가되었다는 것을 알 수 있다(시사인, 2022).

만, 학생 스스로 장시간 수업에 참여할 수 있는 끈기나 호기심, 책임감, 자기주도성 등이 밑받침되지 않는 경우 디지털 콘텐츠의 혜택을 누릴 수 없다는 것을 깨닫게 했다. 사실 코로나19 장기화로 학생들의 학력도 떨어졌지만, 심리적 우울·위축감 등으로 청소년 정신상담 건수가 증가[8]하였고, 등교수업일수가 줄어듦에 따라 교우관계 형성이 어려워 학교생활 만족도가 낮아졌으며 사회성 저하가 우려되는 상황[9]이 되었다(교육부, 2021). 이에 대해 일부 교사들은 온라인에서도 학생들이 서로 협업할 수 있도록 프로그램을 활용해서 수업하는 방법을 활용하고 있고, 디지털 시민교육을 통해 디지털상에서의 인성교육도 시도하고 있다. 따라서 대면뿐만 아니라 온라인상에서도 인성자질을 교육하는 방법을 꾸준히 개발하고 확대해야 한다.

학생 주도성 또한 우리 교육에서 자율성, 자기주도성 등으로 예전부터 강조하고 있는 것인데 최근 학습 나침반 2030으로 더욱 중요함이 부각되고 있다. 예측할 수 없이 빠르게 변화해 가는 미래사회에서 학생들이 스스로 새로운 지식을 익히고 적응하며 살아가기 위해서 주도성이 필요하며, 학교에서는 학생들의 주도성을 길러줄 수 있도록 교수학습 방법을 변화시켜야 한다. 주도성은 앞으로의 목적을 구체화하고 그 목표 달성을 위한 행동을 스스로 알 수 있는 능력으로, 스스로 목표를 세우고 실천하고 반성하는 수업 과정을 통해 학생들의 주도성이 길러질 수 있다. 학교는 교과활동을 프로젝트 수업, 활동중심 수업, 에듀테크 활용 수업 등으로 계획하여 학생들이 자발적으로 참여하며 상황에 맞게 지식과 역량을 발휘할 수 있도

---

8) 21.1분기 청소년 온라인 정신상담 건수는 전년 동기 대비 2.5배 증가했다(청소년상담원).
9) 학부모 85.7%, 교사 87.6%가 학생의 사회성 함양을 우려했다('20.11. 국가교육회의 설문조사).

록 해야 한다. 특히 **학생 스스로 프로젝트를 수행하게 하는 방법은 수업에 자발적으로 참여할 수 있도록 학생들의 내적 동기를 높일 수 있는 좋은 방법**이다.

학생 주도성을 높이는 교육을 하라고 하면 어떤 이들은 학생들이 아는 것이 없는데 학생들에게 모든 과정을 맡기고 교사들은 아무것도 하지 않는다고 생각하기도 한다. 이는 다소 학생 주도성에 대한 왜곡된 생각일 수 있다. 교사는 수업을 통해 사실적, 개념적 지식을 가르치고 학생들이 해야만 하는 과제나 시험 등을 부과하지만, **학생이 학습 주도성을 가질 수 있도록 수업에 있어서 교사들의 일방적인 지식 전달이 아닌 학생들이 주도적으로 참여하며 활동할 수 있는 기회를 마련**한다. 특히 팬데믹 상황과 디지털 기술 발달로 더욱 강조되는 온라인 수업에서 의욕을 잃고 자기주도적 학습을 하지 못하는 학생들에게 주도성을 갖고 수업에 자발적으로 참여할 수 있는 방법으로 접근하는 것이 중요하다. 현재 OECD 2030에서도 볼 수 있듯이 학생 주도성에 대한 강조가 커지고 있고 학교 수업도 그런 방향으로 변화해 가고 있는 것이 현실이다.

미래교육의 모습으로 AI가 지식수업을 하고 교사들은 전통적인 수업 대신 AI가 다루지 못하는 창의성과 인성교육을 하는 것으로 묘사되기도 하고(김수형 외, 2020:153), 극단적으로는 기존의 학교가 없어지고 교사도 필요치 않을 것이라는 예측도 있다. 어쨌든 **교사는 단순한 지식 전달자가 아니라 창의성과 인성, 학생 주도성을 키워주는 역할을 해야 할 것이고, 학교도 컴퓨터 프로그램에 의한 가상의 교육환경 속에서가 아니라 실제 대면 상황에서 학생들이 서로 관계를 맺고 상호 협력하며 학생 주도성을 키울 수 있는 교육의 장이 되어야 한다.** 위에서도 언급한 것처럼, 인성과 학생 주도성 교육은 교과 활동 따로, 인성교육 따로, 학생 주도성 교육 따로 그렇게 분리적으로 이뤄지는 것이 아니라 수업을 포함한 모든 교육활동 과정을 통해 **통합적으로 길러지는 것이다.** 코로나19로 인해 등교할 수 없었던 기간에 학교에서 문자, 모바일 알림장, 교육용 플랫폼 등 다양한 소통 방식을 활용하고 온라인 수업도 실시간 화상수업으로 운영하는 등 여러 방법을 동원했지만 학생들의 사회성이 떨어지고 인간관계가 어려워졌다는 이야기에서 알 수 있듯이, 학교를 없애는 것보다 오히려 교수학습 방법을 미래지향적으로 변화시켜서 지식과 더불어 역량, 인성 등을 기르고 특히 학생들의 주도성을 길러주는 방향으로 나아가는 것이 필요할 것이다.

(4) 지향점 4 : 뉴노멀 구현 교육 시스템으로 변화하자

OECD는 미래교육에 있어서 뉴노멀을 '더 큰 생태계의 일부인 교육 시스템', '교육 시스템과 이해 관련자들의 공유된 책임감과 의사결정', '학습 결과 이상으로 중요해진 학습 과정과 경험', '학생 각자의 경로에 따른 학습 진행', '다양한 유형의 평가와 지속적인 시스템 개선', '주도성을 지닌 능동적 참여자로서의 학생 역할 변화' 등으로 제안했다. 뉴노멀에 따르면 학습 성과나 학업성취를 중요시하던 예전 관점에서 **학생들의 학습 경험, 학습 과정의 질을 중요**시 하게 되고 따라서 교육과정 설계와 학습 진행, 평가에 대한 접근 방식도 모두 동일하게 적용되는 것이 아니라 **각 학생의 학습 경로와 사전 지식, 기술 및 태도에 따라** 이루어지게 된다. 교실 수업에서도 학생은 수동적인 존재가 아니라 **주도성을 지닌 능동적 참여자**로 변화해야 하며, 교육과정 설계도 모든 학생들을 한 번에 가르치는 것이 아니라 각 학생의 사전 준비상황에 따라 **개별학습, 학생 맞춤형 학습**으로 나아가야 한다. 그러니까 주어지는 교육과정이 아니라 학생이 원하는 것을 가르치는 교육과정이 되어야 하는데 아마 그러한 관점에서 고교학점제의 개념이 도입된 것 같다.

고교학점제뿐만 아니라 최근 우리나라에서 거론되고 있는 교육정책들을 살펴보면, 우리 교육도 미래교육의 뉴노멀을 지향하는 전 세계적 흐름과 같이 하고자 노력하고 있음을 알 수 있다. 지역사회와 함께 하는 교육, 학생 주도성을 키우는 교육, 수행평가, 과정중심평가, 학생 맞춤형 교육, 고교학점제, 성취평가제 등 여러 정책들이 있다. 이미 교육은 지역과 함께 성장하는, 아니 지역이 성장하기 위해 교육이 함께 해야만 하는 것으로 자리매김하여 각 지자체마다 다양한 형태의 거버넌스를 구축하여 협력하고 있고, 교육부 이하 여러 시도교육청에서 **지역연계가 교육을 이끌어가는 견인차임을 인식**하여 미래교육지구 사업에 중점을 두고 있다. 또한 오랜 기간 학생중심교육, 수업혁신, 평가혁신 등을 강조하여 수업의 형태를 바꾸고 평가도 일제식 고사와 더불어 다양한 형태의 수행평가와 과정중심평가를 실시하고 있다. 일제고사가 없어짐으로 인해 학생들의 학력이 떨어지고 대학입학에 어려움이 있을 것으로 생각하는 많은 학부모들의 우려의 목소리에도 중학교에서는 자유학기제 도입으로 학생 주도적 활동 중심의 수업을 하고 토의·토론이나 발표와 같은 과정을 평가하는 수업이 많아지고 있다.

이처럼 교육부나 교육청들이 미래교육으로의 변화를 위해 여러 정책들을 제안하고 학교에서 실행하고 있지만, 아직까지 그러한 정책들이 안착되어 완전하게 실행되고 있다고 보기엔 다소 부족함이 있어 보인다. 최근 핫이슈가 되고 있는 IB 교육과정 도입과 대학입시에 대한 관심과 논란, 고교학점제 시행을 앞둔 혼란, 특히 상대평가와 절대평가, 수월성 교육과 보편적 교육에 대한 문제들을 둘러싼 우려와 걱정들이 그런 것들이다. 많은 사람들이 미래교육으로 변화하기 위해 노력하고 있지만, 오랫동안 시행되어온 **관행들을 바꾸는 어려움과 더불어 교육을 바라보는 시각의 차이로 인한 혼란들**은 더욱 **많은 사람들의 이해와 협력, 노력이 요구되는** 실정이다.

　　이제 우리도 미래교육을 위해 지금까지 발전해 온 기반을 바탕으로 전통적 교육 시스템에서 뉴노멀을 구현하는 교육 시스템으로 보다 실제적인 변화를 해야 한다. 여러 사회적 문제와 연결되어 있는 교육 문제를 풀어나가기 위해 사회 구성원들의 공감을 얻을 수 있는 방향으로의 비전 제시가 필요하고, 보다 거시적인 관점에서 그러한 변화를 지지하고 동참하고자 노력해야 한다. 전통적 교육 시스템에서 중요했던 학업성취 결과에서 학습의 과정을 중시하는 교육으로, 수동적인 학습자에서 주도성을 갖고 참여하는 학생으로 변화될 수 있도록 학교교육을 변화시켜야 한다. 예컨대, **학생과 교사가 함께 주도성을 가지고 프로젝트 방식의 수업을 진행하고 그 과정에서 토의, 토론이나 논술형 평가 등 다양한 유형의 평가가 이루어지며 학생들이 그러한 학습 과정을 통해** 자신의 진로를 찾는, 그리고 **프로젝트의 주제나 기반이 지역과 연계되어** 지역사회와의 협력이 이루어지는 **교육이라면 뉴노멀을 구현한다고 볼 수 있을 것이다.**[10] 학교와 교육기관, 그리고 교육과 관련된 모든 사람들은 이러한 뉴노멀을 구현한 교육이 이루어질 수 있도록 함께 노력해야 할 것이다.

---

10) 이러한 수업의 사례는 "학교를 변화시키는 마법(오찬숙, 2020)"을 참고할 것.

04

미래지향적 교육과정
(호주와 캐나다 온타리오주
교육과정 중심으로)

최근 세계적으로 학교 교육과정 변화를 통해 미래시대를 대비하고자 하는 움직임이 있다. 과학기술의 급속한 발전과 더불어 모든 것이 연결되고 융합되는 미래시대에는 많은 양의 지식을 습득하게 하던 교육에서 실제 삶에서 필요한 역량을 길러주는 교육, 서로 다른 분야를 연결하여 새로운 것을 만들어 낼 수 있는 교육으로의 변화가 필요하다. 미래교육으로 나아가기 위해 세계 여러 나라들과 기관들은 교육과정 통합에 의한 융합교육1)을 미래교육의 한 방안으로 권장하고 있다.

교육과정 맥락에서 '통합'은 사실적 정보보다는 핵심적 개념이나 원리를 중심으로 교과를 가르치고, 주제나 활동 중심으로 교과 또는 영역 사이의 연계를 추구하는 방식을 의미한다. 과거부터 여러 학자들이 다양한 교육과정 통합 모형을 제시해 왔고, 그중에서 최근 학교에서 가장 많이 활용하고 있는 것은 'Drake와 Burns 모형', 'STEM'이나 'STEAM 모형'과 같이 **통합의 유형을 세 가지 큰 범주인 다학문적, 간학문적, 초학문적 통합으로 제시한 모형**이다(오찬숙, 2019:339). 일반적으로 '다학문적 융합 수업'이라고 하면 주제를 중심으로 여러 교과가 접근하는 것이고, '간학문적 융합 수업'은 교과 간 핵심 개념이나 아이디어를 바탕으로 서로 연계된 교과에 기반하여 접근하는 방식이다. '초학문적 융합수업'은 개별 교과 중심에서 벗어나 학습자가 살아가는 실제 세계에서 복잡한 문제를 기반으로, 이를 인식하고 해결하는 과정에서 실생활에 필요한 역량을 기르는 것을 목적으로 한다(한국교육과정평가원, 2018).

교과 학습에 대한 이러한 통합적 접근은 끊임없이 변화하고 폭발

---

1) 융합교육은 영어로 convergence education이나 multidisciplinary education에 해당되는 것으로 흔히 융·복합교육, 통합교육, 교과통합, 통합교육과정, 교육과정 재구성 등의 용어와 혼용하여 사용되고 있다(오찬숙, 2019:335).

적인 지식의 증가를 보이는 사회 속에서, 특히 학교에서 배운 많은 지식들을 전혀 사용할 수 없는 끊임없는 딜레마 상황에서 학생들이 문제에 대처하는 역량을 기르는 데 도움을 줄 수 있다. 이런 경우 역량교육은 교과와 분리하여 따로 진행되는 것이 아니라 학습(learning)과 실천(doing) 간의 간극을 좁히기 위해 다른 교과와의 연계 지도, 여러 교과 간 통합 학습, 그리고 모든 교육과정에 걸친 범 교육과정 방법 등으로 이루어진다.

　미래교육 방안으로 융합교육을 활용한 사례들을 살펴보면, 우선적으로 IB 교육을 들 수 있다. IB는 비영리 단체인 국제바칼로레아기구(IBO, International Baccalaureate organization)가 주관한 국제 공인 교육과정으로, 1968년 프랑스에서 외교관 자녀를 위한 대입시험으로 개발되기 시작하여 2023년 10월 기준 159개국 5,600여 개 학교에서 8,000개 이상의 IB 프로그램을 운영하고 있다(https://www.ibo.org/programmes/,

그림 4-1 IB 교육 소개 웹사이트

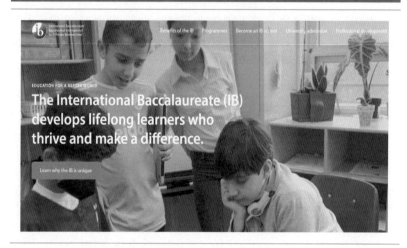

2023.10.24. 인출).

IB 프로그램은 사고력, 의사소통 능력, 사회적 능력, 자기관리 능력, 연구능력 등의 역량을 길러주고자 탐구 기반 지도, 개념 이해에 초점 두기, 효과적인 팀워크와 협업, 개별화 교육 등을 통해 교육하는 방법으로, **유치 및 초등학교**(PYP, primary years programme) **수준(3-12세)**에서는 초학문적 융합 모형, **중학교**(MYP, middle years programme)에서는 간학문적 융합 모형, **고등학교**(DP, diploma programme)에서는 학문적 모형으로 **프로그램을 설계할 것을 권장한다**(한국교육과정평가원, 2018). IB가 제시한 초등학교의 융합교과적 주제는 "**자신을 포함한 우리 존재에 관한 것**(who we are), **우리가 살고 있는 시간과 공간에 대한 것**(where we are in place and time), **우리 자신을 표현하는 방법에 대한 것**(how we express our−selves), **세계에 대한 이해**(how the world works), **우리 자신을 조직하고 구성하는 방식**(how we organize ourselves), **함께 공유하는 지구**(sharing the planet)"이다. IB 교육과정은 논리적 사고력과 문제해결력을 높이는 데 효과적인 방법으로, 많은 나라의 IBO 인증을 받은 학교에서 '국제 공인 교육과정'으로 운영되고 있다. 일본에서 주입식 교육을 탈피하는 방법으로 IB를 도입하고자 하는 시도가 있었고 우리나라에서도 외국 대학교에 진학하고자 하는 학생들이 많은 국제학교나 외국어고등학교 등에서 주로 운영되고 있다. 2019년부터는 시·도교육청 차원으로 대구와 제주에서 IB 프로그램을 운영하고 있고, 2023년 부산, 경기, 충남도 IB를 도입하기로 하고 기반 조성에 나서는 등(서울경제, 2023.1.11.), 여러 시·도교육청에서 많은 관심을 갖고 살펴보고 있다.

다음으로 국가나 시 차원에서 학교 교육과정에 융합교육을 도입한 사례들이 있다. 영국에서는 6th form **과정(12학년)**에 문제해결 능력과 협동성을 강조한 GCE A-Level 과목들을 다양하게 개설하고 그러한 과목 중에 **인문학, 자연과학, 사회과학, 예술을 융합하여 배울 수 있도록 개발된 '일반교양학**(the General Studies)'**이라는 과목을 개발**하였고(한국교원대 교육연구원, 2014:32), 상하이 시(市)정부는 학생 개개인의 자율적인 학습과 연구 활동을 장려하는 과제 연구, 프로젝트 설계 등의 과목을 진행하고, 2001년 이후 중학교부터 교내 시험에서 교과 간 지식을 통합하여 해결하는 문항을 출제하여 지식의 실생활 적용 능력을 평가하였다(한국교육과정평가원, 2017:12). 교육에 있어서 세계적 관심을 받고 있는 핀란드도 '**2014 국가 핵심 교육과정 개정**'을 통해 **포괄적 역량**(transversal competence)과 **다학제간 학습**(multidisciplinary learning; 주제, 현상, 프로젝트 기반 학습)을 획기적으로 도입해 2016년부터 적용하고 있다. 핀란드 교육과정에 따르면 각 교과는 고유의 지식과 기능을 가르치되, **포괄적 역량을 길러주기 위해 다른 교과와 통합하여 지도할 것이 권장**된다. 인위적인 통합과목, 예컨대 통합사회, 통합과학은 만들지 않았으며 **다학제간 학습을 의무적으로 연간 1회 이상을 시행하도록** 하였고 지역을 단위로 공동 교육과정에서 주제를 결정하도록 하였다(국가교육회의, 2021: 96-107).

이처럼 융합교육은 특정 기관의 프로그램 형태나 여러 교과가 융합된 교과, 프로젝트 방식의 교과로 개발되거나 핀란드처럼 별도 과목을 개설하지 않고 국가 교육과정을 개정하여 주제중심, 프로젝트 기반 융합교육으로 시도되고 있다. 우리나라의 경우 융합교육은 과학인재 육성을 위해 추진했던 초·중등 교육에서의 STEAM **교육**(융합인재교육)**과 초등학교 1, 2학년의 통합교과, 고등학교 1학년에서 배우는 융합형 과학**(2009 개정 교육과정), **통합과학, 통합사회**(2015 개정 교육과정)**와 같은**

통합교과 구성 등의 방법으로 추진되어 왔다. 창의융합형 인재 양성을 목표로 하는 '2015 개정 교육과정'에 이어 최근 더 나은 미래로 나아가고자 마련된 '2022 개정 교육과정 총론'에서는 교과 교육과정 개발을 위한 방향으로 교과 간 연계와 통합을 강조하고, 융합 선택과목 신설과 학교 자율시간을 통한 다양한 프로젝트 활동을 편성·운영할 수 있는 근거를 마련하는 등 다양한 노력을 기울이고 있다. 그러나 2011년 융합인재교육으로 시작된 융합교육에 대한 시도들은 일부 교과나 일부 학교를 중심으로 운영되어 더 넓게 확대되지 못한 경향이 있고, 통합교과가 중등의 경우 그 원래 취지와는 달리 수업이 과목 쪼개기로 이뤄지는 것으로 나타나 교사 60%가 회의적인 반응을 보이고 있다(중앙일보, 2018.5.8.). 이에 교과 간 연계와 통합을 강조하는 2022 개정 교육과정 시행을 앞두고 있는 현시점에 최근 국가 교육과정이나 주 수준의 교육과정에서 다양한 방법으로 융합교육을 실행하도록 강조하는 **호주와 캐나다 온타리오주 사례가 많은 주목**을 받고 있어 그 구체적인 내용을 보다 중점적으로 살펴보고자 한다. 이들 나라에서 융합교육은 학생들의 '**교과 학습과 함께**' 학생들의 '**역량을 개발하는 방향**'으로, '**범 교육과정적**'으로 그리고 '**간학문적**'으로 실행되고 있고, 이에 대한 안내가 국가 교육과정 차원에서 체계적으로 제시되어 있어 우리 교육의 미래지향적 시사점을 찾는 데 도움이 될 것으로 생각된다.

1. 호주 교육과정[2] 📎

학생들이 배우고 있는 세계는 끊임없는 변화의 상태에 있다. 풍부한 기술과 즉각적인 의사소통, 즉시 접근할 수 있는 정보들로 인해 개인적, 사회적으로, 그리고 직장에서 서로 교류하는 방식이 끊임없이 바뀌고 있으며, 지식과 정보가 매우 빠르게 변화하여 새로운 가능성들이 만들어지고 있다. 호주 연방정부와 주정부는 새로운 국제환경 변화에 호주 학교들이 능동적으로 대처하고자 2008년 12월 멜버른에서 열린 교육부장관 협의회에서 '**호주 청소년을 위한 교육목표에 대한 멜버른 선언**(The Melbourne Declaration on Educational Goals for Young Australians)'을 발표하고, 미래의 불확실한 상황에서 호주의 지속적인 발전과 번영을 위해 교육이 추구해야 할 방향과 목표를 제시하였다. 또한 **국가 교육과정을 구성하는 세 가지 차원**을 '**교과에 기반한 학습영역**'과 '**21세기 필수적 기술로서의 일반 역량**', 그리고 '**현재의 범 교육과정 대주제**'로 정하여 호주 교육과정의 범위를 설정하고(Ministerial Council on Education, Employment, Training and Youth Affairs, 2008), 학교교육의 형평성과 수월성을 증진시키며 모든 호주 청소년들이 성공적인 학습자가 되도록 지원하는 중점 정책을 시행하였다.

멜버른 선언의 뒤를 이어 2019년 '**앨리스 스프링스**(Mparntwe) **교육**

---

2) 호주 교육과정 사이트는 버전 8.4(https://www.australiancurriculum.edu.au)와 현재 구성 중인 버전 9.0(https://v9.australiancurriculum.edu.au)을 함께 안내하고 있다. 본 자료는 호주 교육과정 안내 사이트 버전 8.4와 버전 9.0에서 2022년 9월 검색된 내용을 중심으로 구성하였다.

선언'3)에서도 급변하고 도전적인 세계에서 번성하기 위해 교육에 대한 국가 비전과 교육 결과 개선에 대한 호주 정부의 약속을 제시하며 호주 교육과정의 새로운 기초를 제공하였다. 첫 번째 약속은 호주의 교육 시스템은 우수성과 형평성을 촉진하는 것이며, 두 번째는 모든 호주 젊은 이들은 '자신감 있고 창의적인 개인', '성공적인 평생 학습자', '적극적이고 지식이 있는 공동체 구성원'이 되도록 하는 것이다. 이를 위해 호주 학교에서는 세계적인 수준의 교육과정을 제공해야 하고 특히 **학교교육 초기에 학생들의 문해력과 수리력을 개발하고, 넓은 교육과정 영역에 걸친 광범위하고 깊은 지식을 지속적으로 개발해야 한다고** 강조하였다.

이와 같이 호주 교육과정은 학생들이 미래 세계에 대비하고, 계속해서 그들의 세계를 만들어갈 수 있도록 구성되었으며, 그 내용은 모든 청소년들에 대한 배움의 기대 수준, 우선적으로 배워야 할 것들(the priorities), 그리고 그들이 배워야 할 필수 지식, 이해력 및 기술들을 제시하고 있다. 호주 교육과정은 호주교육과정평가원(ACARA, Australian Curriculum, Assessment and Reporting Authority) 사이트(https://www.australiancurriculum.edu.au)를 통해 안내되고 있으며, '**기초 - 10학년 교육과정**(F - 10 Curriculum)', '**상급 중등(고등학교) 교육과정**(Senior secondary curriculum)', '**학부모 정보**(Parent information)', '**학생 다양성**(Student diversity)', '**자료/출판**(Resources)' **카테고리**로 구성되어 있다.

---

3) 호주 교육위원회는 2019년 12월 앨리스 스프링스 선언(Alice Springs(Mparntwe) Education Declaration)을 발표하고, 이를 통해 향후 10년 동안 교육 격차를 해결하고 어린 시절부터 학생들이 "국가의 지속적인 경제적 번영과 사회적 응집력을 보장"하기 위해 급변하고 도전적인 세계에서 번성하도록 준비하는 데 중점을 두고자 했다(ACARA, 2020).

그림 4-2 호주 교육과정 사이트

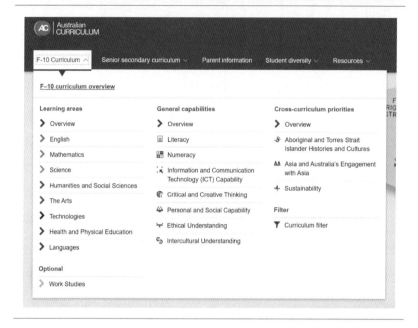

우리의 국민 공통 기본교육과정에 해당하는 **호주의 기초-10학년**
(F-10 curriculum) 교육과정은 '학습영역(Learning areas)', '일반 역량(general
capabilities)', '범 교육과정 대주제(cross-curriculum priorities)'[4]의 세 가지
차원으로 구성되어 있다. 교육과정을 교과에 의해서만 구성되는 교육과
정이 아니라 세 가지 차원으로 제시한 것은 교과에 반영되는 지식 자체

---

4) 'cross-curriculum'은 '학교 교육과정 전반에 관련된'이란 뜻으로, 'cross-curriculum
priorities'는 교육과정 전반에 걸쳐 우선적으로 적용해야 하는 사항, 즉 '범 교육
과정 우선사항', '교차 커리큘럼 우선 순위' 등으로 번역될 수 있다. 이 부분에
대한 호주 교육과정의 설명 내용과 함께 현재 우리 교육 현장에서 학교가 지향
하는 대주제에 따라 여러 교과가 함께 교육과정 재구성을 하는 상황을 참고하
여 'cross-curriculum priorities'가 국가에서 범 교육과정적으로 우선해서 다루
도록 제시한 대주제에 해당된다고 보아, 이후 **'범 교육과정 대주제'**로 번역하고
자 한다.

가 끊임없이 성장하고 진화하는 세계 속에서 학생들이 자신감 있는 평생 학습자가 되기 위하여 학습영역 내에서 개발되고 여러 학습영역에 걸쳐 적용될 수 있는 지식, 기술, 행동, 역량이 필요하기 때문이다.

학습영역은 교과 지식(disciplinary knowledge)에 관한 것으로 영어, 수학, 과학, 인문·사회과학, 예술, 기술, 건강·체육, 언어의 8개 영역이 있다. **학습영역 및 교과 지식은 과거부터 그래왔던 것처럼 교육과정의 기초**이며 또한 앞으로도 지속적으로 현재 세계에서 번영하고 미래의 세계를 만들어가기 위해 필요한 **고차원적 사고를 기르는 데 필수적인 기초**이다. 학습영역 또는 교과의 주요 요소는 성취기준(achievements)과 내용기술(content descriptions)에 관한 것으로, 성취기준은 각 학년 수준에서 기대되는 학생들의 학습에 대한 서술이며 내용기술은 교사들이 가르치고 학생들이 배우도록 기대되는 바를 설명한 것이다. 내용기술은 해당 학년 수준의 지식, 이해, 기술(skills)에 대해 명시하고 있으며 교사가 어떻게 가르치는가에 대한 아이디어를 제공하는 부가적 설명(content elaborations)이 덧붙여지기도 한다. 특히, **내용기술은 해당 학년 수준에 대한 설명, 근거, 목표, 핵심 아이디어, 구조 그리고 일반 역량과 범 교육과정 대주제 제시를 포함한 다른 학습영역 또는 과목에 대한 정보를 제공하여 역량교육 및 범 교육과정 대주제를 융합한 교과교육을 용이하게 한다.**

Three
Cross-curriculum Priorities
(범 교육과정 대주제)

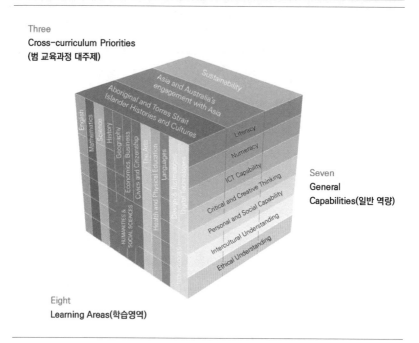

Seven
General
Capabilities(일반 역량)

Eight
Learning Areas(학습영역)

교과 지식과 함께 호주 교육과정은 7개의 일반 역량, 즉 '문해력
(Literacy)', '수리력(Numeracy)', '정보 · 의사소통기술역량(Information and
Communication Technology Capability)', '비판 · 창의적 사고(Critical and
Creative Thinking)', '개인 · 사회적 역량(Personal and Social Capability)', '윤
리적 이해(Ethical Understanding)', '지적이해(Intercultural Understanding)'에
대해 이야기하고 있다. 일반 역량은 교과 내용 전반에 적용되는 지식,
기술, 행동, 성향의 통합되고도 상호 연결된 집합체로서, 학생들이 평생
학습자가 될 수 있도록 준비시키고 복잡하고 정보가 풍부한 세계화된
세상 속에서 자신감 있게 살아갈 수 있도록 하는 것이다. 이러한 일반

역량은 학습영역, 교과 학습을 통해 개발되고 적용된다. 즉, 일반 역량은 고립된 일반 기술이 아니라 학습영역의 내용을 바탕으로 개발되기 때문에 교과 기반 내용 지식이 일반 역량 개발을 위해 매우 중요하다. 상호적으로 관련 있는 일반 역량을 교과 학습에 적용함으로써 학습 내용에 대한 교육이 강화될 수 있고, 적절한 학습영역 맥락을 통한 일반 역량의 개발도 강화될 것이다.

다음으로 호주 10학년까지의 교육과정에서는 모든 교육과정에 걸쳐 우선적으로 다루어야 하는 '범 교육과정 대주제'를 제시하고 있는데, 특히 이것이 융합교육과 관련하여 주목할 필요가 있는 부분이다. 호주는 2008년 호주 청소년의 교육목표에 관한 멜버른 선언 발표 이후 현대적인 국가 수준의 교육과정이 개발되기 시작하였으며, 멜버른 선언에서 개인과 호주 전체의 이익을 위해 해결해야 할 3가지 주요 영역을 제안했다. 이 3가지 주요 영역이 호주 교육과정에서 학생들에게 다양한 수준의 세계를 접하고 이해를 더 잘할 수 있도록 도구와 언어를 제공하는 '범 교육과정 대주제'로 반영되었다. 호주 교육과정의 범 교육과정 대주제는 '원주민과 토레스 해협 섬5)의 역사와 문화(Aboriginal and Torres Strait Islander histories and cultures)', '아시아 그리고 호주의 아시아와의 약속(Asia and Australia's engagement with Asia)', '지속가능성(sustainability)'이다.

앨리스 스프링스 교육 선언에서도 언급했듯이 학생들은 성인으로서 살아가고 일하는 호주 사회의 본질을 잘 이해해야 하고, 상호 연결된 세계에서 지역 및 글로벌 커뮤니티의 책임 있는 구성원이 되어 지속가능성과 같은 복잡한 윤리적 문제에 참여할 수 있도록 교육받아야 한

---

5) 토레스 해협 제도는 행정구역상 호주 퀸즐랜드주에 속하는 호주 대륙과 뉴기니 섬 사이에 위치한 274개의 작은 섬으로 이루어져 있다(두산백과).

다. 서로 다른 문화적 배경을 지닌 사람들로 구성된 호주의 사회적 맥락에서 원주민과 토레스 해협 섬 주민의 지식과 관점은 국가 발전의 중요한 부분이며, 그들의 문화적 정체성을 존중하고 증진시키는 교육 환경에서 우수성을 추구하는 것이 중요하다.

이에 호주 교육과정은 관련 내용으로 '범 교육과정 대주제'를 선정하고 **이것이 학습영역 내에서 자연스럽게 잘 융합되어 교육될 수 있도록 국가, 지역, 세계적 차원에서 내용을 개발하고, 학습영역의 내용과 '범 교육과정 대주제'가 동시에 교육될 수 있도록 하고 있다.** 교육과정은 범 교육과정 대주제가 각 학습영역에서 어떻게 다루어질 수 있는가에 대해 안내하고 있으며, 교사들은 필수적 개념과 과정을 도입하고 학생들의 학습을 넓히고 풍부하게 하는 범 교과적 학습을 포함하여 교과 내용에 대한 이해를 점진적으로 심화시킬 수 있는 방법을 선택한다. 모든 청소년들은 범 교육과정 대주제 관련 교육으로 원주민과 토레스 해협 섬 사람들의 역사와 문화, 그들의 호주에 대한 기여, 과거와 현재 만남들의 결과에 대해 배우고, 지역적 맥락에서 아시아와 호주의 관련성, 학생들이 지속가능한 삶의 방식에 기여하는 데 필요한 지식, 기술, 가치 및 세계관을 개발할 수 있는 기회를 갖게 된다.

'범 교육과정 대주제'의 아이디어들은 학습영역에 포함되는데 **구성 아이디어가 여러 교과에 걸쳐있을 수 있고 또한 한 교과가 여러 아이디어를 포함할 수 있다.** 즉, 교과 내용과 대주제 내용은 서로서로 여러 영역에 걸쳐 연결될 수 있는 것으로 이를 통해 학생, 교사 그리고 더 넓은 지역사회 간의 연계가 촉진될 수 있다. 이러한 '범 교육과정 대주제'는 독**자적으로 교육과정을 구성하는 것이 아니라 학습영역을 통해서 전달되는 것**으로, 내용기술이나 범 교육과정 대주제가 적용된 부분에서 볼 수 있

그림 4-4 호주 교육과정의 범 교육과정 대주제

Cross-curriculum Priorities in the Australian Curriculum
(호주 교육과정의 범 교육과정 대주제)

Aboriginal and Torres Strait
Islander Histories and Cultures
(원주민과 토레스 해협 섬의 역사와 문화)

Asia and Australia's
Engagement with Asia
(아시아 그리고 호주의 아시아와의 약속)

Sustainability
(지속가능성)

다. 그러나 학습영역과의 관련성에 따라 강력하고도 다양하게 적용되기 때문에 **학생의 학습을 깊이 있게 그리고 풍부하게 할 수 있는 기회를 제공**할 수 있다. 그러므로 범 교육과정 대주제와 일반 역량, 학습과의 융합이 가능하며, 범 교육과정 대주제와 일반 역량을 동시에 활용하는 학습영역 내용은 학생들에게 매우 풍부한 학습 경험을 제공할 수 있다.

학습영역에서 범 교육과정 대주제가 개발되거나 적용된 내용기술 부분에 **아이콘**(icons)으로 표시되며, 또한 **부가적 설명**(content elabo-rations) **부분**에서도 학생들의 학습에 깊이와 풍부함을 주는 기회를 제공하는 곳에도 표시된다. 이것은 교사가 교과 내용을 교육하는 방법에 대한 아이디어를 주기 위해 제공되는 것이다. '범 교육과정 대주제' 중에서 최근 우리나라에서도 강조되고 있는 기후환경교육과 관련성이 깊은 '지속가능성'을 보다 자세하게 살펴보고자 한다.

(1) 범 교육과정 대주제 '지속가능성(sustainability)'

1) 핵심 개념(key concepts)

코드	구성 아이디어(Organising ideas)
표 4-1	지속가능성 대주제 구성 아이디어
	체제(Systems)
OI.1	생물권(biosphere)은 지구상의 생명을 유지할 수 있는 조건을 제공하는 동적 시스템이다.
OI.2	인간 생명을 포함한 모든 생명체는 그들의 웰빙과 생존을 위해 의존하는 생태계를 통해 연결된다.
OI.3	지속가능한 생활패턴은 건강한 사회, 경제, 생태계의 상호의존성에 의존한다.
	세계관(World views)
OI.4	생명체가 건강한 생태계에 의존하는 것을 인식하고 다양성과 사회적 정의를 중시하는 세계관은 지속가능성을 달성하기 위해 필수적이다.
OI.5	세계관은 개인, 지역, 국가 및 글로벌 수준의 경험에 의해 형성되며, 지속가능성을 위한 개인 및 공동체 활동과 연계된다.
	미래(Futures)
OI.6	생태, 사회, 경제 시스템의 지속가능성은 미래 세대를 아우르는 지역적, 세계적으로 형평성과 공정성의 가치를 중요시하는 학식 있는 개인과 공동체 행동을 통해 달성된다.
OI.7	보다 지속가능한 미래를 위한 행동들은 보살핌, 존중, 책임의 가치를 반영하며, 환경을 탐구하고 이해하도록 요구한다.
OI.8	지속가능성을 위한 행동을 설계하는 것은 과거 관행들과 과학 및 기술 개발에 대한 평가와 미래에 예상되는 경제, 사회 및 환경적 영향에 근거한 균형 잡힌 판단이 필요하다.
OI.9	지속가능한 미래는 환경의 품질과 고유성을 보존하거나 회복하기 위해 마련된 행동들에서 비롯된다.

범 교육과정 대주제 '지속가능성'은 '체제(systems)', '세계관(world views)', '미래(futures)' 세 가지 핵심 개념으로 개발되었다. 첫 번째는 지구상 모든 생명과 인간의 집단적 행복(wellbeing)을 지원하는 시스템의 상호의존적이고 역동적인 성격을 탐구하는 것이며, 두 번째는 지속가능성을 위한 개인 및 공동체 활동을 결정할 때 생태계, 가치 및 사회 정의에 대한 다양한 세계관이 논의되고 인식될 수 있도록 하는 것이다. 세 번째는 보다 지속가능한 미래를 만들기 위해 필요한 사고와 행동을 할 수 있는 역량을 기르는 것을 목표로 하는 것으로, 이것은 학생들에게 성찰적인 사고 과정을 촉진하고, 그들이 더 공정하고 지속가능한 미래를 이끌어갈 행동을 설계할 수 있도록 힘을 실어주는 것이다.

2) 학습영역(Learning areas)

모든 호주 교육과정의 학습영역은 지속가능성 대주제와 관련될 수 있다. 지속가능성은 학습영역의 내용과 목적에 부합하는 방식으로 각 학습영역에 포함되며, 각 학습영역은 범 교육과정 대주제 지속가능성의 핵심 개념 및 아이디어 구성에 서로 다르게 기여한다.

예를 들어, 어떤 교과들은 생태계와 인간에 대한 학습과 그들의 상호의존성을 평가할 수 있게 하는 내용을 가지고 있고, 다른 교과들은 좀 더 사회적, 생태학적으로 정의로운 세상을 만들기 위해 필요한 행동을 할 수 있는 세계관을 갖게 하며, 미래의 경제, 사회, 환경적 영향을 인식하는 행동을 계획하여 행동하는 데 필요한 내용들을 제공한다.

① 영어(모국어): 학생들이 **지속가능성과 관련된 아이디어와 정보를 조사, 분석, 전달**하고 지속가능한 미래를 위한 행동을 지지하고, 행동하고 평가하는 데 필요한 역량을 개발하도록 돕는다. 학생들은 지속

가능성과 관련한 의사결정을 구체화하기 위해 다양한 문헌들을 조사할 수 있으며, 책임감 있게 행동하며 지속가능한 미래를 위한 행동을 하도록 다른 사람들에게 알리고 설득하는 텍스트를 만들 수 있는 이해력과 역량들을 개발한다.

② 수학: 지속가능성 문제와 그 해결책 탐구에 필수적인 문제해결과 추론의 능숙함을 높일 수 있다. 학생들은 지역 생태계 건강도를 측정하기 위한 공간추론, 측정, 추정, 계산, 비교 방법을 적용하고 지속가능성을 위해 제안된 조치들의 비용을 산출할 수 있다. 시간 경과에 따른 사회, 경제, 생태 시스템의 변화를 측정, 모니터링 및 수량화하기 위해 수학적 이해와 기술이 필요하며, 통계 분석은 결과에 근거한 미래 예측을 가능하게 하여 바람직한 미래로 나아가기 위한 의사결정과 행동을 알리는 데 도움이 된다.

③ 과학: 지속가능성 대주제는 화학, 생물, 물리, 지구 및 우주 시스템을 조사하고 이해하기 위한 맥락을 제공한다. 학생들은 서로 다른 시간과 공간 단위로 작동하는 다양한 시스템을 탐구한다. 시스템과 시스템 구성요소 간의 관계와 시스템이 변화에 어떻게 반응하는지를 조사함으로써, 학생들은 지구의 생물권, 지구권, 수력, 대기의 상호 연결성에 대한 이해를 높일 수 있다. 학생들은 과학이 사회의 많은 분야에서 의사결정의 기초를 제공하고 이러한 결정이 지구 시스템에 영향을 줄 수 있다는 것에 이해한다.

④ 인문·사회과학: 인문·사회과학은 학생들이 질문하고, 비판적으로 생각하고, 문제를 해결하고, 효과적으로 의사소통하고, 결정을 내리고, 변화에 적용하는 능력을 개발할 수 있도록 돕는다. 이에 학생들은 이 교과들을 통해 지속가능성과 관련된 주요 역사, 지리, 정치, 경제,

사회적 요인과 이러한 요인들이 어떻게 상호 관련되는지에 대해 이해한다. 특히 과거의 사회·경제 시스템에 대한 판단, 지구의 자원에 대한 접근 및 이용과 관련하여 학생들의 세계관을 정립할 수 있는 콘텐츠를 제공한다. 학생들은 지속가능성의 현대적 이슈를 탐구하고 사회, 경제, 환경적 관점을 가진 지역, 국가, 글로벌 이슈에 대한 실행 계획과 가능한 해결책을 개발한다.

⑤ 예술: 예술은 예술 제작과 그에 대한 감상 과정을 통해 집중하고 생각하게 하는 맥락을 제공한다. 그것은 **환경에 대한** 문화적 관습, 사회 시스템, 사람들과의 관계를 유지하고 변화시키는 데 있어서의 **예술의 역할을 탐구**하게 하며, 학생들이 **세계관을 표현하고 발전시킬 수 있는 기회를 제공**한다. 이 학습영역에서, 학생들은 지속가능성을 위한 효과적인 행동을 지지하기 위해 예술 교과의 탐구적이고 창의적인 플랫폼을 사용한다.

⑥ 기술: 기술은 더 나은 미래에 대해 심사숙고하게 한다. 학생들이 문제나 필요성, 기회를 파악하고 비평할 때 그리고 아이디어와 개념을 생성하고 해결책을 만들 때, 그들은 경제, 환경, 사회적 영향을 예측하고 균형을 맞춤으로써 지속가능성을 우선적으로 고려한다. 교육과정은 자원 고갈, 기후 변화 등의 이슈들을 참작한 효과적인 지속가능성 실천을 위한 설계에 필요한 지식, 이해, 기술에 초점을 맞춘다. 학생들은 **과거와 현재의 관행을 반성하고, 지속가능성 관점에서 신기술과 새롭게 부상하는 기술들을 평가**한다.

⑦ 건강·체육: 학생들은 건강·체육교과를 통해 자연적인 환경이나 관리되고 만들어진 환경과 어떻게 연결되고 상호작용하는지 그리고 사회적 연결망과 지역사회 내에서 서로 다른 사회 그룹의 사람들과 어

떻게 연결하고 상호작용하는지를 탐구한다. 그들은 시스템 내의 이러한 연결과 상호작용이 어떻게 현재와 미래까지 개인, 지역사회, 환경의 웰빙을 증진시키고 지원하고 유지하는 데 중요한 역할을 하는가에 대해 깊이 생각하게 된다. **운동 경험을 통해, 학생들은 환경 속에서 환경과의 연결을 발전시키고 사람들의 건강과 환경의 상호의존성에 대해 이해할 수 있는 기회를 갖는다.**

⑧ **언어(외국어):** 언어는 지속가능성과 관련된 개념과 이해를 넓은 맥락에서 조사, 분석 및 전달하고, 지속가능한 미래를 위한 행동을 지지, 생성 및 평가할 수 있는 학생들의 능력에 도움이 된다. 각 언어 내에서 학생들은 **지속가능성과 관련된 개념에 초점을 맞춘 다양한 지문을 사용**하며, 이러한 방식으로 학생들은 **특정 문화적 맥락 안에서 지속가능성에 대한 지식과 이해를 발전**시킨다. 예를 들어 기후 변화, 식량 부족, 그리고 땅과 농업을 돌보는 대안적인 방법에 대한 국가적, 국제적 관심의 맥락에서 매우 중요하다.

⑨ **직업 학습(Work Study):** 직업 학습은 학생들이 자신과 다른 근로자들의 건강과 복지는 물론 환경을 중시하고 보호하는 작업장 관행을 개인이 적용하는 방법을 관찰하고 성찰할 수 있는 기회를 제공한다. **일과 관련된 경험을 돌아보며 학생들은 더욱 지속가능한 기업에 도움이 되는 개인적 행동과 관행에 대해 생각**한다. 조직 운영에 대한 학습을 통해 학생들은 보다 지속가능한 기업으로 나아가기 위한 경제, 사회, 환경적 요인의 상호의존성을 이해한다. 문제해결이나 프로젝트 수행을 위해 기술과 지식을 적용할 때, 그들은 해결안을 실현하는 핵심 요소로서 지속가능성을 고려한다. 그들은 보다 지속가능한 미래로 이끌어가는 결과를 얻기 위해 다양성과 사회적 정의를 존중할 필요성을 인

식한다.

(2) 자료 범주(resources)

호주는 교사들이 다양한 자료들을 활용하여 보다 손쉽게 호주 교육과정을 구현할 수 있도록 자료(resources) 범주(category)를 구성하여 지원하고 있다. 자료들은 호주교육과정평가원(ACARA)에 의해 다양한 학교와 교사들과의 집중적인 작업 후에 개발되었으며, 여기에는 보고서 및 관련 연구에 대한 링크뿐만 아니라 실천 사례, 작업 샘플, 교육과정 연결, 교수학습 도구가 포함되어 있다.

자료로 제시된 항목들은 '원주민과 토레스 해협 섬의 역사와 문화(Aboriginal and Torres Strait Islander Histories and Cultures)', '**교육과정 연결**(Curriculum Connections)', '주요 디지털 기술(Digital Technologies in focus)', '원주민 언어 및 토레스 해협 섬 언어 프레임워크(Framework for

그림 4-5 자료 범주 내 항목들

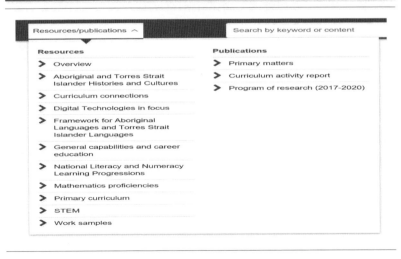

Aboriginal Languages and Torres Strait Islander Languages)', '일반 역량 및 직업 교육(General capabilities and career education)', '**국가적 문해력 및 수리력 발달**(National Literacy and Numeracy Learning Progressions)', '**수학적 능력**(Mathematics proficiency), '초등 교육과정(Primary curriculum)', 'STEM', '작업 샘플(work samples)'이다.

각 자료 항목들은 소개글과 더불어 내용 특색에 맞게 학교별 실행 사례나 학생들의 포트폴리오, 유튜브 영상 링크 등 참고할 수 있는 다양한 자료들을 제공하고 있으며, 특히 '원주민과 토레스 해협 섬의 역사와 문화'와 '교육과정 연결', '일반 역량 및 진로교육', 'STEM' 자료는 교과 간 연계나 교육과정 통합 등 융합교육 관련 내용들로 구성되어 있다.

'원주민과 토레스 해협 섬 주민들의 역사와 문화' 자료 항목에서는 국가적으로 실행을 강조하고 있는 범 교육과정 대주제를 각 교과 학습에서 융합하여 가르치는 방법을 보여주는 자료들과 관련 링크, 실행 예시들을 제공하고 있으며, 'STEM' 항목은 STEM 연계 프로젝트 소개와 프로젝트에 참여한 5개 학교의 실행 사례와 작업 샘플들로 구성되어 있다. 진로교육에 대한 강조로 최근 자료 항목에 추가된 '**일반 역량 및 진로교육**' 자료는 일반 역량과 학습영역을 통합하여 지도한 12개 학교의 진로 프로그램 실천 사례와 국가 진로교육 전략 사이트 링크를 제시하고 있다. 이는 교사들이 학생과 지역사회의 요구에 적합한 혁신적이고도 상황에 맞는 진로교육 프로그램을 계획할 수 있도록 구성된 것이다.

1) 교육과정 연결(Curriculum Connections)

무엇보다도 융합교육을 위한 보다 구체적인 자료는 '교육과정 연결' 항목에서 볼 수 있다. 이 항목에서는 호주 교육과정이 학제 간 학습(interdisciplinary learning)[6]을 지원하기 위해 어떻게 조직될 수 있는지에 대한 예를 제공하고 있으며, 교사들은 이러한 자료를 활용하여 자신의 교과를 호주 교육과정 차원에서 제시한 다양한 개념 주제와 연결하여 실제적이고 의미 있는 방식으로 구성할 수 있다. 다음의 개념 주제들이 **교육과정 연결 자료로 개발**되었다.[7]

그림 4-6 교육과정 연결 자료 탐색하기

Explore Curriculum connections(교육과정 연결 자료 탐색하기)

Consumer and financial literacy (소비자 및 금융 이해력)

Food and fibre (식품과 섬유)

Food and wellbeing (음식과 웰빙)

Multimedia(멀티미디어)

Online safety(온라인 안전)

Outdoor learning(야외 학습)

Respect matters(존중 문제)

---

6) discipline은 '지식 분야', '학과목'의 의미로(옥스퍼드 사전), interdisciplinary은 '학제 간의', '여러 학문 분야가 관련된', '간학문적' 등으로 해석된다. 교육 분야에서 'interdisciplinary learning'은 주로 **학제 간 학습**으로 해석되고 이는 여러 학문 분야 걸친 학습, 즉 **여러 교과에 걸친 학습**을 의미한다.

7) 2019년 4월 검색 당시 4개 연결 자료(소비자 및 금융이해력, 식품과 섬유, 음식과 웰빙, 야외 학습)가 제시되었던 것이, 2020년 12월 '멀티미디어'와 '온라인 안전'이 추가되었고 2022년 9월엔 '존중 문제'가 추가 제시된 것으로 검색되었다.

- 소비자 및 금융이해력(Consumer and financial literacy)
- 식품과 섬유(Food and fibre)
- 음식과 웰빙(Food and wellbeing)
- 멀티미디어(Multimedia)
- 온라인 안전(Online safety)
- 야외 학습(Outdoor learning)
- 존중 문제(Respect matters)

이러한 연결 자료들은 기초에서 10학년까지 개념 주제와 관련된 학습 진행을 지원하기 위해 내용을 조사하고 활용하고 체계화하는 다양한 경로들을 제공한다. 이는 각 개념 주제에 대해 가르치고 배우는 과정에 있어서 **교사들이 교육과정 내용을 알고 다양한 교과 간 자료에 연결할 수 있도록 안내하기 위한 것으로,** 교사가 양질의 교수·학습 프로그램을 계획하고 전달하는 데 도움이 되는 작업들과 상호작용 활동에 대한 링크를 제공하고 있다.

2) 교육과정 연결 자료 예시 1 - 소비자와 금융이해력 (Consumer and financial literacy)

호주 교육과정은 청소년의 소비자 및 금융이해력을 높이기 위한 간학문적 접근의 풍부한 기회를 제공하며 특정 교과, 예컨대 수학과 인문·사회 과학에서 연결될 수 있는데, 이러한 교과들의 내용이 '소비자 및 금융이해력'을 높일 수 있는 매력적이고 실제적인 상황을 제공하기 때문이다.

수학 교과에 있어서 '수와 대수' 내용이 화폐와 금융 수학을 하위

과정으로 포함하고 있으며, 수학 교육과정의 다른 영역에서도 수치, 그 래픽 및 정보를 해석하고 금융적 결정을 내리는 데 도움을 주는 금융 모델들을 사용하여 학생들은 정확하게 계산하고 결과를 확인하는 방법 을 배우게 된다. 한편, 인문·사회 과학에서 소비자와 금융이해력은 경 제와 비즈니스 분야 네 가지 주요 조직 아이디어 중 하나이다. 여기에 서 학생들은 소비자 문제와 돈이나 자산 관리에 대한 책임 있고 정보 에 입각한 의사결정이 개인과 커뮤니티의 삶의 질, 재정적 안정성 그 리고 미래 선택에 대한 인식에 어떤 영향을 줄 수 있는지에 대해 탐구 한다.

한편, 다른 학습영역이나 호주 교육과정의 다른 차원, 즉 일반 역 량과 범 교육과정 대주제도 '소비자와 금융이해력'과 관련이 있고 그 래서 호주 교육과정 전반에 걸쳐 소비자 및 금융 문맹 퇴치 기술을 배 우고 개발할 수 있는 더욱 폭넓은 기회가 있다. 현실 세계에서 진행되 는 일들이 본질적으로 모든 교과와 관련이 있기 때문에 학교와 교사 는 학생들의 필요와 관심을 충족시킬 수 있도록 학습 프로그램을 실 제적이고 의미 있는 방식으로 호주 교육과정의 모든 차원에서 내용을 구성해야 한다. 교사들은 연결 자료에 제시된 **호주 증권 및 투자위원 회**(Moneysmart for teachers)**와 호주 세무서**(Tax, Super and You) **등이 개 발한 다양한 교과 간 자료들을 활용**하여 자신들의 수업을 계획할 수 있다.

3) 교육과정 연결 자료 예시 2 - 멀티미디어(Multimedia)

디지털 시대에 멀티미디어[8]는 소통, 연결 및 창조에 사용된다. 학습자는 멀티미디어를 사용하여 교실 안팎에서 협력하여 자신의 작품을 지역 및 전 세계 청중에게 발표하고 배포할 수 있고, 교사는 교수·학습 자료의 유연성, 다양성 및 접근성을 향상시킬 수 있다. 예컨대, 광고와 마케팅, 홍보에 대한 아이디어, 분석하고 논평하기, 협력적 문제해결, 공연이나 미디어아트, 시각 및 오디오 작품 만들기 등에서 사용할 수 있다.

이 교육과정 연결 자료는 기초학년에서 8학년까지 교육에서 멀티미디어가 어떻게 활용될 수 있는지에 대해 알려주며, 디지털 기술 사용의 기회를 강조한다. **영어, 미디어아트, 기술 교과에 중점**을 두며 다른 교과나 일반 역량, 범 교육과정 대주제와의 잠재적 연관성도 보여준다. **디지털 기술**은 인터랙티브 게임, 몰입형 멀티미디어, 미디어가 풍부한 웹 사이트, 전자책, 애니메이션 단편 영화 등의 멀티미디어에서 살펴볼 수 있고, 신문, 잡지, 텔레비전, 영화, 라디오, 컴퓨터 소프트웨어 및 인터넷에서 영어 공부를 할 수 있는 **미디어 텍스트**를 찾아볼 수 있다. 그리고 그래픽, 디지털 미디어, 오디오 또는 비디오를 포함한 광범위한 **미디어를 통합한 예술 작품**을 통해서도 멀티미디어와의 연계할 수 있다. 예술, 기술, 영어 교육과정에서 멀티미디어는 의사소통(텍스트나 예술 작품을 통해), 연결(서로 다른 데이터 유형 및 형식을 함께 모아서), 만들기

---

8) 본 자료에서의 **'멀티미디어'**는 디지털 기술을 사용하여 개발되거나 제시되는 자료 및 도구로, 애니메이션, 오디오, 동작 이미지, 정지 이미지, 문자 메시지 중 **두 가지 이상을 조합한 것**을 의미한다. 또는 사용자가 **미디어 형태를 통합하거나 조작할 수 있고, 탐색하고 상호작용하는 능력을 높여주는 디지털 형태**일 수도 있다. 예를 들어 데이터 시각화 및 표현, 웹 사이트, 앱, 게임, 슬라이드 프레젠테이션, 포토미디어 또는 하이브리드 작품이다.

(새로운 작품 구성을 위해 다른 포맷을 사용하여)에 사용될 수 있다.

그리고 교사 지원 자료로 '온라인 안전 및 멀티미디어', '교실 아이디어', '교육과정 매핑'을 제시하여 교사들에게 실제적 도움이 될 수 있도록 하였다. 교사들은 학년별 멀티미디어 수업 예시 자료를 살펴보고 자신의 수업에 대한 아이디어를 얻을 수 있으며, 다른 교육과정 연결 자료인 온라인 안전과 연결하여 온라인 안전이 학교가 멀티미디어를 포함한 디지털 기술과 관련된 학습을 계획하고 실행함에 있어 중요한 고려사항임을 강조하였다.

4) 교육과정 연결 자료 예시 3 - 온라인 안전(Online safety)

개방적이고 협력적인 온라인 사회문화가 청소년들에게 타인과의 관계를 유지할 수 있는 유익한 정보와 기회를 제공하지만, 청소년들의 위험을 초래할 수 있는 행동들이나 의사결정들은 때때로 부정적 결과를 초래하기도 한다. 이것은 사이버폭력, 그루밍 성범죄, 유해 온라인 콘텐츠, 이미지 기반 학대와 다른 부정적 온라인 활동 등이 증가하고 있다는 결과에서 분명히 알 수 있다.

모든 청소년들은 정보가 풍부한 디지털 세계에서 정보통신기술(ICT)을 성공적으로 그리고 자신감 있게 사용할 수 있도록 역량을 개발함과 동시에, 기술을 사용할 때 타인에 대한 공감과 존중을 포함한 사회적 책임 의식을 개발하고 유해한 온라인 연락처 및 콘텐츠를 피할 수 있는 사회적, 정서적 기술을 개발해야 한다. **온라인 안전은 부적절한 사회적 행동, 학대, 유해 콘텐츠, 부적절한 접촉, 신원 도용 및 개인 정보 침해를 포함한 다양한 부정적인 영향으로부터 온라인 위험을 최소화하는 것과 관련된 광범위한 개념으로, 온라인 안전 교육의 확대를 통해 긍정적인 문화 변**

화에 영향을 미치는 동시에 존중받는 관계와 안전하고 적절한 행동의 발전을 촉진해야 한다.

이 교육과정 연결 자료는 교사가 학교 요구에 맞추어 온라인 안전 교수·학습 프로그램을 구성하거나 지원할 수 있도록 정보와 자료를 제공하며, 온라인 안전에 관한 5가지 학습영역을 제시한다. 제시된 학습 영역은 온라인안전국(eSafety Commissioner)과의 협의를 통해 개발된 것으로 '**가치, 권리 및 책임**(values, rights and responsibilities)', '**웰빙**(wellbeing)', '**존중하는 관계**(respectful relationships)', '**디지털 미디어 리터러시**(digital media literacy)', '**정보 및 장치의 정보에 입각한 안전한 사용**(informed and safe use of information and devices)'이다. 온라인 안전은 모든 학년에서 **건강·체육, 디지털 기술, 영어, 예술－미디어아트 교과**에서 다루어질 수 있지만, **초등학교에서는 계획을 세워 총체적으로 접근하는 것이 더욱 용이하고 중등 학년으로 갈수록** 역사, 지리학, 시민과 시민권, 경제와 비즈니스, 직업 연구(work studies)와 같은 **다양한 학습영역에서 다루어질 수 있다.**

교육과정 연결 자료는 ICT 역량, 개인 및 사회적 역량, 윤리적 이해를 특히 강조하면서 다양한 일반 역량을 다룰 수 있는 기회를 제공하며, 온라인안전국이나 학생웰빙허브, 디지털기술허브 등의 관련 기관 링크와 보고서 등의 자료를 제시하고 있다.

(3) 교육과정 필터(curriculum filter)

학습영역과 범 교육과정 대주제 그리고 교육과정 연계 항목에서 융합교육을 권장하고 있는 호주는 국가 교육과정 홈페이지에 교과 간 융합교육이 용이하도록 타 교과의 내용을 검색해 볼 수 있는 필터 (https://www.australiancurriculum.edu.au/f－10－curriculum/curriculum－filter)

항목을 마련해 놓았다. 필터에 교과와 학년, 일반 역량 그리고 범 교육과정 대주제를 입력하면 그에 해당하는 수준 설명(level description), 내용 설명(content descriptions), 성취 수준(achievement standards), 그리고 실제 수업 사례 포트폴리오(work sample prtfolios)를 볼 수 있으며, 교사들은 이것을 참고하여 자신의 교과 간 연계 수업을 준비할 수 있다.

그림 4-7 교육과정 필터

이상과 같이 호주는 교육과정을 학습영역, 일반 역량, 범 교육과정 대주제의 세 차원으로 구성하고 이들의 상호 융합이 효과적으로 이루어질 수 있도록 다양하게 지원하고 있음을 알 수 있다. 우선, **학습영역에서 역량과 범 교육과정 대주제를 포함한 다른 교과에 대한 정보를 제공**하여 각 교과에서의 융합교육 실행에 대해 안내하고 있으며, **범 교육과정 대주제에서도 각 교과에서 대주제가 반영되어 융합교육될 수 있는 방안에 대해 제시**하고 있다. 또한 **자료 범주에서도 교육과정 연결 항목을 따로 구성하여 교과 간 학습이 어떻게 이루어질 수 있는지에 대한 사례를 제시**하여 융합교육의 실행이 용이하도록 하였으며, **교육과정**

필터 검색을 통해 다른 교과의 학년별, 내용 설명과 성취 수준 등을 파악할 수 있게 하여 교사들이 융합교육을 보다 용이하게 할 수 있도록 하였음을 알 수 있다.

2. 캐나다 온타리오주 사례 📎

캐나다 온타리오주는 전통적인 교과 중심 교육과 총체적 교과 통합 교육이 상호적으로 연계되어 이루어지고 있는 곳이다. 캐나다는 각 주정부에서 교육을 관할하고 있고, 온타리오주 역시 주정부가 교육과 훈련(Eduction and training)을 담당하고 있다. 온타리오 교육부(Ministry of Education)는 모든 학생들이 학식 있고, 생산적이며, 책임감 있는 시민이 되는 데 필요한 지식과 기술을 개발할 수 있도록 돕기 위한 교육과정 구성을 목표로, 캐나다 다른 지역 및 세계의 교수 방법과 학습 접근법에 대한 연구에 기반하여 교육자, 학생, 학부모, 교과 전문가, 교육 이해관계자, 원주민 파트너 등 광범위한 개인 및 단체와의 심층 자문 협의를 통해 교육과정을 개발하였다. **온타리오 교육부는 학교 교육과정**(school curriculum) **관련 정보를 '온타리오 교육과정 및 학습자원 사이트**(Ontario's Curriculum and Resources site[9])**)'를 통해 교사, 학부모, 학생들에게 제공**하고 있으며, 이에 본고에서도 온타리오 교육과정 사이트 내용을 중심으로 보다 자세하게 살펴보고자 한다.

온타리오 교육과정은 학생들에게 의미 있고, 학생 스스로 무엇을

---

9) 본 자료는 온타리오 교육부 사이트(https://www.dcp.edu.gov.on.ca/en/curriculum)에서 2022년 9월 검색한 자료를 중심으로 구성하였다.

배우고, 어떻게 배우고, 그리고 배운 것이 어떻게 세상에 적용되는지에 대해 깊이 생각해 보는 것을 중요하게 여기며, 유치원부터 12학년까지 학생들이 자신의 기술과 지식을 개발하고 다듬고 증명하는 연속된 학습을 제공하도록 구성되었다. 시대 변화에 맞춰 보다 현대적이고 상호 작용적인 교육과정 운영을 위해 온타리오주는 2020년에 홈페이지를 개선하여 주 전체적으로 중점을 두고자 하는 부분을 강조하고 있다.

그림 4-8 온타리오 교육과정 및 학습자원 사이트(Introducing the new Curriculum and Resources site)

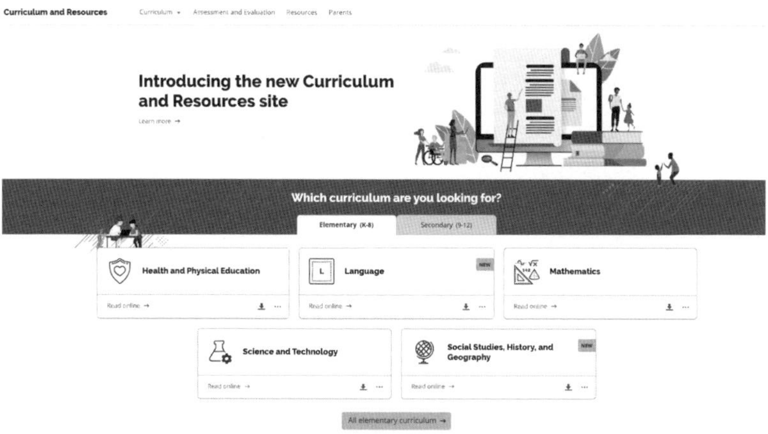

예컨대, 교사들이 교육과정 계획 및 평가 관련 정책 정보와 교육과정 계획 시 참고할 수 있는 정보들을 보다 효과적으로 활용할 수 있도록 교육과정(curriculum), 평가(assessment and evaluation), 자료(resources), 학부모(parents) 카테고리로 구성하고, 초·중등 교과별 안내[10]와 더불어

10) **초등교육과정**에는 유치원 프로그램, 예술, 제2언어로서 프랑스어, 건강 및 체육

중요한 기술, 지식 및 인식을 기르기 위해 배워야 하는 '전이가능한 기술 (transferable skills)'과 '범 교육과정 및 통합 학습(cross-curricular and integrated learning)'에 대해 제시하고 있다. 과거 학생, 학부모, 교사, 행정가 카테고리로 유치원, 초·중등, 성인교육 항목으로 제시했던 형태에서, 교육부 차원에서 강조하는 내용들을 모든 교육과정에서 반영할 수 있도록 따로 유목화하여 제시한 점이 두드러진다. 이전에 각 교과 교육과정별로 안내되었던 **교과 간 연계 교육이나 역량에 대한 지도 내용들을 시대적으로 보다 중요하게 교육해야 하는 시점에 모든 교육과정 프로그램을 계획할 때 우선적으로 고려하여 교육할 수 있도록 강조한 것**이다. 특히, 과거 초·중등별로 교과 교육과정이나 선택과목으로 제시되었던 범 교육과정 및 통합학습은 학교 교육과정 전반에 걸쳐 학습해야 하는 주요 내용들을 구체적으로 제시하고 모든 교육활동에서 융합하여 교육할 것을 권장하고 있다.

맨 처음에 나오는 교육과정 카테고리에는 '프로그램 계획(program planning)', '초등 교육과정(elementary curriculum/K-8)', '중등 교육과정(secondary curriculum/9-12)'이 있으며, 특히 초·중등 교과별 교육과정 안내 전에 '프로그램 계획'이라는 항목을 마련하여 미래 요구에 따른 교육과정 운영을 위해 **교육과정 계획 시 우선적으로 고려해야 하는 사항을 안내**하고 있다. 프로그램 계획에는 '교육과정 계획을 위한 고려사항들 (considerations for program planning)', '범 교육과정 및 통합학습(cross-

---

교육, 언어, 수학, 모국어, 과학기술, 사회연구, 역사 및 지리학이 있으며, **중등 교육과정**으로는 제2언어로서 미국 수화, 예술, 비즈니스 연구, 캐나다와 세계 연구, 고전 연구 및 국제언어, 컴퓨터 연구, 협동 교육, 영어, 제2언어로서 영어 및 영어 읽기능력 개발, 원주민 연구, 제2언어로서 프랑스어, 가이던스 및 직업 교육, 건강 및 체육교육, 교과 간 학습, 수학, 모국어, 과학, 사화과학 및 인문학, 기술교육이 있다.

curricular and integrated learning)', '전이가능한 기술(transferable skills)'이 있는데, 교육자들은 교육과정 실행을 지도하고 학습 환경을 조성함에 있어 이 정보들을 고려해야만 한다. 이 내용은 공식 교육과정 내용 중 가장 최신 정보로 모든 교육과정, 1학년에서 12학년까지 적용할 수 있다.

그림 4-9 프로그램 계획 항목 중 교육과정 계획을 위한 고려사항들

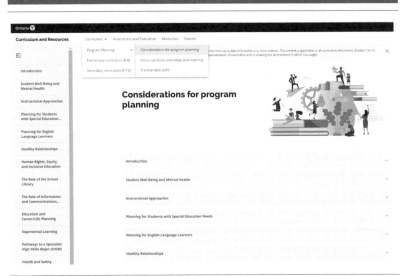

　　우선적으로 '교육과정 계획을 위한 고려사항들(considerations for pro-gram planning)'에 대해 살펴보면, 고려사항들에는 '학생 웰빙과 정신건강', '교육적 접근 방식', '특수교육이 필요한 학생을 위한 계획', '영어학습자를 위한 계획', '건강한 관계', '인권·공평·포용성 교육', '학교도서관의 역할', '정보통신기술의 역할', '교육 및 진로/생애 설계', '체험학습', '전문가 고기술 전공으로의 진학(SHSM)', '건강과 안전', '윤리학' 항목이 있다. 학교는 개별 학생들에게 개인의 강점과 필요에 가장 적합한 방식으로 배울 수

있는 기회를 제공해야 하고 학생 복지를 지원하기 위해 노력해야 한다. 또한 중등학교 수준에서 학생들이 학문적으로나 개인적으로 성장하기 위해 자신의 기술이나 관심사, 선호하는 대학으로 진학하는 가장 적합한 과정과 프로그램을 선택할 수 있는 능력을 길러주어야 한다. 그러므로 교육자는 모든 교과와 학문 분야에서 학생들의 다양한 요구를 해결하고, 모든 학생들이 교실 자원 및 활동에서 고려될 수 있도록 교수 및 학습을 계획해야 한다. 여기에서는 전통적으로 교육에서 관심을 가져왔던 특수교육이나 진로교육, 체험학습, 윤리학 등과 더불어 최근 많은 관심을 받고 있는 디지털 리터러시를 포함한 정보통신기술이나 학생 웰빙과 정신건강, 건강과 안전 등을 강조하고 있다. 또한 학교도서관의 역할을 고려사항에 둠으로써 도서관과 모든 교과 교육과정과의 연계성, 교사와 사서의 협력을 강조하고, 평생 학습자로서의 학생들을 교육하기 위해 중점을 두고 있음을 알 수 있다. 이 영역은 모든 학생을 위한 효과적이고 포괄적인 프로그램을 계획할 때 교사와 학교 지도자가 고려해야 하는 주요 전략과 정책을 안내하는 것으로, 온타리오 교육에서 강조하여 노력하고자 하는 부분이 무엇인지를 엿볼 수 있다.

다음으로는 학생들이 미래의 직업 세계를 탐색하고 성공하는 데 도움이 되는 7가지 중요한 '전이가능한 기술(transferable skills)', 종종 **'역량(competencies)'**이라고 하는 것을 살펴보자.11) 전이가능한 기술은 학생들이 현대사회에서 잘 살아가기 위해 필요한 기술이며 속성이다. 앞으로 수십 년 동안 수백만 명의 청소년들은 오늘날 우리가 알고 있는 것과는 극적으로 다른 노동시장에 진입하게 되며, 일자리 자동화와 탁월

---

11) 전이가능한 기술은 프로그램 계획의 세 번째 항목이지만 범 교육과정 및 통합 학습을 보다 자세하게 다루기 위해 우선적으로 기술하였다.

한 기술 발전, 변화하는 세계 경제 현실은 학생들로 하여금 직업에 대한 유연성과 빈번한 직업 재조정, 세계화된 디지털 시대의 직업과 시민 생활에 대해 대비하게 할 필요가 있다. 학생들에게 전이가능한 기술과 평생 학습에 대한 열망을 갖추게 한다면 새로운 현실에 대비하고 미래를 성공적으로 탐색하고 형성하는 데 도움이 될 것이다.

그림 4-10   전이가능한 7가지 기술

비판적 사고와 문제해결(critical thinking and problem solving)
혁신, 창의성, 기업가정신(innovation, creativity, and entrepreneurship)
자기주도적 학습(self-directed learning)
협력(collaboration)
의사소통(communication)
세계 시민권과 지속가능성(global citizenship and sustainability)
디지털 사용 능력(digital literacy)

전이가능한 기술을 개발하는 것은 본질적으로 '전이를 위한 학습(learning for transfer)'을 의미하는 것으로, 한 상황에서 배운 것을 다른 새로운 상황에 적용하는 것이다. 학생들은 전이가능한 기술을 교과와 따로 분리하여 습득하는 것이 아니라 교육과정의 모든 교과에서 학습의 일환으로 전이가능한 기술을 개발하게 된다. 이러한 기술은 학생들의 학습에 대한 인지, 사회적, 정서적, 신체적 참여를 통해 개발되며, 교사는 안전하고 포용적이며 공평한 학습 환경에서 다양한 교수 및 학습 방법, 모델, 접근법 및 평가 실행을 통해 학생들의 전이가능한 기술 개발을 촉진해야 한다.

마지막은 융합교육과 관련이 깊은 '범 교육과정 및 통합학습(cross-curricular and integrated learning)'이다. 여기에는 '통합학습(intergrated learn-ing)', '금융 문해력(financial literacy)', 'STEM 교육(STEM education)', '원주민 교육(indigenous education)', '문해력(literacy)', '비판적 사고와 비판 문해력(critical thinking and critical literacy)', '수리 문해력(mathematical literacy)', '환경 교육(environmental education)', '사회 정서적 학습 기술(social-emo-tional learning skills)'이 안내되고 있다.

(1) 범 교육과정 학습(cross-curricular learning)

범 교육과정 학습은 학교 교육과정 전반에 관련된 학습으로, 교사가 교육과정의 모든 교과와 학문 분야에 걸쳐 다양한 중요 관점, 주제 및 기술을 의도적으로 통합하여 지속적으로 가르치고 학습하게 하는 것이다. 교사는 대부분의 교과 교육과정 맥락에서 관련성이 높은 이러한 분야의 학습을 포함

그림 4-11 프로그램 계획 항목 중 범 교육과정 및 통합학습

하는 프로그램을 계획하게 되며, 이는 학생들이 세계를 탐색하는 데 매우 중요한 부분이다. 범 교육과정 학습에는 위에서 언급한 다양한 분야가 있고, 이러한 다양한 주제, 관점 및 기술이 모든 교육과정에 걸쳐 탐구된다. 교사들은 교과 맥락과 관련 있고, 학생들에게 중요한 이러한 분야의 학습들을 자신의 교과와 연계하여 교육과정을 계획해야 한다. 이를 지원하기 위해 **자료 안내서를 통해 특정 주제에 대한 학습 기대 수준을 제시**하고 교사가 관련 주제에 대해 수업할 수 있도록 기대 수준에 맞는 **예제와 샘플 질문, 교사 질문, 학생 응답, 교육적 조언 등을 포함한 여러 선택적 방법들을 안내**한다.

그림 4-12 캐나다 초등 교육과정

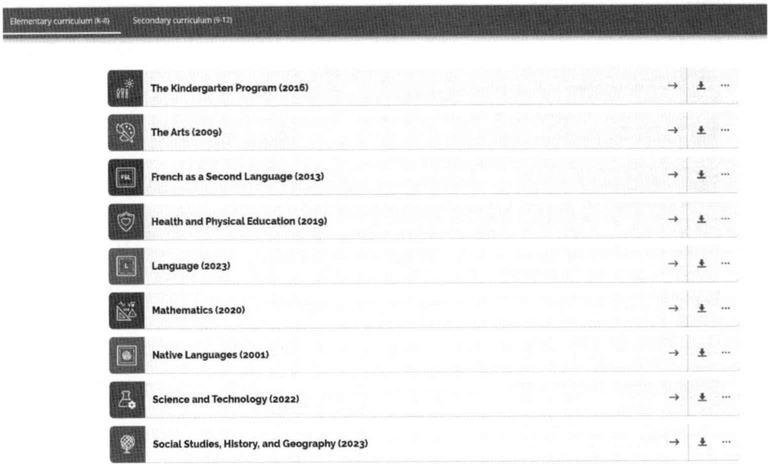

온타리오 교육과정은 과거부터 '범 교육과정 및 통합학습'을 강조하여 **초등**(유치원~8학년) 각 교과 교육과정에서 '**프로그램 계획을 위한**

몇 가지 고려사항(some considerations for program planning)' 중 하나로 '범 교육과정 및 통합학습(cross–curricular and integrated learning)' 항목을 제시해왔고, 중등에서도 11~12학년 교육과정에 '학제 간 연구 (Interdisciplinary studies, 2002)'라는 과목을 선택과목으로 제시하여 교과 간 통합학습을 장려하고 있다.

그림 4-13 캐나다 중등 교육과정

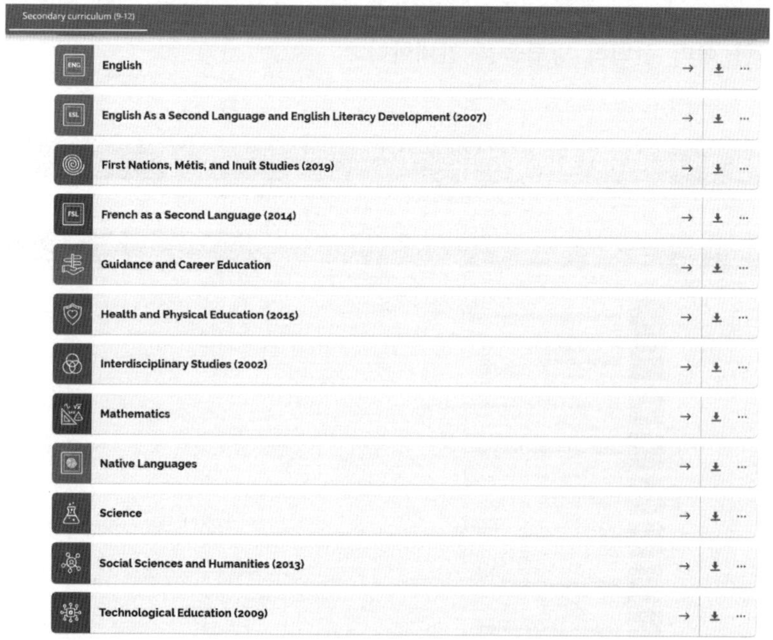

Secondary curriculum (9-12)

- ENG English →
- ESL English As a Second Language and English Literacy Development (2007) →
- First Nations, Métis, and Inuit Studies (2019) →
- FSL French as a Second Language (2014) →
- Guidance and Career Education →
- Health and Physical Education (2015) →
- Interdisciplinary Studies (2002) →
- Mathematics →
- Native Languages →
- Science →
- Social Sciences and Humanities (2013) →
- Technological Education (2009) →

교과 교육과정에 나타난 '프로그램 계획을 위한 몇 가지 고려사항들'을 1학년에서 8학년까지의 예술 교육과정(The Arts, 2009)의 예로 살펴보면, 다음 그림에서도 볼 수 있듯이 '프로그램 계획을 위한 몇 가지 고려사항'은 '예술 교육과정 안내(The Program in the Arts)', '학생 성취 평가 (Assessment and evaluation of student achievement)'와 함께 목차의 큰 항 목으로 제시되어 있다. 세부 내용은 '범 교육과정 및 통합학습'과 더불 어 '교수접근법과 전략', '특수교육을 필요로 하는 학생들을 위한 예술 프로그램 계획', '영어학습자에 대한 프로그램 고려사항들', '환경교육과 예술', '예술 프로그램에 있어서 차별반대 교육', '문해력·수학적 문해력 과 탐구기술', '예술에 있어서 비판적 사고력과 비판적 문해력', '예술의 다양한 문해력', '예술 프로그램에서 학교 도서관의 역할', '예술에서의 정보통신기술의 역할', '예술 교육에서의 가이던스', '예술교육에서의 건

그림 4-14 예술 교육과정 표지

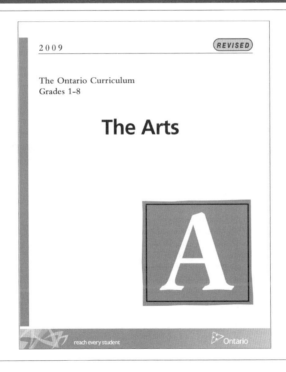

그림 4-15 예술 교육과정 목차

CONTENTS

Une publication équivalente est disponible en français
sous le titre suivant : *Le curriculum de l'Ontario, de la
1re à la 8e année – Éducation artistique*, 2009.

This publication is available on the Ministry of Education's
website, at http://www.edu.gov.on.ca.

그림 4-16 예술 교육과정 목차 중 프로그램을 위한 몇 가지 고려사항 내용

강과 안전'으로 예술 교과에서 그러한 영역들을 어떻게 가르쳐야 하는가에 대해 이야기하고 있다. 이와 같이 교과 교육과정에서 안내되었던 범 교육과정 학습과 통합학습은 지금도 지속적으로 운영되고 있지만, 현재는 보다 넓은 관점에서 모든 교육과정 구성에 반영될 수 있도록 프로그램 계획 항목으로 구성하여 강조하고 있다.

(2) 통합학습(intergrated learning)

통합학습은 '교과 간에(across subjects)' 가르치고 배우는 또 다른 접근법으로, 단일 수업 안에서 두 개 이상의 교과 교육과정 기대치를 결합하고 각 교과 내에서 이끌어내야 하는 기대 수준의 학생 성취도를 평가

그림 4-17 통합교육과정 소개

Integrated Learning

Integrated learning engages students in a rich learning experience that helps them make connections across subjects and brings the learning to life. Integrated learning provides students with opportunities to work towards meeting expectations from two or more subjects within a single unit, lesson, or activity. It can be a solution to the problems of fragmented learning and isolated skill instruction, because it provides opportunities for students to learn and apply skills in meaningful contexts across subject boundaries. In such contexts, students have opportunities to develop their ability to think and reason and to transfer knowledge and skills from one subject area to another. Although the learning is integrated, *the specific knowledge and skills from the curriculum for each subject are taught*.

Elementary Curriculum

By linking expectations from different subjects within a single unit, lesson, or activity, elementary teachers can provide students with multiple opportunities to reinforce and demonstrate their knowledge and skills in a variety of contexts. Teachers then evaluate student achievement in terms of the individual expectations, towards assigning a grade for each of the subjects involved.

One example would be a unit linking expectations from the science and technology curriculum and from the social studies curriculum. Connections can be made between these curricula in a number of areas - for example, the use of natural resources, considered from a scientific and an economic perspective; variations in habitat and ecosystems across the regions of Canada, exploring both the biology and the geography of those regions; historical changes in technology; and the impact of science and technology on various peoples and on the environment. In addition, a unit combining science and technology and social studies expectations could teach inquiry/research skills common to the two subjects, while also introducing approaches unique to each.

하는 것을 포함하기 때문에 범 교육과정 학습과는 다소 다른 점이 있는 방식이다. 이 접근법은 학생들이 각 교과 교육과정에 따른 구체적인 지식과 기술을 배우지만, 교과 간 연결을 만들어 풍부한 학습 경험을 가질 수 있으며 하나의 단원이나 수업 또는 활동 안에서 두 개 이상 교과의 목표를 충족시키는 기회를 가질 수 있다. 또한 교과의 경계를 넘어 의미 있는 맥락에서 기술을 배우고 적용할 수 있기 때문에 단편적인 학습이나 고립된 (isolated) 기술(skill) 지도 문제에 대한 해결책이 될 수 있으며, 이런 맥락에서 학생들은 사고하고 추론하는 능력을 개발하고 **한 교과의 지식과 기술을 다른 교과로 전이**(transfer)할 수 있다.

초등교사는 '하나의 단원이나 수업 또는 활동(a single unit, lesson, or activity)' 안에서 다른 교과의 목표를 연결함으로써 학생들에게 다양한 맥락에서 지식과 기술을 강화할 수 있으며, 관련된 각 교과에서의 성취도를 평가할 수 있다. **초등교육과정의 한 예는 '과학·기술 교육과정'과 '사회 교육과정'의 목표를 연결하는 단원(unit)일 것이다.** 예를 들면, '과학, 경제적 관점에서 고려되는 천연자원의 사용', '캐나다 지역 전체의 서식지와 생태계의 변화, 그러한 지역의 생물학과 지리학 탐구', '기술의 역사적 변화', '다양한 사람들과 환경에 대한 과학과 기술의 영향' 등이 있고, 이러한 영역들에서 교육과정 간 연결이 이루어질 수 있다. 과학·기술과 사회연구의 목표를 결합한 단원은 두 교과에 공통적인 탐구/연구 기술을 가르치는 동시에 각 교과의 고유한 접근 방식을 소개할 수 있는 장점이 있다.

(3) 학제 간 연구(interdisciplinary studies)[12]

온타리오의 중등 교육과정은 교사들이 여러 학문 분야와 교과에 걸쳐 학생 학습을 통합할 수 있는 기회를 제공하기 위해 고안되었다. 일부 교과 교육과정의 두 번째 목표가 다른 교과의 내용 학습이나 기술 개발을 암묵적으로 연결하고 지원하기 위한 것이다. 예를 들어, 사회과학 및 인문학의 목표가 영어 교육과정의 일부 목표와 일치한다거나, 11학년과 12학년 수학에서 학생들은 화학과 물리 학습에 필요한 수학적 개념을 배우는 것이다.

그림 4-18 학제 간 연구 과정 소개 사이트

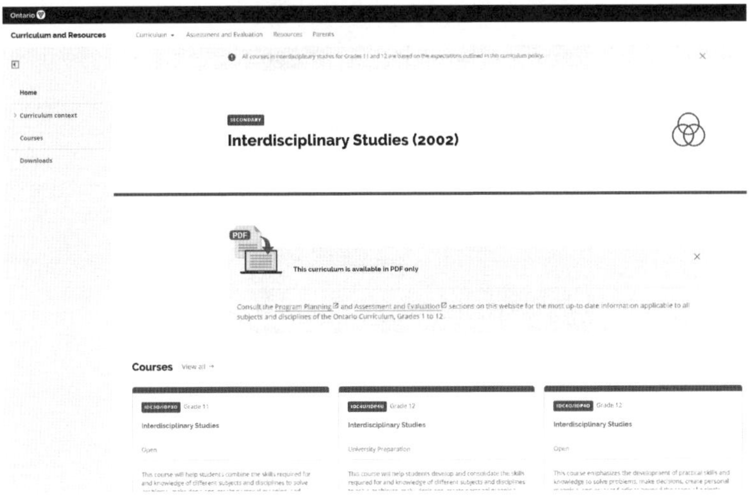

---

12) 'interdisciplinary'는 '학제 간', '간학문적'으로 해석되며, 서로 다른 교과나 학문 분야의 접근 방식에 대한 이해와 적용 방식을 통합하여 이점을 얻는 학습 및 지식에 대한 접근 방식을 설명하는 데 사용된다. 'interdisciplinary studies'는 여러 학문 분야가 관련된 학습이나 연구를 의미하는 것으로 본고에서는 '학제 간 연구'로 해석하고자 한다.

통합학습과 관련하여 **온타리오 중등 교육과정에서 더욱 특징적인
것은** 11~12학년 교육과정에서 학제 간 연구를 선택 과정으로 제시하여
다양한 학문들을 연계하여 공부할 수 있는 학생들의 능력을 길러주고
자 한 것이다.

그림 4-19 학제 간 연구 안내 책자

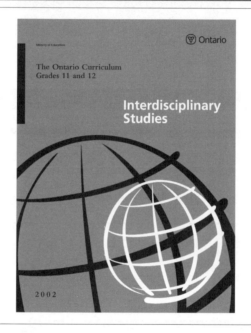

이 과정은 개별 교과로 나누어져 전문적 지식을 위주로 학습하는
상황에서 개별 교과 간의 다양한 관점과 그 연관성을 이해하고, 개별 교
과의 범위를 넘어 문제를 해결하고 의사결정을 내리고 새로운 발견을 제시할
수 있는 지식과 역량을 개발할 수 있도록 마련된 것이다. 학점제(credit sys-
tem)로 운영되는 온타리오의 중등 교육과정에서 이 과목은 해당 학년

수준의 다양한 과목들의 이론과 개념, 연구 방법들을 통합하여 특정 문제들을 해결하는 프로젝트 방식으로 진행되며, 학교에 따라 **1학점으로 운영되거나 2~5학점에 이르는 여러 가지 패키지 코스**(Interdisciplinary Studies Packages of Courses) 형태로 운영될 수 있다.[13]

11학년과 12학년 **학제 간 연구 프로그램의 목표**는 다음과 같다.

● 다양한 학문 분야의 개념과 기술을 구성하고 상호 연결한다.

● 광범위한 인쇄, 미디어, 전자, 인적 자원으로부터의 복잡한 정보를 분석하고 평가할 수 있는 능력을 개발한다.

● 독립적으로 그리고 협업적으로 계획 및 작업하는 방법을 학습한다.

---

13) 온타리오 고등학교는 학점 시스템을 기반으로 하며, 졸업을 위해 필수 과목 18학점, 선택과목 12학점 총 30학점을 이수해야 한다.

- 기존 기술과 새로운 기술을 적절하고 효과적으로 적용할 수 있다.
- 문제를 파악하고 단일 학문 분야를 넘어서는 해결책을 알아내기 위해 다양한 학문 분야의 조사 및 연구 방법을 사용한다.
- 여러 관점에서 문제를 보고 추정하고 이해도를 높일 수 있는 능력을 개발한다.
- 다양한 학문 분야의 방법론과 통찰력을 종합하고 혁신적인 해결책을 구현하기 위해 보다 높은 수준의 비판적 및 창의적 사고 능력을 사용한다.
- 학제 간 기술과 지식을 새로운 상황, 실제 업무 및 직무 상황에 적용하고, 현재 갖고 있거나 가능성이 있는 개인적 그리고 직업적 기회에 대해 이해한다.
- 학제 간 활동을 통해 사고 과정을 자극하고, 모니터링하고, 조절하고, 평가하고, 학습 방법을 학습한다.

학생들은 일반적인 교과 간 개념, 역량, 모델, 자원, 기술 및 전략들을 교육과정의 다양한 영역에서 특정 내용이나 접근 방법과 통합하게 되는데, 이는 특정 학제 간 연구 과정이나 패키지 과정에 반영될 수 있다. 중요 강조점은 정보 사용 능력 개발, 포괄적인 연구 기술 및 지식 적용, 다양한 교과의 방법론과 통찰력을 통합하여 **비판적이고 창의적인 사고 역량을 개발**하는 것이다. 이러한 학제 간 연구 과정은 실제 상황에 초점을 맞추기 때문에 **동기 부여**가 매우 잘 되며, 학생들이 종종 **지역사회와 연계된 의미 있는 프로젝트**를 진행함으로써 지식과 역량을 개발하고, 다양한 관점에서 관심 있는 이슈와 문제들을 탐구할 수 있는 기회를 갖게 된다. 이를테면, 학생 스스로 구성하는 연구 프로그램, 학생 스스로 구성해서 학습하는 융합학습 프로그램이라 할 수 있다.

학제 간 연구 과정은 두 가지 모델, 즉 **일학점 학제 간 연구 과정**(모델 A)과 **학제 간 연구 패키지 과정**(모델 B)으로 각 모델 당 16개, 총 32개의 사례를 제공한다. 11학년과 12학년에서 제공되는 학제 간 연구 과정에는 '**11학년, 개방형**', '**12학년, 대학 준비**', '**12학년, 개방형**'이 있다. 학생들은 최대 3개의 학제 간 연구 과정을 수강할 수 있다.

그림 4-21 학제 간 연구 과정 안내

Interdisciplinary Studies

• This curriculum was issued in 2002.

Courses

Grade	Course Name	Course Type	Course Code	Prerequisite
11	Interdisciplinary Studies	Open	IDC3O	None
11	Interdisciplinary Studies	Open	IDP3O	The prerequisite for each of the courses in the package
12	Interdisciplinary Studies	University	IDC4U	Any university or university/ college preparation course
12	Interdisciplinary Studies	University	IDP4U	The prerequisite for each of the courses in the package
12	Interdisciplinary Studies	Open	IDC4O	None
12	Interdisciplinary Studies	Open	IDP4O	The prerequisite for each of the courses in the package

1) 모델 A : 일학점 학제 간 연구 과정(single-credit interdisciplinary studies courses)

이 과정에서 학생들은 학제 간 연구 과정과 함께 동일 학년이나 바로 이전 또는 이후 학년의 두 개 이상의 과정을 함께 학습할 수 있다. 학제 간 연구 과정의 내용과 교수 전략, 평가 절차는 해당 과정에 대한 학년 기대 수준을 충족하도록 설계되어야 한다.

다음은 학제 간 연구 과정의 두 가지 예로서, 하나는 공개 과정이고 하나는 대학준비 과정이다.

- **응용 저널리즘**, **11학년**, **개방형**, **1학점**. 이 과정은 11학년 학제 간 연구와 두 개 이상의 다른 과정, 예를 들면 미디어아트(11학년, 개방형), 기업가(11학년, 개방형), 미디어 연구(11학년, 개방형), 커뮤니케이션 기술(11학년, 직장준비) 중에서 두 개 이상의 과정을 선택해 구성될 수 있다.

  이 과정은 학생들이 다양한 형태로, 예를 들면 졸업앨범 출품작, 신문, 라디오와 텔레비전 방송, 보도사진, 웹 페이지 등과 같은 학교와 지역사회에게 정보를 주는 인쇄물이나 미디어 및 전자 제품들을 만드는 데 도움을 줄 것이다. 학생들은 정보의 출처를 조사하고 주요 이슈에 대한 다른 관점을 비교함으로써 뉴스에 대한 감각과 판단을 키울 것이다. 또한 편집 규칙과 관행, 인쇄와 웹 디자인 원칙, 관리 기술을 배우고, 언론 직업뿐만 아니라 공개된 정보의 합법적이고 윤리적인 사용을 탐구할 것이다.

- **고고학 연구**, **12학년**, **대학준비과정**, **1학점**. 이 과정은 12학년, 대학준비과정에서의 학제 간 연구와 캐나다의 역사, 정체성과 문화(12학년, 대학준비), 고전 문명(12학년, 대학준비), 지구와 우주 과학(12학년, 대학준비), 인류학, 심리학 및 사회학 입문(11학년, 대학/단과대 준비), 수학과 데이터 관리(12학년, 대학준비) 중에서 두 개 이상의 다른 과정을 선택해 구성될 수 있다.

  이 과정에서는 고고학적 조사, 발굴, 유물 수집, 현장 해석 등의 방법을 살펴본다. 학생들은 고고학의 역사와 고고학 이론의 발전 과정을 살펴보고, 다양한 연구 방법과 현장 학습을 통해 지역, 국가, 국제 박물관과 유적지에서 고고학적 증거를 조사한다. 고고학 자료 분석과 데이터 관리 기술, 현장 지도 작성 방법을 배우고, 고고학 직업과 고고학 조사에 관한 법적, 윤리적, 기술적 문제를 조사한다.

일학점 학제 간 연구 과정에서는 학제 간 연구의 기대 수준 달성만 평가된다. 다른 교과의 기대 수준 달성에 대해서는 학점을 주지 않기 때문에 학생들은 학점 중복에 대한 우려 없이 학제 간 연구 과정과 학제 간 연구 과정에서 선택한 과정 모두를 수강할 수 있다.

2) 모델 B: 학제 간 연구 패키지 과정(interdisciplinary studies packages of courses)

모델 B는 2학점부터 5학점까지의 학제 간 연구 패키지 과정이다. 이 패키지 과정에서 학생들은 학제 간 연구 과정과 더불어 동일 학년 또는 그 이전이나 그 이후 학년의 두 개 이상의 전체 학점(full credit) 또는 반 학점(half-credit) 과정을 통합하여 수강한다. 모델 B에서 학생들은 학제 간 연구 과정에 대해 1학점, 추가 과정 각각에 대해 1학점씩 총 5학점까지 취득하며, 각 패키지 과정은 학생의 성적표와 온타리오 학생 성적표에 있는 기존 과정 코드로 기재된다. 다음은 학제 간 연구와 다른 교과 수업을 연계하여 개설할 수 있는 패키지 과정의 운영 샘플 내용들이다.

- **응용 디자인**, 11학년, **개방형**, 2학점. 이 패키지 과정은 11학년 학제 간 연구(개방형)와 커뮤니케이션 기술 파트 1(10학년, 공개, 반 학점), 미디어아트 파트 1(10학년, 개방형, 반 학점)로 구성된다. 이 과정 패키지는 학생들이 다양한 미디어와 멀티미디어 프로젝트를 만들면서 디자인 개념과 최근 통신 기술을 적용하는 데 도움을 줄 것이다. 학생들은 다양한 정보 관리 전략을 사용하여 디자인 요소와 원칙의 사용 사례(성공과 실패 모두)를 조사하고, 브로셔, 포스터, 전시, 패션 프로젝트, 애니메이션 영화, 잡지 및 웹 페이지 같은 제품들의 독창적인 디자인을 만들기 위해 이러한 요소와 원칙을 사용하는 방법을 배우게 될 것이다.

- **지역 환경 리더십**, 11학년, **개방형**, 5학점. 본 패키지 과정은 11학년 학제 간 연구(개방형) 목표 및 다음 5개 교과의 목표를 충족시키도록 구성되어 있다. 영어(11학년, 대학 또는 직장 준비), 직업탐구(10학년, 개방형, 반 학점), 국민윤리(10학년, 개방형, 반 학점), 건강하고 활기찬 생활교육(11학년, 개방형, 야외활동 중심), 아이들과 함께 생활하고 일하기(11학년, 대학준비)이다.
  이 패키지 과정은 네 가지 주요 주제, 즉 '공동체 생활 역량 개발, 자연 세계와 관련 맺기, 리더십 역량 개발, 그리고 지구에서 책임감 있게 살기'에 초점을 맞추고 있다. 학생들은 다양한 환경 문제에 대한 학제 간 연구를 함으로써 윤리적 의사결정과 정치 과정에 대해 배우고, 또한 생태 지역을 탐험하고 초등학생들을 위한 야외 환경 교육 프로그램을 운영할 것이다.

- **생명공학, 12학년, 대학 준비과정, 3학점.** 이 패키지 과정은 12학년 학제 간 연구(대학준비)와 생물학(12학년, 대학준비), 화학(12학년, 대학준비)으로 구성된다.

  이 패키지 과정은 학생들이 생명공학과 관련된 생물학과 화학 사이의 관계를 조사함으로써 생명공학의 발전 분야를 탐구하는 데 도움을 줄 것이다. 학생들은 의료, 농업, 임업, 해양 생물과 같은 다양한 분야의 생명공학 발전, 트렌드, 제품과 직업들을 조사하기 위해 다양한 자원과 교과 간 접근 방식을 사용할 것이며, 또한 생명공학에 의해 제기된 경제, 정치, 사회, 문화, 환경, 윤리적 문제들을 평가할 것이다.

3) 교수 접근법(teaching approaches)

학제 간 연구 교육과정은 **학생들이 교과 간의 관계를 찾도록 돕기 위한 다양한 교수·학습 전략을 요구하며, 다양한 관점에서 문제에 대한 적극적인 조사를 강조**한다. 다양한 연구 방법과 인쇄물, 매체, 전자 및 인적 자원을 사용하여 학생들은 필수적인 질문에 대한 답을 조사하고, 비판적이고 창의적인 사고 능력을 개발하고, 방법론과 통찰력을 종합하며, 친숙하고 낯선 상황에서 배운 것을 실천하도록 권장된다.

이와 함께, 이러한 접근법은 **지식의 습득을 촉진하고, 학습에 대한 긍정적인 태도를 조장하며, 학생들이 평생 학습자가 되도록 장려**한다. 효과적인 학제 간 연구 교육과정에 있어서 **학교 내외의 공동체와의 강한 연계 또한 필수적**이다. 이러한 연결은 공동체들의 협력적 교육 프로그램이나 업무 경험 기회, 지역사회 서비스 기관과 대학 기관 그리고 더 넓은 지역사회 구성원들과의 연결을 통해 이루어질 수 있다.

이외에도 **교과 자체가 두 개 또는 그 이상의 교과가 통합되어 구성된** 초등학교 과학 · 기술(Science and Technology) 교과와 중등학교의 통합 예술(Integrated Arts) 교과 사례도 찾아볼 수 있다. 초등 과학 · 기술 교과는 과학과 기술을 통합한 교과로, 1학년에서 8학년까지 '생활 체계(Life Systems)의 이해', '구조와 메커니즘의 이해', '물질과 에너지의 이해', '지구와 우주 시스템의 이해' 교과를 통해 과학과 기술의 지식과 역량을 통합적으로 학습한다. 이 교과는 이후 9학년과 10학년에서 보다 전문적인 학습을 위하여 과학(생물학, 물리학, 화학, 지구 및 우주 과학)과 기술로 나누어지게 된다. 그리고 9학년 또는 10학년에서 수강할 수 있는 예술 (The arts) 교과 중 하나인 통합 예술 교과는 두 가지 이상의 예술(댄스, 드라마, 미디어아트, 음악 및 시각 예술)을 통합하여 개별적으로 또는 공동으로 제작된 통합 예술 작품을 제작하고 발표하는 것으로 구성되어 있다.

그리고 캐나다 온타리오 주에서는 **융합교육을 실행할 수 있는 교사의 역량을 높이기 위해** 주 수준에서 융합교육과 관련된 다양한 자료를 제공하여 안내하고 있다. 이미 1993년에 교사들이 융합교육과 관련된 개념을 이해하고, 이를 학교교육에 적용할 수 있도록 "통합 교육을 위하여(Toward an integrated curriculum)"(Ontario Ministry of Education and Training, 1993) 자료를 제공하였으며, 2003년에는 타 교과 학습에 도움이 되는 읽기, 쓰기, 말하기 전략을 제시하는 "읽기 · 쓰기 전략: 7-12학년 범교과적 접근(Think literacy: Cross-Curricular Approaches, Grades 7-12)"(Ontario Ministry of Education, 2003)을 배포하였다. 온타리오주 교육부에서 제공한 또 다른 자료는 온타리오주 교육부의 Literacy and Numeracy Secretariat에서 출간한 "연구의 실천" 논문 28호(Research into practice monograph #28; Drake & Reid, 2010)와 교사를 대상으로 한 "역량계발"

시리즈 14호(capacity building series #14; Literacy and Numeracy Secretariat, 2010) 등을 들 수 있다(교육과정평가원, 2017).

이와 같이 캐나다 온타리오주에서는 융합교육의 중요성을 인식하고 다양한 방법으로 융합교육을 실행하기 위해 노력하고 있다. 초등학교에서는 모든 교과에서 범교과 학습과 통합학습을 **하도록 교육과정 내에 명시**하고 있으며, 중등학교에서는 교육과정 내에 '학제 간 연구'라는 교과를 두어 **교과 간 융합교육을 하도록 제도적 장치를 두고 있음을 볼 수 있다.** 교과 자체를 여러 교과의 내용을 통합하여 구성한 교과도 볼 수 있지만, 융합교육을 위해 새로운 교과를 구성하기보다는 교육과정상에 교사들이 각 교과 수업 중 교과 간의 융합을 진행할 수 있도록 융합의 아이디어와 샘플들을 제시하고, 주 수준에서 교사들을 위한 자료들을 제공하고 있음을 알 수 있다. 학제 간 학습 표지에서도 볼 수 있듯이, **온타리오에서는 이미 2002년에 학제 간 학습을 시작했고 20여 년이 지난 현재에도** 범 교육과정 및 통합학습을 모든 교과 교육과정 계획 시 우선적으로 고려해야 하는 사항으로 더욱 강조하고 있다. 소개글에서도 언급하고 있듯이 시대적 사회적 변화의 흐름에 비추어볼 때 융합교육이 더욱 필요하기 때문일 것이다.

3. 호주와 캐나다 온타리오주 교육과정의 시사점 📎

호주와 캐나다 모두 미래시대를 대비하는 교육을 위해 교육과정 개선 노력을 하고 있고, 모든 것이 연결되는 시대에 맞추어 다양한 방식의 융합형 교육과정을 제시하고 있다. 다른 여러 나라들과 마찬가지로 초등 교육과정은 여러 학문 분야가 통합된 교과로 구성되어 있으며 중등 교육과정은 보다 전문적 학문 분야의 교과로 나누어져 있지만, 각각의 상황에 맞추어 넓은 교육과정 영역에 걸친 광범위하고 깊은 지식을 지속적으로 개발하기 위해 노력하고 있다.

(1) 범 교육과정 대주제 제시

첫 번째는 국가 교육과정 수준에서 **학생들에게 필요한** 학습 주제를 제시하고 범 교육과정 학습을 통해 모든 교과와 학습영역에서 관련된 내용을 **학습하도록 하고 있다.** 범 교육과정 대주제나 범 교육과정 학습은 주제를 중심으로 여러 교과가 접근하는 다학문적 융합교육 방식으로, 국가나 주정부 차원에서 교육이 필요하다고 여겨지는 영역에 대해 강조를 할 수 있는 방안이다. 호주의 경우는 범 교육과정 대주제를 모든 교육과정에 우선해서 다루도록 제안하고 학습영역을 통해 전달되도록 했으며, 온타리오도 범 교육과정 학습으로 다루어야 하는 8개 분야를 제시하고 교사들이 이와 관련된 다양한 관점이나 주제, 기술들을 의도적으로 모든 교과와 학문 분야에 걸쳐 통합하여 지속적으로 가르치고 학습할 수 있도록 하였다.

(2) 간학문적 융합교육 - 교과 간 학습 강조

두 번째는 단편적이고 분절적 이해에서 종합적인 분석과 이해를 도모하기 위해 간학문적 융합교육 방식인 교과 간 학습을 **강조하고 있다.** 교과 간 연결은 학생들에게 풍부한 학습 경험을 갖게 하고, 의미 있는 맥락에서 기술을 배우고 적용할 수 있으며, 한 교과의 지식과 기술을 다른 교과로 전이(transfer)할 수 있는 좋은 방안이다. 호주는 **교과 내용기술에서** 해당 학년 수준에 대한 설명이나 목표 등과 함께 역량과 **범 교육과**

정 대주제를 포함한 다른 교과에 대한 정보를 제공하여, 역량이나 대주제, 타 교과와의 융합교육을 하도록 강조하고 있다. 또한 **자료 범주에 교육과정 연결 항목을 제시**하여, 호주 교육과정 차원에서 제시한 다양한 개념 주제들과 연결해서 실제 운영한 교과 간 학습 사례들을 공유하고 융합이 더욱 용이하도록 교육과정 필터를 제공하여 교사들이 자신의 교과에서도 교과 간 학습을 할 수 있도록 안내하고 있다. 캐나다의 경우도 교육과정 실행 환경을 조성하기 위해 모든 교육과정 문서에 적용되고 고려되어야 하는 것으로 **범 교육과정 및 통합학습을 제안**하고 있으며, 각 교과 교육과정 도입 부분에서 다른 교과와의 연관성을 명시하고, 타 교과나 역량과 통합하여 학습하도록 통합학습에 대한 내용을 강조하고 있다. 그리고 오래 전부터 11-12학년에 '**교과 간 연구**'를 **선택 과정으로 개설**하여 학생 스스로 다양한 학문을 연계하여 공부할 수 있도록 하고 있다.

(3) 교과 학습을 통한 역량교육 제안

세 번째는 미래시대를 살아갈 학생들에게 필요한 것으로 여겨지는 역량교육을 강조하며 교과 학습을 통한 역량교육을 제안하고 있다. 호주는 일반 역량을 교육과정을 구성하는 중요한 요소로 보고 문해력, 수리력, 비판·창의적 사고 등 **7개의 역량을 제시하며 교과 학습을 통해 역량을 개발하고 적용해야 한다**고 말한다. 온타리오도 비판적 사고와 문제해결력, 의사소통, 창의성 등 **7가지 전이가능한 기술을 모든 교육과정에 적용하고 고려해야 하는 중요한 것으로 강조**하며, 학생들의 학습에 대한 참여를 통해 개발되도록 교사들은 다양한 교수학습 방법을 실행해야 한다고 하였다. 이처럼 역량교육은 교과 학습을 통해 개발되고 적용되어야 한다. 관련 역량을 교과 학습에 적용하여 교과 학습를 강화시킬 수도 있고, 역으로 학습 과정에서 역량 개발이 강화될 수 있는 것으로, 학습과 역량 개발은 상호적으로 도움을 줄 수 있다.

(4) 문해력과 수리력 개발 강조

네 번째, 일상생활에서 삶을 영위하고 학습을 지속하기 위해 필요한 문해력과 수리력 개발을 강조하고 있다. 호주의 경우 앨리스 스프링스 교육 선언에서 학교교육 초기에 학생들의 문해력과 수리력을 개발해야 한다고 강조하고, 학습영역을 교육과정의 큰 축으로 설정하고, **교과 지식이 교육과정의 기초**이며 앞으로도 고차원적 사고를 기르기 위한 필수적 기초라고 하였다. 그리고 **문해력과 수리력을 일반 역량의 가장 기초 역량**으로 강조하고 학습영역을 통해 길러져야 한다고 했으며, 자료 범주에도 국가적 문해력 및 수리력 발달, 수학적 능력 항목을 두고 다양한 자료와 사례들과 교수학습 도구들을 안내하고 있다. 온타리오의 경우도 교과교육을 통한 지도뿐만 아니라 '**범 교육과정 및 통합학습**'에 문해력과 수리 문해력을 넣어 모든 교과를 통해 이를 교육하도록 하고 있다. 이는 세계 각국이 개인의 행복한 삶과 국가 경쟁력 확보를 위하여 자국민의 문해력과 수리력에 관심을 갖고 노력하는 것과 맥을 같이 하는 것이다.

(5) 디지털 소양과 인성교육, 범 교육과정 주제로 제시

마지막으로 **급속한 디지털 기술 발전으로 인한 변화에 대응하기 위해** 학생들의 디지털 소양과 인성적 역량을 교육해야 함을 알 수 있다. 호주에서는 학생들이 복잡하고 정보가 풍부한 세상에서 자신감 있게 살아갈 수 있도록 역량을 교육해야 하는데, 그중에서도 '정보·의사소통 기술 역량'과 '윤리적 이해', '개인 및 사회적 역량'이 디지털 기술 발전으로 더욱 필요하다고 강조했다. 특히, 교육과정 연결 항목에서 '멀티미디어'와 '온라인 안전'을 개념 주제로 개발하여 여러 교과에서 관련 내용을 학습하도록 했다. 온타리오도 범 교육과정 및 통합학습으로 '사회 · 정서적 학습 기술'을 교육하게 하고, '협력'과 '의사소통', '자기주도적 학습', '문제해결력' 등을 전이가능한 기술로 키우게 하는 등 사회적, 정서적 교육에 힘쓰고 있다. 또한 최근 많은 관심을 받고 있는 디지털 리터러시를 포함한 '정보통신기술의 역할'이나 '학생 웰빙과 정신건강', '건강한 관계', '인권 · 공평 포용성 교육', '건강과 안전', '윤리학' 등을 교육과정 계획을 위한 고려사항으로 설정해 다른 사항들에 비해 우선적으로 고려하도록 했다. 이와 같이 디지털이 발전하는 시대에 디지털 기술을 배우는 것도 중요하지만, 그에 못지않게 디지털을 올바로 안전하게 사용하도록 교육하는 것이 중요하며, 디지털 사회에서 소홀하게 될 수 있는 정신적 건강이나 협력, 소통, 윤리적 이해 등 사회 · 정서적 학습이 필요함을 알 수 있다.

05

미래교육을 위한 대안

앞서서 세계경제포럼(WEF)이 제시한 "21세기 학생들에게 필요한 기술"과 OECD가 제안한 "학습 나침반 2030"을 통해 미래교육이 지향해야 하는 바를 세계적 관점에서 살펴보았고, 또한 미래시대를 대비하는 교육을 위해 교육과정 개선 노력을 하고 있는 호주와 캐나다 온타리오주 교육과정 사례를 통해 미래지향적 교육과정을 어떻게 구성해야 하는가에 대해서도 생각해 보았다. **미래교육에 대한 세계적 관점은 기초 교과 학습을 충실히 하여 기본적 핵심 지식을 갖추게 하고, 지식교육을 기반으로 역량을 기르는 교육을 해야 하며, 인성자질과 학생 주도성을 키우는 뉴노멀을 구현하는 교육 시스템으로의 변화를 지향하는 것이다. 호주와 캐나다는** 모든 것이 연결되는 시대에 맞추어 국가 수준에서 제시하는 학습 주제에 대한 **'범 교육과정 학습', '교과 간 학습', '교과 학습을 통한 역량교육' 등 다양한 방식의 융합형 교육과정을 운영하고 있음**을 볼 수 있었다.

우리나라도 세계적인 변화 흐름을 쫓아가고자, 2015 개정 교육과정을 통해 창의융합형 인재 양성을 목표로 교육과정 총론에 창의융합형 인재가 갖추어야 할 6개의 핵심역량을 제시하고, 통합적 사고력을 키우는 통합사회 및 통합과학 과목을 신설하였다(교육부, 2015). 그리고 2022년 12월 기초소양과 역량을 함양하여 미래사회가 요구하는 '포용성과 창의성을 갖춘 주도적인 사람'으로 성장할 수 있도록 2022 개정 교육과정을 확정·발표했다(교육부, 2022). **'OECD 학습 나침반 2030'의 내용을 적극 반영하고자 마련된 2022 개정 교육과정은 2015 개정 교육과정과 마찬가지로 핵심역량을 강조하며, 맞춤형 교육 강화와 학교 교육과정 자율성 확대를 추진 과제**로 하여, 역량 함양 교과 교육과정 개발을 위해 '깊이 있는 학습', '교과 간 연계와 통합', '삶과 연계한 학습' 그리고 '학습과정에 대한 성찰'을 강조하고 있다.

2022 개정 교육과정이 미래사회 변화에 발 빠르게 대비하기 위해 추진된 교육과정 개정임에도 불구하고 여전히 다양한 시각에서 여러 문제점들이 제기되고 있다. 예컨대, **역량중심 교육과정과 이해중심 교육과정의 혼재, 고교학점제와 평가·입시제도와의 상충, 고교 선택과목의 재구조화에서 융합 선택과목의 어정쩡한 성격으로 인해 향후 실천과 운영상의 난맥이 있을 것**이라는 우려가 있다(강현석, 2023:30). 대학입시와 관련되지 않는 교과의 학습이 경시되는 경향으로 인해 대학생들의 기초학력이 저하되었다는 비판(동아일보, 2023.5.29.)에서도 볼 수 있듯이, 학생 선택권 다양화를 위해 마련된 **선택과목 신설 및 교과 재구조화가 교과의 위계를 무너뜨리고 학습량 저하를 초래해 교육의 질적 수준을 약화시킬 가능성이 크다.** 예컨대, 고등학교 맞춤형 교육과정 구현을 위해 마련된 '매체 의사소통', '수학과 문화', '과학의 역사와 문화', '미술과 매체', '세계문화와 영어', '미디어 영어'와 같은 융합 선택과목들은 그 명칭은 매우 매력적인데 어떻게 그것을 교육할 것인지에 대한 막연한 상황이다. 과거 융합과목으로 마련되었던 통합사회나 통합과학이 형식적으로 교과군이나 통합교과로 여러 교과를 묶어놓고 실제로는 개별 교과로 교육하는 수준을 넘지 못한(오찬숙, 2015a:232) 사례들이 있어 향후 융합 선택과목의 구성과 운영에 많은 관심을 가져야 한다.

무엇보다도 시대적으로 요구되는 자율과 융합의 가치를 추구하기 위해 마련된 **지역 연계 교육과정이나 융합 선택과목, 교과 간 연계와 통합**이 과거부터 현재까지 문제점으로 지적되고 있는 '무늬만 융합', '겉모양만 융합'일 수 있기에, 본연의 목적을 달성하면서 실제적으로 운영될 수 있는 방안에 대한 깊은 고민이 필요하다. 예컨대 2022 개정 교육과정에서 미래변화에 대응하는 교육 방향으로 제시된 **생태전환교육, 민주시민교**

육, 디지털 기초 소양은 모든 교과와 연계해서 지도해야 하고, 학교 자율시간을 활용해 지역과 연계한 다양한 교육과정 및 프로젝트 활동으로 편성·운영해야 한다. 또한 학습자의 삶과 연계한 학습을 위해 다양한 주제를 중심으로 프로젝트 활동도 해야 하는데, 우리의 상황은 **과학교과 중심의 STEAM 교육이 융합교육의 주류를 이루고 있으며**(오찬숙, 2015a:245), 그나마 시작되고 있었던 교과 간 융합교육이 고교학점제 도입으로 인해 다시 불가능한 것으로 생각되는 어려움에 봉착해 있다.

우리 교육은 1954년 제1차 교육과정에서 시작하여 지금까지 많은 변화를 겪어오고 있다. 교육 내용이나 교육자료, 교수학습방법에서부터 학생 수와 교사 수, 학교 시설, 교실 환경, 교실 기자재에 이르기까지 엄청난 발전과 성장을 했다. 교육에 대한 각계각층의 목소리들이 높고 특히 정치와 연계되어 이것은 되고 저것은 안 된다는 등의 상당한 난제들이 있지만, 전후 70년이라는 그 짧은 기간 동안 현재의 수준으로 변화했다는 것은 교육 관련자들뿐만 아니라 우리 국민 모두가 교육에 대해 관심을 갖고 시대와 사회의 흐름에 따라 최선을 다해 노력해왔기 때문이라 생각한다. 대개 우리 교육은 미국 교육정책을 따라 변화해 왔고 미국 또한 다른 여러 선진국들의 교육 흐름에 따라 변화하고 있다. 현재 미국을 비롯해 캐나다, 핀란드, 호주, 영국 등 세계 여러 나라에서 각국의 상황에 맞추어 미래교육에 관한 연구와 실행을 하고 있고, 우리 교육도 세계적인 흐름을 반영하고자 노력하고 있다. 단지 외국에서 성공한 교육정책들을 도입할 때 '우리 교육 현장의 실정에 맞게 조정되어 도입되었더라면 더욱 좋았을 텐데'라는 아쉬움이 크지만, 지금까지 외국의 교육정책들을 도입하여 변화해보고자 했던 것이 우리 교육의 발전과 성장을 이뤘으니 그 노력들은 인정해보자.

최근 큰 이슈를 일으키고 있는 고교학점제 도입을 앞두고, 과거 10여 년 전에 도입되었다가 흐지부지된 교과교실제를 떠올리게 된다. 2009년 도입되어 2014년까지 모든 중·고교에 전면 도입하고자 했던 (선진형) 교과교실제는 많은 예산을 들여 교과교실을 구성했지만, 우리의 여건이 외국의 교과교실제를 따라가기 어려워 중단된 정책이다. 당시 구축된 교과교실로 인해 **지금도 교과교실제를 시행하고 있는 학교의 학부모들은 장점보다는 단점이 너무나 많은 제도를 왜 계속 유지하고 있는지 이해가 되지 않는다고 토로하는** 글들을 볼 수 있다. 고교학점제 선도학교로 전국의 벤치마킹 대상인 어떤 고등학교의 교장은 '**많은 예산이 들어가고 있는 고교학점제가 과거 교과교실제처럼 되지 않아야 할 텐데**'라는 걱정스러운 이야기도 한다. 전혀 새로운 정책으로 소개된 고교학점제가 이미 중단된 교과교실제를 다시 살려낸 것이 아닐까라는 생각이 드는 것은 나만의 생각일까?

　　외국의 좋은 교육정책들을 들여올 때는 우리 상황에 맞게 조정하여 안착되도록 해야 한다. 돌이켜보면, 수준별 교육과정으로 유명했던 제7차 교육과정의 이수·미이수 논란으로 인한 형식적인 '특별보충과정', 2009 개정 교육과정의 '교과집중이수제', 587억을 들여 실시했던 '국가영어능력평가시험(NEAT)'(경인일보, 2014.10.28) 등이 사실상 실패한 정책들이다. 시도되었다가 없어진 정책들은 그 모든 것의 시도는 좋았지만, 정책 추진 과정에서 예상되는 문제점들에 대한 **현장의 이야기를 외면하고 교육정책을 강행하다가 막대한 예산을 허비하고 중단된 것**들이다. 그 외에도 중단되지는 않았지만 여러 요인으로 인해 **명맥만을 유지하며 지속되고 있는 정책**들도 있고, 유사하지만 **이름만을 바꾸어 지속되고 있는 정책**들도 다수 있다. 과거로부터 현재까지 시행되고 있는 '교과교실제', 'STEAM 교육', '자유학기제'나 이제 시행을 앞두고 있는 '고교학점제', 'IB 교육' 등의 정책들도 우리 교육 현장에서 뿌리내릴 수 있도록 현장의 목소리에 귀를 기울여야 할 것이다.

무엇보다도 교육 변화를 거론할 때면 언제나 큰 파장을 불러일으키는 것이 대학입시 문제이다. 수시와 정시 비율로부터 시작해서 창의적인 인재를 기르기 위한 입시제도의 변화, 그와 상반된 선발의 공정성과 객관성 논란, 수능 난이도 문제 등은 지금도 핫이슈이다. 평준화 교육 대 수월성 교육, 절대평가 대 상대평가, 지식중심 학습 대 경험중심 학습과 같은 교육을 바라보는 다양한 시각들은 대학입시 제도와 무관하지 않으며, 그것은 각각의 정권마다 자신들의 생각에 맞추어 입시제도를 변화시키려는 시도와 맞물려 학교와 학부모, 학생들에게 큰 혼란을 주고 있다. 물론 교육 본연의 목적을 위해 교육이 이루어져야 하는 것이 옳지만, 현실적으로 대학입시와 분리된 초·중등 교육을 이야기하기는 매우 어려운 실정인지라 초·중등 교육에 있어 대학입시는 매우 중요한 요인이다. **이제는 어느 것은 옳고 어느 것은 틀렸다는 이분법적인 사고에서 벗어나, 정권에 따라 매번 바뀌는 교육과정이나 대학입시가 아니라 교육 자체적으로 꾸준히 지속되는 교육정책으로 추진되어야 할 것**이다. 현재 상황에서 어떤 방향으로 나아가는 것이 앞으로 미래를 살아가야 하는 학생들에게 필요한 것인가를 살펴봐야 할 시점이다.

교육의 장기적인 발전을 위해 교육은 정치적 선호에 의해서가 아니라 교육 그 자체에 중심을 두고 변화를 모색해야 한다. '미래교육 2030 프로젝트'는 미래를 위한 교육 시스템 준비를 돕기 위해 어떤 역량이 필요하고 어떻게 교육과정을 시행해야 하는가에 초점을 두어 시행되었다. 최근 미래교육이라고 하면 거의 모든 경우 언급되는 "학습 나침반 2030"을 제안한 OECD도 사회 경제적으로 빠른 대처를 요구하는 사안들이 많다 하더라도 보다 장기적인 관점에서 미래교육을 준비해야 한다고 했으며, 이와 동시에 교육과정 설계와 개발과정을 보다 증거에 기반해 체계적으로 해야 하고, **무엇보다도 교육과정 변화의 중심을 정치적 선호보다는 학습자들에게 두어야 한다고** 보았다(OECD, 2019:8). 그들의 의견에 깊이 공감하며 교육 현장에서 오랜 기간 생활하면서 보고 듣고 느꼈던 경험들과 그간의 연구 활동들, 그리고 현장 교사들과 함께 이야기하며 실행해 온 **교사, 행정가, 연구자로서의 관점을 종합하여 앞에서 살펴본 내용들을 근거로 미래교육으로의 대안을 제안하려 한다.** 대안의 관점이나 방법들이 다소 전체적인 해결안에 미치지 못할 수도 있겠지만, 그 일부만이라도 정책화될 수 있기를 바라는 희망의 끈을 놓지 않으며…

1. 기본 핵심 지식을 갖추게 하는 기초문해력 교육 📎

최근 '챗 GPT' 등장으로 인해 많은 사람들이 패닉에 빠졌다. 나날이 발전하는 AI에 맞서 이제 인간은 어떻게 해야 하나에 대해 고민하게 된다. 인터넷이 발달하게 되면 단순한 지식은 검색으로 얼마든지 파악할 수 있으니 더 이상 주입식 교육, 지적 학습은 필요 없다고 말하던 때가 얼마 전인데 챗 GPT로 인해 검색도 필요 없게 되었으니 상황이 더욱 심각해졌다. 일전에 이야기 나눴던 초등학교 학부모들은 **아이들의 꿈이 유튜버나 연예인이 되는 것으로,** 과거처럼 그렇게 공부하지 않고도 돈을 벌 수 있는 직업들이 많이 있기 때문에 **아이나 부모나 과거처럼 굳이 공부를 해야 할 이유를 찾지 못한다고** 했다. 난감하다. 사실 코로나19로 인해 학습격차가 심해졌다는 이야기에 갑자기 학습격차 해소를 위해 많은 예산이 학교로 가고 있지만, 정작 공부를 해야 하는 아이들은 공부해야 할 이유를 찾지 못해 그저 시간을 때우고 있는 경우도 많다.

최근 초·중·고분만 아니라 대학에 이르기까지 기초학력이 하락하고 학습격차가 심화되고 있으며, 특히 2020년 코로나 팬데믹 이후 기초학력 부진 학생의 비율이 급격히 증가되고 있어 사회적 문제로까지 인식되고 있다. 국가수준 학업성취도 평가 결과에 따르면 지난 10여 년간 학교 현장에서 기초학력 미달 학생이 크게 늘었다고 한다. 2012－2021년 기초학력 미달(고등학생) 비율이 수학(4.3%→14.2%), 국어(2.1%→7.1%), 영어(2.6%→9.8%) 모두 급증했다. 2023년 1월 경제협력개발기구(OECD)가 공개한 국제학업성취도평가(PISA) 결과에서도 우리나라 수학 하위 수준 비율은 15%나 됐다(중앙일보, 2023.5.30.). 코로나19 시기를 지나며 학력격차에 대한 사회적 우려가 커진 것과 함께, 혁신학교로 지정되면 학력이 떨어진다는 부정적 인식의 확산은 2022년 지방선거에서 학력 저하 문제를 핵심이슈로 부각시켜 더욱 기초학력에 대한 관심을 증폭시켰다. 기초학력에 대한 중요성을 크게 인식하여 2021년 기초학력보장법이 제정되어 2022년 시행되었고 교육부는 이에 따라 2022년 모든 학생의 기초학력을 보장하는 국가 교육책임제 실현을 위한 '제1차 기초학력 보장 종합 계획(2023－2027)'을 발표했다.

세계 다른 나라들도 우리와 마찬가지 상황으로, 프랑스 정부는 학생들의 기초학력 저하에 대해 2023년 8월 '지식의 충격'이라는 기치 아래 교육 개혁안을 제시하고 저학년 학생들에게 읽기, 쓰기, 산수 교육을 강화할 것이라 발표했다(한국경제TV, 2023.9.4.). 그리고 스웨덴의 경우도 초등학교 4학년생 대상 '국제 읽기 문해력 연구(PIRLS)'의 읽기 능력 점수가 2021년 544점으로 5년 전에 비해 11점 하락했는데, 이에 대해 6세 미만 아동에 대한 디지털 학습을 완전히 중단하고 2023년 **각 학교에 배치할** 도서 구입 비용으로 6억 8,500만 크로나(약 823억 원)를 지원하고 내년과 그 다음 해에도 연간 5억 크로나(약 600억 원)를 추가 지원할 계획을 세웠다고 한다(뉴시스1, 2023.10.1.).

WEF와 OECD 모두 21세기를 살아갈 학생들에게 기본 핵심 지식을 갖추게 하는 것이 매우 중요하다고 강조하고 있는 **것처럼, 학교에서 지식교육, 기초문해력을 높이는 교육을 해야 한다.** 학교에서 해야 할 일은 학생이 지식의 구조를 파악하고 체계화하여 교과에서 가르치는 내용들 간의 연계성을 파악할 수 있도록 도와주는 것이다. IT나 인터넷으로 아무리 지식을 쉽게 얻을 수 있다 하더라도 핵심적이고 필수적인 지식은 배워야 하고, 더불어 살아가기 위한 기초적 역량은 습득되어야 한다.

핸드폰이 생활화된 아이들이 디지털 역량이 매우 높다고 생각되지만 정작 기본적인 컴퓨터 활용이나 프로그램 구성에 대해 이해하지 못하는 것과 같이, 매우 똑똑해 모르는 것이 없을 것처럼 보이는 아이들이 정작 기초적인 단어의 의미를 알지 못하는 경우가 많다. 필자도 중학교 교감이었을 때 선생님들이 시험시간에 순회를 하면 문제의 뜻을 이해하지 못해 질문하는 학생들 때문에 난감하다는 이야기에 기초·기본 학습부터 다시 시작했던 경험이 있다. 실제로 교과의 내용이 아니라 단어나 문장의 의미를 파악하지 못하는 학생들이 너무나 많다. 하지만 미래교육으로 나아가기 위해 주입식, 강의식 수업으로는 창의성이나 문제해결력과 같은 고차원적 사고를 기를 수 없으니 역량을 기를 수 있는 교수학습 방법으로 변화해야 한다고 하고, 많은 사람들이 학습자 참여 수업, 경험중심 수업이 미래교육이라고 강하게 주장한다. 이것에 대해 대부분의 사람들이 수긍하지만, 우리가 혁신학교나 자유학기제 운영에 대해 반대하는 많은 학부모들의 모습을 보았듯이, **지식기반 수업, 교과기반 수업이 되지 않으면 이러한 수업들은 실패할 가능성이 매우 크다.**

요즈음 대세인 챗 GPT 등장으로 어떤 이들은 '거봐라, 교육이 바뀌어야 한다고 했는데, 이제 교육은 끝났다'라든지, 챗 GPT로 인해 우리 아이들의 교육을 어떻게 해야 하나' 등 챗 GPT가 위기이자 기회라고들 말한다. 필자도 너무 궁금해서 해봤더니, 물어보는 질문이 구체적이고 제공하는 정보가 풍부해야 보다 그럴듯한 대답이 나왔다. 질문. 그렇다. 정답을 물어보는 교육에서 질문을 만들어 내는 교육이 필요한 바로 그 순간이 온 것이다. "IB를 말한다"의 저자 이혜정 교수도 여러 해에 걸쳐 '집어넣는 교육'에서 '끄집어 내는 교육'으로 바뀌어야 한다고 강조해왔다. 하지만 질문을 만들어 내기 위해서는 기초적 지식부터 고차원적 지식까지 지식이 바탕이 되어야 한다. 물어보고 싶어도 아는 것이 없으면 무엇을 물어봐야 하는지조차 가늠할 수 없어 지식이 없으면 질문하지 못하게 된다.

그러니까 **기본적인 학습이 되어 있지 않은 상황에서는 과거부터 중요하게 생각해온 상상력이나 문제해결력, 창의력 등은 길러질 수 없는 것이다.** 무엇이든지 개념과 논리를 알고 이해해야 적용할 수 있기 때문에 경험학습 전후에 지식교육이 이루어져야 한다. 최근 학력 저하에 대한 우려가 커지고 있는 상황에서 주입식 교육이 무조건 나쁜 것이 아니며, 평생 학습 시대에 자신이 스스로 학습을 하기 위해 필요한 기본적인 교과 학습이 매우 중요하다는 인식을 갖게 된 것은 정말 다행한 일이라 생각된다.

(1) 에듀테크를 활용한 개별 학습지도

앞서 말했듯이 코로나19로 인해 더욱 학력격차가 심화된 지금, 학생들의 성장을 위해 일정 수준의 교과 지식을 쌓게 하는 것이 필요하고, 그러기 위해 기초학력을 평가하고 부족한 부분에 대한 학습이 이뤄지게 해야 한다. 학력을 높이기 위해서는 **자신이 무엇을 모르는지, 무엇을 잘하는지를 알기 위한 평가가 지속적으로 이루어져야 하고, 부족한 부분에 대한 보완이 필요**하다. 우선적으로 자신이 알고 있는 것과 모르는 것을 구분할 수 있는 메타인지1) 능력을 높이고, 학습을 전후한 평기를 통해 습득하지 못한 지식을 반복적으로 학습하게 한다면 완전학습에 이를 수 있을 것이다. 더욱이 이러한 과정이 집단학습보다 개인별 맞춤형 학습으로 이루어질 수 있다면 더욱 효과적일 것이다. 학교에서도 이러한 반복학습과 개인 맞춤형 학습을 위해 노력하고 있지만, 정규 교육과정이라는 제한된 시간 내에 많은 학생을 교육해야 하는 학교 여건으로는 많은 부족함이 있다. 아마 이러한 이유로 다수 학부모들이 많은 사교육비를 내고 학생들을 학원이나 소그룹 과외 등에 보내는 것이라 생각된다.

이처럼 학력을 높이기 위해 개별 맞춤형 학습이 매우 효과적이겠지만 현재 학교 상황에서 개별학습은 비용이나 공간, 시간적 측면에서 불가능하고, 이에 **개별학습과 같은 효과를 낼 수 있는 에듀테크에 대한 관심이 높아지고 있다**. 코로나19로 인해 더욱 친숙해진 온라인 수업이나 온라인 콘텐츠 등을 활용한다면 **시간, 공간적 제약 없이 학생 맞춤**

---

1) 메타인지는 자신이 무엇을 알고 무엇을 모르는지를 아는 것, 자신의 생각에 대해 판단하는 자기 인지 능력을 뜻한다. 메타지식은 개인변인(자신의 능력의 이해하는 능력), 과제변인(과제의 난이도를 인식하는 능력), 전략변인(정보를 배우기 위해 전략을 사용하는 능력)이라는 하위변인으로 분류된다(Flavell, 1979).

형 교과 학습이 가능할 수 있다. 특히, 최근 급속히 발전하고 있는 AI를 활용한 개별화 학습은 학생들의 수준을 진단하고 학생 수준에 맞추어 문제를 제공하여 반복학습을 가능하게 한다는 점에서 매우 효과적이다. 복잡한 능력을 키우는 학습이 아닌 수학, 물리, 과학, 컴퓨터공학 등과 같이 잘 정의된 지식의 구조를 갖고 있는 교과에서 ITS(Intelligent Tutoring System, 지능형 튜터링 시스템)는 일대일 교수법과 동등한 수준은 아니지만, 학생 맞춤형으로 단계별 학습이 가능하여 교사 주도의 전체 강의보다 효과적일 수 있다.

최근 인공지능이나 에듀테크를 활용한 다양한 학습 프로그램이 개발되고 있고, 유치원 학생들도 그러한 프로그램으로 학습한다고 하니, 기초학력 격차를 에듀테크로 보완하는 것이 옳은 방법일 것이다. 반복적이고 기초적인 학습을 할 수 있도록 인공지능을 활용한 학습 프로그램을 학생들에게 제공해서 기초학력을 높일 수 있도록 해야 한다. 과거 필자가 초등학생 때 학교에서 모든 아이들에게 제공해 준 "완전학습(정확한 명칭은 아닐 수 있다)"이라는 수학과 과학 학습교재를 혼자 열심히 풀었던 기억이 난다. 문제를 맞추면 다음 단계로 넘어가고 틀리면 다시 이전 수준의 문제를 다시 푸는 방식이었는데, 아마 당시 유행했던 행동주의 학습이론에 영향을 받아 구성된 보충학습 교재라 생각된다. 어쨌든 사교육을 받을 수 없었고, 집에서 가르쳐줄 누군가가 없었던, 무엇보다도 혼자 있는 시간이 많았던 나로서는 매우 유익했었는데, 이제는 그런 교재를 컴퓨터로, AI 튜터로 학습하게 된 것이다.

현재 교육부는 학습동영상과 평가 문항이 탑재된 'e학습터'와 디지털 교과서 등 수업자료 공유 시스템을 제공하는 '에듀넷'을 비롯하여 인공지능(AI) 활용 초등수학수업 지원시스템인 '똑똑! 수학탐험대', EBS가 제공하는 초등 인공지능 학습 콘텐츠 '단추', 그리고 초등 영어 학습앱 'AI 펭톡' 등을 운영하고 있다. 이에 더하여 여러 시·도교육청에서 온라인 학습 플랫폼[2]을 구축하거나 민간 AI 코스웨어를 학습지원이 필요한 학생들에게 제공하고 있다. 어느새 에듀테크 교육이 일상이 되어버린 현재, 많은 콘텐츠와 플랫폼, 코스웨어의 제공으로 다소 혼란스럽기는 하지만, 무엇보다도 우리들은 **에듀테크가 학생 개인 맞춤형 교육을 제공할 수 있어 학생들의 학력을 높일 수 있을 것으로 기대하고 있다.**

한데 최근 관심 있게 들었던 어떤 연수에서 '전 세계적으로 기존에 시행되었던 많은 에듀테크 관련 프로젝트들이 실패했는데 그 이유가 **학교 현장에 대한 이해가 부족**했기 때문이라고 생각한다'라고 했던 강사의 말이 생각난다. 현재 태블릿을 모든 학생들에게 나누어 주면서 에듀테크 활용 교육을 하라고 하지만 그것이 활성화되지 못하는 것에는 여러 이유가 있을 수 있다. 사실 학생들의 가정환경만이 아니라 각 학교에서 에듀테크를 활용할 수 있는 교실 상황이 다르고, 수업을 해야 하는 교사들의 디지털 역량도 천차만별이다. 학교에는 학력에 있어서나 IT 활용 기술에 있어서 **너무나 다른 수준을 지닌 다양한 아이들**이 있지만, 일괄적으로 제공되는 콘텐츠는 모든 학교가 에듀테크를 활용할 수 있다는 전제하에 학교 수업에서와 마찬가지로 **중간 수준의 학생들에 중점을 두어 구성되는 경향**이 있다. 물론 그런 단점을 극복하고자 콘텐츠에 인공지능 기능을 결합한 개인 맞춤형 AI 코스웨어를 만들고 있지만, 코로나 시기에 우리가 목격한 것처럼 원격수업이 집중력이 떨어지고 인터넷 검색과 소셜미디어(SNS)를 자주 하게 되며(경기도교육연구원,

---

2) 온라인 SW교육 플랫폼(서울), AI기반 교수학습 플랫폼(경기도), AI활용 스마트 학습 지원사업(제주), 온라인학교(경북, 대구, 인천 등) 등이 있다.

2020), 학생들의 학습을 관리하거나 감독할 사람이 없을 경우 자기주도적 학습력이 결여된 학생들에게 온라인 콘텐츠는 별반 도움이 되지 않는다는 것을 알고 있다.

교사들이나 여느 어른들도 온라인 강좌를 수강하거나 줌(zoom)과 같은 온라인 방법을 활용한 연수나 회의에 참가할 때 다른 중요한 일들을 하면서 참여하거나, 수강하고 있다 하더라도 오프라인 강좌나 연수만큼 집중을 하지 못하는 경우가 허다하다. 온라인 방법이 시간과 공간의 제약을 벗어나게 하는 좋은 방법이지만 참여 열의나 집중도가 떨어진다는 것은 부인할 수 없는 사실이다. 요즈음 많은 사람들이 사용하는 줌과 같은 실시간 원격솔루션을 활용한 강좌나 협의회의 경우에도 녹화된 것보다는 실시간 소통이 되어 집중할 수 있지만, 이 또한 참가자의 마인드에 따라 그냥 보고 있는 수준을 벗어나기가 매우 어렵다.

그러므로 모든 학생이 모두 같은 것을 다 해야 한다는 생각을 버리고 학생 수준에 맞추어 **콘텐츠를 제공하고, 이와 함께 학생** 스스로 학습동기를 가지고 참여할 수 있는 **방법으로 수업을 전환할 필요**가 있다. 예를 들면 내용지식에 대한 학습은 AI 콘텐츠를 활용하고, 학교 교실에서는 자신이 학습한 내용을 발표한다든지 학습 내용을 바탕으로 토론을 하는 것과 같은 다양한 활동 수업을 하는 것이다. 이것은 교사 연수에 있어서도 마찬가지이다. 교사마다 IT 기술이나 역량이 다른데 무조건 이것도 해야 하고 저것도 해야 한다고 강요하는 것은 오히려 거부감을 갖게 한다. **수준에 맞춘 연수와 함께 동료 교사들의 에듀테크 활용 수업을 볼 수 있는 기회를 마련하여** 이러한 방법들이 교사 자신의 수업을 풍부하게 하는 좋은 방법이라는 생각을 갖도록 하는 것이 우선이다. 이처럼 교사들의 참여를 독려하고 전문성 강화를 위한 연수도 필요하지만, 수업에 활용하는 중 언제라도 어려운 점에 대해 도움을 받을 수 있어야 지속적인 활용이 가능할 것이다. 향후 실제적인 문제에 대한 자문을 구할 수 있도록 교육부나 교육청에 '(가칭) **에듀테크 활용 교수학습지원센터**'를 설치하는 것이 필요하며, 무엇보다도 에듀테크 활용 교육이 필요하고 해야만 하는 것이라는 것에 대한 학교 단위에서의 공감대 형성이 매우 중요할 것이다.

(2) 학습부진에 대한 통합적 지원체제 필요

기초학력 부진에는 단순히 학습결손 외의 여러 요인이 있을 수 있다. 학생들의 학습만이 문제가 아니라 **심리·정서적 어려움이나 가정의 경제적 상황, 돌봄 여건 등**이 여의치 않을 수 있다. 단적인 예로 경제적 문제로 아르바이트를 해야만 하기 때문에 학교에서 휴식을 취해야만 하는 학생들도 있는 것이다. 사실 생존이 문제인 학생에게 공부해야 한다고 이야기하는 것은 의미가 없는 이야기일 것이다. 필자가 근무했던 학교에는 학습부진 학생들이 많았고 교사로서 나는 학생들이 어떻게 하면 학습에 대한 동기를 높일 수 있을까에 대한 깊은 고민이 있었다. 학생들을 위한 교재를 만들고 외국 학생들과의 실시간 원격화상수업, 영어로 자료를 검색하여 발표하는 프로젝트 수업 등을 했었고, 교장, 교감으로도 '**사제동행** TED, **인문학 콘서트**(부제: 공부하는 이유)'나 자신의 학습부진 원인을 분석하고 '**자신이 하고 싶은 공부부터 시작하는 프로그램**' 등 다양한 시도를 했었다(오찬숙, 2020: 127, 174). 학력이 떨어지는 학생들을 자세히 살펴보면 각자의 이유가 있겠지만, **그 무엇보다도 학습을 하고자 하는 의욕, 동기를 불러일으키는 것이 가장 중요하다고 생각**한다.

학습부진을 해결하기 위해서는 개별 교사나 단위학교의 노력도 중요하지만, 보다 넓은 차원에서의 체계적인 지원도 필요할 것이다. 학교에서 교사들의 지도만으로 부족함이 있는 학생들은 사교육이 아니라 공교육 차원에서도 학습부진에 대한 지도가 이뤄져야 한다. 이런 맥락에서 최근 교육부나 교육청 차원에서 다양하게 개발되고 있는 AI 학습 콘텐츠들은 학습부진 해소를 위해 매우 유용할 수 있다. 단지, 코로나 시기에 우리가 목격한 것처럼, 학습격차가 커지게 된 것이 자기주도적 학습력 때문이라는 것을 잊지 말아야 한다. 그러니까 **에듀테크 활용 학습이 잘 되려면 학생들의 자기주도학습 역량을 키우고** 지속적인 모니터링과 피드백(feedback)을 주는 것이 필요하다. 수업 중에도 학생들이 학습 과정을 잘 따라오는지를 살펴봐야겠지만 가정에서 돌보아 주는 사람이 없는 경우, 에듀테크 활용 학습은 거의 무방비 상태에 놓일 수 있다는 것에 주의해야 한다.

에듀테크는 무엇보다도 기초학력이 부족한 학생들이 스스로 공부할 수 있도록 활용되어야 하고, **이것을 학생들에게만 맡기는 것이 아니라 다양한 인적 자원들을 활용해서 체크업을 해준다면 더욱 효과적일 것이다.** 최근 교육부나 여러 시·도교육청에서 학습결손 해소를 위한 다양한 정책들을 실행하고 있고, 예컨대 코로나19 학습결손 해소를 위한 '학습지원 튜터'나 초등 저학년 대상 1교당 1명씩 지원되는 '학습지원 협력교사', 교대나 사대 대학생들이 참여하는 'AI 튜터 활용 학습 멘토링' 등 다양한 인력이 지원되고 있다. 물론 한정된 예산으로 인해 모든 학교에 배치되어 있지는 않지만, 현재 초등학교에서 활동 중인 **'기초학력상담사'**들이나 **'초등 학습지원 협력교사'**들에게 AI 코스웨어 활용 방법을 알려주고, 학생들이 해온 것을 확인하고 모르는 것을 질문받는 방식으로 진행한다면 현재 일대일로 가르치는 것보다 더 많은 학생들에게 더 많은 도움을 줄 수 있을 것이다.

학습에 대해서는 보다 실질적이고 체계적 방법이 필요하며 인지적, 정서적, 행동적 요인에 따라 맞춤형 지원으로 접근해야 한다. 초등학생은 교과 시간에 학습한 내용을 에듀테크를 활용하여 반복학습을 하게 하고 과제를 주어 점검하는 방식으로, 중·고등학생은 학습상담으로 학습 의욕을 높이고 진로코칭을 병행하여 학습동기를 높이는 방식으로 접근해보자. 예를 들면 방과 후나 주말, 방학을 활용한 '진로 학습 상담 프로그램' 운영으로 진로탐색 활동과 더불어 진로와 연관 있는 교과의 학습지도를 병행한다면 효과적일 것이다. 현재 각 학교에서 운영 중인 위클래스의 상담이 정서적인 것이라면, 학습 관련 상담은 보다 학습에 중점을 두어 학습에 대한 솔루션까지 제공할 수 있어야 한다.

교육부는 학습부진 학생의 학습 지원을 위해 2011년부터 교육(지원)청 단위로 '학습종합클리닉센터'(22년, 193개소)를 설치하고 심리·정서 및 학습부진으로 어려움을 겪는 학생을 찾아가는 서비스를 하고 있다. 학습종합클리닉센터는 학교와 교사의 노력만으로 지도가 어려운 학습부진 학생을 지원하는 센터로, 경기도교육청의 경우 학습부진 학생 지도를 위해 경기학습종합클리닉 25개 센터를 운영 중이며, 각 센터는 장학사 1인에 15－16명의 학습상담지원단으로 구성되어 있다. 코로나 팬데믹 이후 기초학력에 대한 중요성을 크게 인식하여 기초학력보장법이 2022년 시행되었고 교육부는 이에 따라 2022년 모든 학생의 기초학력을 보장하는 국가 교육책임제 실현을 위한 '**제1차 기초학력 보장 종합계획(2023－2027)**'을 발표했다. 이 계획에 따르면, **학습종합클리닉센터를 중심으로 관련 기관 및 사업과의 유기적 협력을 통해 종합적으로 진단하고 지원하는 모델을 2026년까지 모든 교육지원청으로 확대**한다고 한다. 기존 Wee 센터(위기학생), 교육복지센터(교육취약학생), 학습종합클리닉센터(학습지원대상학생)에서 해오던 분절적 지원을 통합적, 협력적으로 지원한다면 다각적 차원에서의 지도가 가능할 것이다.

현재 대부분의 교육(지원)청에 'Wee 센터 상담교사', '학습종합클리닉센터 학습상담사', '교육복지우선지원사업 교육복지조정자'가 있어 각자 열심히 학생들을 지원하고 있다. 그런데 지원대상을 보면 여러 지원이 함께 필요한 학생임에도 각각의 영역에서만 현황이 파악되어 통합적 지원이 되지 못하는 경우가 종종 있다. 이를테면, 학습부진 학생의 경우 경제적 사정으로 인해 교육복지 자원 연계가 필요하고, 심리·정서적 문제로 인해 학습이 어려운 경우가 있다. 기초학력 부진의 요인이 다양하기에 부진 학생에 대한 통합적 지원이 필요하다. 하지만 학교와 교육청의 **담당자나 부서마다 협업이 되지 않아 필요한 지원이 되지 않고 누락되는 사례가 있어** 필자도 현재 **지역청 내 각 부서들을 모아** '기초기본학습 통합지원 협의체'를 **구성하고 월 1회 정기 협의회를 통해 동일한 학생에 대한 통합적 지원 방안을 모색하고 있다. 향후 이 협의체를 '학습코칭 공유학교'와 연계시켜** 관내 유휴교실을 공유학교 공간으로 만들고 한국잡월드를 연계하여, 진단검사와 학습전략 코칭, 진로개발 코칭 등을 할 수 있는 **'맞춤형 학습·정서·진로상담 지원 학습코칭'**으로 발전시킬 예정이다.

각 학교에 보건교사, 상담교사, 교육복지사가 있고 교육청에도 여러 지원센터가 있지만 그런 지원의 혜택을 받을 수 있게 하는 것은 각 학교 교사들의 노력 덕분이라 생각된다. 학생의 기초학력 수준과 심리적 상태를 파악하고 학부모의 동참 의지를 이끌어내야 하며, 심리·정서적 지원과 함께 가정의 어려움을 다소나마 지원할 수 있도록 교육복지시스템을 함께 활용하게 해야 한다. 이러한 일들은 교사 개인이 찾아서 진행하기엔 많은 어려움이 있기에 학습부진에 대한 다각적 차원에서의 지도를 위해 **학교와 교육(지원)청 차원에서 통합적 지원이 필요**하다. 여러 부서로 나누어져 있는 담당자들이 유기적으로 협력해서 학생에 대한 통합적 지원을 체계적이고 실질적으로 잘 하는지에 대해 학교 관리자나 교육(지원)청에서는 지속적인 관심을 갖고 살펴봐야 할 것이다.

한 번에 짠! 하고 모든 것이 완벽하게 되는 것을 기대하지 말고 단계적으로 차근차근 진행해 나가야 한다. **무엇이 부족하고 안 된다 하여 자꾸 어떤 새로운 것을 만들지 말고, 현재 활용되고 있는 제도를 잘 보완해서 실제적으로 해야 하지 않을까.** 기초학력을 높이기 위해 외연을 확장시키는 것만큼, 각자가 내실 있게 지도하고 협력하는 것이 더욱 중요하다고 생각된다. 새로운 어떤 것이 중요하다 하여 수차례의 조직 개편으로 여러 조직을 뭉쳐 새 부서나 조직을 만들어도 나중에 보면 각자가 해오던 방식으로 일하고 있는 것을 너무나 여러 차례 보아 왔다. 구성원들이 실제로 협업을 하지 않으면 결국은 다시 똑같은 방식이 되어버리니 업무에 있어서도 진정한 연결, 융합이 필요할 것이다.

2. 지식과 역량을 함께 기르는 미래지향적 융합교육 📎

주도성을 갖고 학습에 능동적으로 참여하는 학생 - 교과 기반 프로젝트 방식의 수업

미래교육이라고 하면 대다수 사람들은 에듀테크를 활용하여 온라인으로 강의하고 재택수업을 받는 모습을 생각하게 된다. 하지만 우리가 '4차 산업혁명'과 '코로나19'로 경험해 보았듯이 그러한 것만으로 미래시대를 살아가야 하는 학생들에게 제대로 된 준비를 시킬 수 없다. 우리가 접해보지 못한 다양한 직업이 생겨나는 미래에 자신의 길을 찾아가기 위해 학생 주도성이 필요하고, 갑작스러운 팬데믹 상황에서 백신을 개발하거나 세계적 우주 경쟁 시대에 독자 기술로 한국형 발사체를 발사·성공[3] 시킬 수 있는 창의성과 문제해결력 등의 역량도 필요하다. 그래서 요즘 교육계에서 많이 언급되는 것이 주도성 교육이고, "OECD 학습 나침반 2030"에서도 **주도성과 변혁적 역량을 학생들이 원하는 미래를 향해 나아가게 하기 위해 교육해야 하는 것으로 강조**하고 있다.

이렇게 전 세계 교육 변화의 중심이 미래시대를 살아가기 위해 필요한 학생 주도성과 창의성, 협업, 문제해결력 등 역량을 기르는 교육으로 나아가고 있고, 우리 교육도 미래교육으로 변화하는 것이 필요한 상황이다. 그렇다면 주도성과 역량을 기르는 교육 방법은 무엇일까?

교육의 뉴노멀 특징 중 '변화된 학생의 역할'은 '2030 프로젝트'에서 매우 중요한 개념인 '주도성'과 관련된다. 주도성은 **스스로 생각하고 배우며, 자신 스스로 문제를 찾아 해결하면서 끊임없이 자기 성장을 주도하는 역량으로, 앞으로의 목적을 구체화하고 그 목표 달성을 위한 행동을 스스로 알 수 있는 능력을 필요로 한다.** 미래교육에선 과거 교사의 지시에 따라 학습하는 학생에서, 주도성을 갖고 특히 교사 주도성과 함께하는 공동주도성을 지닌 능동적 참여자로 학생의 역할이 바뀌게 된다. 우리 교육도 이러한 주도성의 중요함을 인식하여 2022 개정 교육과정에서 학습자 주도성을 강조했고, 교육부를 비롯한 여러 시·도교육청들이나 여러 기관들이 주도성을 키우기 위한 다양한 방안들을 내놓고 있다.

이전에도 학생 자율성을 강조하는 교육을 해왔지만, 이제 자율성

---

3) 2023년 5월 25일 한국형 발사체 누리호(KSLV-Ⅱ)의 3차 발사가 전남 고흥군 나로우주센터에서 성공적으로 이뤄졌다. 누리호 3차 발사 성공으로 우리나라는 세계 7번째로 독자적인 우주 발사체를 개발한 국가가 되었다.

에서 한 걸음 더 나아가 학생 주도성이 발휘되는 교육을 해야 한다. **학생 주도성을 키우는 방법 중 하나로 학생과 교사가 함께 주도성을 가지고 진행하는 프로젝트 방식의 수업**을 생각해 볼 수 있다. 프로젝트 학습은 학생들이 특정 주제에 대해 스스로 자료와 정보를 찾아 연구하게 하여 자기 스스로 창의적 사고를 통해 문제를 해결하는 역량을 키울 수 있다(오찬숙, 2020: 153). 그리고 학생들이 서로 토론하고 논의하는 과정을 통해 학습하는 **토의·토론학습, 협동학습, 협력학습 등도 협업이나 소통 역량을 높이며 문제해결력 등을 교육할 수 있는 좋은 방안들**이다.

그러나 앞 장에서 이야기했던 것처럼, 지식의 양이 부족한 학생들에게 프로젝트 수업을 한다는 것 자체에 대해 거부감을 갖거나, 학생활동 중심 교육이 학력을 떨어뜨린다고 우려하는 분들이 있어서 반드시 프로젝트 교육 방법을 실시해야 한다고 주장하기엔 다소 부담감이 있다. 그리고 창의성, 문제해결력과 같은 역량은 기초문해력이 충실히 갖추어질 때 발휘될 수 있는 것으로, 기본적 지식을 익히는 교육이 반드시 주입식 교육이라고 이야기하는 것도 다소 무리가 있다고 생각한다. 우리도 알다시피, 주입식 교육에 대한 반발로 학생 경험과 체험을 강조하는 혁신교육이 오랜 기간 지속되었지만, 학력 저하에 대한 걱정과 우려로 학생중심 교육에 대한 반대가 거세게 있었다.

하지만 다행스럽게도 최근에 과거 우리 교육이 지식을 집어넣는 주입식 교육이었다는 것에 대한 반성과 함께 생각을 '꺼내는 교육'으로 바뀌어야 한다는 주장이 IB 교육을 중심으로 퍼지고 있고, 그래서 토론, 논술, 프로젝트 중심의 '꺼내는 수업', '논술형 평가'가 필요하다는 것에 많은 공감대가 형성되었다. 미래교육을 위해 학생의 생각을 꺼내는 수업, 즉 학생 경험중심 교육활동이 필요하지만 그러한 교육이 학력을 떨어뜨리는 교육이 되어버린 것은 바로 '학생활동이 교과를 기반으로 이뤄지지 못했기 때문'이다. 오랜 기간 학교 현장에서 여러 사례들을 지켜본 경험에 따르면 기존 학생 경험중심 교육활동들, 예를 들면 자유학기제, 창체활동(창의적 체험활동), 자율과정, 프로젝트 수업 등이 학습과 관련 없다는 인식을 갖게 된 것은 그러한 활동들이 교과와 관련 없이 일회성으로 진행되었기 때문이다. 그러니까 주도성과 역량을 기르기 위한 다양한 교육활동은 핵심 지식과 개념들에 대한 교과교육이 함께 이루어져야 하고, '**지식교육**'과 '**역량교육**', '**집어넣는 교육**'과 '**꺼내는 교육**'의 밸런스, '**균형**'을 이루어야 한다.

이에 주도성과 역량을 갖추고 학습에 능동적으로 참여하는 학생을 기를 수 있는 미래교육 방안으로 '교과를 기반으로 한 프로젝트 학습'을 제안한다. 고차원적 사고를 하기 위해 지식이나 개념을 익히는 것이 무엇보다 중요하니 우선적으로 교과 지도를 충실히 하고, 그다음 교과 지식을 기반으로 다양한 방법을 활용해 창의력이나 사고력, 문제해결 능력 등도 함께 길러주는 것이 필요하다. 하그리브스도 그의 저서 "제4의 길"에서 개혁과 성적 향상은 별개가 아니고 **그 어떤 개혁적 방안이라 하더라도 학업성취도를 높이는 방향이어야 한다**고 강조했다(오찬숙, 2020: 87). 이렇듯 **교과를 기반으로 프로젝트 학습을 할 수 있는 방법**으로 융합교육을 생각해 볼 수 있는데, 융합교육은 교육과정 재구성, 교육과정 통합(curriculum integrating)의 방법에 의해 이루어지는 통합교육과정, 융합교육과정의 형태로, 유사한 내용을 가르쳐야 하는 교과를 통합하여 한 번에 가르치거나, 핵심 개념이나 원리를 중심으로 교육하는 방법[4]이다(오

---

4) 융합교육의 방법과 모형에 대한 내용은 "중등학교에서 융합교육 실행의 쟁점과 과제(오찬숙, 2015a)"와 "융합교육레시피(2015b)"를 참고하기 바란다.

찬숙, 2015a – 학술지).

이는 여러 교과들이 함께하는 프로젝트 수업으로 진행되어, 학생들이 **여러 교과 학습 후 통합적 경험을 통해** 지식의 깊이와 폭이 깊어지고 넓어질 수 있는 방법이다. 스스로 참여해서 수행하는 융합교육 프로젝트를 통해 학습 결과물을 만들어 내는 것은 학생들의 내적 동기를 올리고 성취감을 갖게 하며, 프로젝트를 진행하면서 교사에게 질문하고 논의하면서 교사와의 친밀감이 높아지고 또한 자신감을 갖게 하는 장점이 있다. 시흥지역에서 프로젝트 수업을 진행했던 ○○중학교 교사도 "교사 피로도는 높아지지만, 프로젝트 수업으로 하니 **주도성**이 생기는 것 같다. 학생들이 지루해하지 않고 액티브(active)하고 자신감을 갖고 자기 생각을 갖는 것 같아 고무적이다."라고 말했는데, **프로젝트 과정에서 학생들이 느끼는 성취감과 학습 자신감은 학생들이 주도성을 갖게 하는 데 매우 중요**하다.

초연결과 융합의 제4차 산업혁명 시대를 맞이하며 창의적 인재에 대한 관점도 변화되었다. 과거 '새롭고, 독창적이고, 유용한 것을 만들어 내는 능력'을 창의성의 개념으로 여기던 것에서 '서로 다른 분야를 연결하여 새로운 것을 만들어 내는 능력'으로 변화되어, 미래사회에 살아가기 위해 **유연성, 융합적 사고를 지닌 것을 창의성의 개념**으로 보게 되었다. 즉, 창의적 인재는 융합적 사고를 지닌 인재로, 그런 창의적 인재를 기르기 위한 융합교육의 필요성이 더욱 강조되고 있다. 앞서 살펴본 호주, 캐나다의 사례뿐만 아니라 핀란드도 2016**년 개정된 핀란드의 새 교육과정**을 통해 현상을 주제로 그 주제를 깊이 탐구하기 위해 관련 과목들을 융합하는 통합교과적 방식을 도입해 1년에 최소 1번 이상 현상기반학습(phenomenon based learning)을 실시할 것을 명시하였다. 융합형 교육과 프로젝트 수업이 미래 인재가 갖추어야 하는 역량을 키워 준다는 것은 **미국의 혁신적 공학대학인 올린 대학5)의 사례**에서도 확인할 수 있다. 올린공대에서는 과목의 약 50% 이상이 페어티칭, 말하자면 우리의 융합교육 방식으로 진행되고 있는데, 이런 프로젝트 과목을 선호하는 이유는 여러 지식과 경험이 융합되어야만 좋은 결과물이 나올 수 있으며, 교수 혼자 공부하고 혼자 생각하고 혼자 가르치면 한계가 있기 때문이라 한다.

이와 같이 융합교육, 통합교육과정은 해외 여러 나라에서 미래교육 방법으로 더욱 강조하고 있는 것으로, 최근 우리나라에서 '생각을 꺼내는 교육'을 위한 **학습과 평가 방법으로 많은 관심을 받고 있는 IB 교육도 융합교육 방법을 채택**하고 있다. 'Chapter 04 미래지향적 교육과정'에서 언급했듯이 IB **프로그램은 유치 및 초등학교는 '초학문적 융합', 중학교는 '간학문적 융합', 고등학교는 '학문적 모형'으로 프로그램을 설계**하도록 되어 있고, 현재 우리 교육 현장에서 실시되고 있는 융합교육과 많은 유사성이 있다. 미래교육 방안을 제시함에 있어 우선적으로 국제적 공인을 받은 IB 교육을 보다 자세하게 살펴보고, 우리 학교 현장에 알맞은 미래지향적 융합교육 방안을 차례로 제시하고자 한다.

(1) IB의 융합교육을 벤치마킹하자

IB는 스위스에 본부를 둔 비영리 교육재단인 IB 본부(IBO)에서 1968년도부터 개발·운영하는 국제공인 교육 프로그램으로, 2023년 10월 기준 세계 159개국 5,600여 개 학교에서 운영하고 있다. IB **프로그램**

---

5) 올린은 <US News>가 실시한 '2018 미국 대학 평가'에서 학부 중심 엔지니어링 대학 부문 3위를 차지했다. 마이크로소프트가 학부 졸업생을 프로젝트 매니저로 영입하는 경우는 올린 졸업생이 유일하다고 한다(조봉수, 2017).

은 만 3세부터 19세까지의 학생들을 대상으로 개념기반 탐구학습으로 이루어지며, IB 교육목표[6]와 IB가 추구하는 인재상인 '학습자상[7]'을 달성하고자 한다. IB의 모든 교육과정과 평가는 이 학습자상을 잘 추구하는지 점검하면서 이루어지며, 특이점은 학생들의 평가에 대해 영국 카디프에서 운영 중인 IB의 채점센터, 즉 외부 검증 시스템이 있다는 것이다(이혜정외. 2019: 69). 우리나라에서는 2019년 대구시교육청과 제주도교육청이 IB 한글어화 협약 후 시범 운영하고 있으며, 2022년 6월 다수의 교육감 후보들이 IB학교 도입을 공약으로 제시하면서 부산, 경기, 충남, 전북, 경남, 서울 등 여러 시·도교육청이 도입 준비를 하고 있는 상황이다.

IB의 만 3-12세를 대상으로 하는 초등학교 프로그램(PYP, Primary Years Program)은 Drake와 Burns의 **초학문적 융합**[8]에 해당되는 것으로, 6가지 **융합 교과적 주제**를 중심으로 기존 교과의 지식을 학습하게 된다. 융합 교과적 주제는 지식을 탐구하고 구성하는 프레임워크로 '우리는 누구인가', '우리가 있는 시간과 공간은 어디인가', '어떻게 우리 자신을 표현하나', '어떻게 우리를 조직하나', '세상은 어떻게 돌아가나',

---

6) IB의 목표는 서로 다른 문화를 이해하고 존중하며, 더 나은 평화로운 세상을 실현하는 데 기여할 수 있는, 지식이 풍부하고 탐구심과 배려심이 많은 청소년을 기르는 것이다(IBO, 2020).

7) IB '학습자상'은 △탐구적 질문을 하는 사람 △지식을 갖춘 사람 △생각하는 사람 △소통할 줄 아는 사람 △원칙과 소신이 있는 사람 △열린 마음을 지닌 사람 △남을 배려하는 사람 △위험을 감수하고 도전하는 사람 △균형을 갖춘 사람 △성찰하는 사람이다(이혜정외, 2019:76−77).

8) 초학문적 통합(융합)은 교사들이 학생 질문과 관심을 중심으로 교육과정을 조직하는 것으로 개별학문의 틀을 허물고 학습 내용을 통합하는 것이다. 초학문적 통합에서 교과라는 개념은 사라지며 학교에서의 학습 내용은 실제생활에서의 경험과 동일한 것을 의미하게 된다(오찬숙, 2015a: 237).

'지구를 공유하기'이며, 이것은 중학교 프로그램의 **'글로벌 맥락'**으로 연결된다(이혜정 외, 2019: 129).

우리 교육도 제4차 교육과정 이후 지금까지 초등학교 1－2학년은 통합교과로 운영되고 있으며, 2015 개정 교육과정이 적용되는 2023년 현재 초 1－2학년은 통합교과인 '바른 생활'과 '슬기로운 생활', '즐거운 생활'을 실생활과 밀착된 여덟 가지 대주제로 꾸려진 교과서로 주제 중심 학습을 하고 있다. 최근 2022 **개정 교육과정**을 통해, 교사와 학생이 주제 중심 통합교육과정을 실행할 수 있도록 **'지금－여기－우리 삶을 살아가는 힘'**을 역량으로 설정하고, 2022 개정 교육과정이 도입되는 2024년 초 1－2학년부터 **'우리는 누구일까'**, **'우리는 어디서 살아갈까'**, **'우리는 지금 어떻게 살아갈까'**, **'우리는 무엇을 할 수 있을까'**라는 네 **질문을 영역으로 학습**하게 된다(교육부, 2022). IB에서는 초등의 모든 학년, 모든 교과에서 초학문적 융합교육을 하는 데 비해, 우리는 초등 1-2학년 바른 생활, 슬기로운 생활, 즐거운 생활 교과에서 이루어지는 차이점이 있지만, 2022 개정 교육과정의 4가지 질문은 IB의 융합 교과적 주제와 많이 닮아있는 모습이다.

표 5-1 초등 프로그램 융합 교과적 주제와 중학교 프로그램 글로벌 맥락

초등학교 프로그램 융합 교과적 주제 ➡	중학교 프로그램 글로벌 맥락
우리는 누구인가	정체성과 관계
우리가 있는 시간과 공간은 어디인가	시간과 공간의 방향성
어떻게 우리 자신을 표현하나	개인적 문화적 표현
어떻게 우리를 조직하나	과학 기술 혁신
세상은 어떻게 돌아가나	세계화와 지속 가능성
지구를 공유하기	공정성과 개발

출처: 이혜정 외(2019). IB를 말한다. p. 123, 129 내용 재구성.

만 11-16세 학생들을 대상으로 하는 IB 중학교 프로그램(MYP, Middle Years Program)은 **다학문적 융합**9) 방식으로 진행되며, IB 초등학교 프로그램과 마찬가지로 교육 내용이나 과정이 아닌 프레임워크만 제공하기 때문에 각 국가의 교육과정을 융통성 있게 넣을 수 있고(이혜정 외, 2019:116), 또한 초·중학교의 경우 가급적 모국어로 진행하기를 권장하기 때문에 고등학교보다 IB 적용이 다소 용이하다. 즉, 모국어를 사용해서 교육 내용은 기존의 것으로 하고, 수업 방법과 평가 방법만 IB 방

그림 5-1 Drake와 Burns의 세 가지 통합 접근 방식

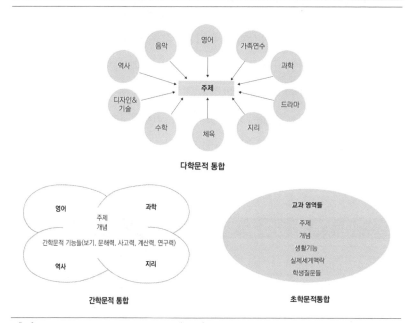

출처: Drake, S. M., & Burns, R. C. (2004). Meeting standards through integrated curriculum. VA: ASCD. p. 9, p. 12, p. 14.

9) 다학문적 통합은 교사들이 하나의 주제를 중심으로 여러 학문 분야의 기준 (standards)들을 조직하는 것으로 문제나 주제 해결 방법 모색에 있어 여러 학문을 활용하는 것이다(오찬숙, 2015a: 237).

식을 따르면 된다. 중학교 프로그램에서도 IB의 10가지 학습자상에 제시된 역량을 길러야 하고, **8개의 과목군**10)별로 매년 최소 50시간의 교과별 수업 시간을 이수해야 한다. IB에서는 중요한 수업설계 도구로 개념(concept)을 제시하는데, 중학교 프로그램에서는 교과를 망라하여 16개의 '**주요 개념**(key concepts)'11)을 제시하고 각 교과별로 12개씩 '**관련 개념**(related concepts)'을 제공한다. 개념은 IB에서 미리 정해서 제공하는 거시적 아이디어를 의미하는 것으로, 교사는 '주요 개념'에서 가르쳐야 할 것을 선택한 뒤 그것을 어느 교과에서 가르칠 것인지 1가지 이상의 교과 영역을 정하고, **글로벌 맥락과 연계**하여 구체적인 탐구 수업 설계를 하도록 안내한다(이혜정 외, 2019:118–122).

일반적으로 콘셉트(concept)를 '개념'이라고 해석하지만, IB에서의 '주요 개념(key concept)'은 보다 포괄적이고 추상적인 단어로 사용되어 '역량'이나 융합교육의 '대주제'와 유사하게 각 교과 학습을 연결시키는 매개체의 역할을 한다. 예를 들어 주요 개념이 변화(change)라고 하면, 관련 개념은 '진화'로 할 수 있다. 그러니까 '주요 개념'인 '변화'를 교육하기 위해 국어에서는 '언어의 역사성(문법)', 사회에서는 '세계화(globalization)' 그리고 과학에서는 '진화(evolution)'라는 '관련 개념'을 택할 수 있는 것이다. 이와 같이 IB 인간상을 교육하기 위한 '주요 개념'을 선택하고, 각 교과마다 '관련 개념'을 재료(material)로 수업을 구성하게 되는데, 그 관련 개념들은 IBO가 가이드 라인에 제시하고 있다.

---

10) 8개 과목군: 모국어, 외국어, 사회, 수학, 과학, 체육·보건, 예술, 디자인
11) 16개 주요 개념: 심미, 변화, 의사소통, 공동체, 연결, 창의성, 문화, 발달, 형태, 글로벌 상호작용, 정체성, 논리, 관점, 관계, 시간과 장소와 공간, 체제

표 5-2   8학년 '지속가능성과 플라스틱 사용' 통합 단원의 개념적 설계

<표 Ⅳ-2> 8학년 '지속가능성과 플라스틱 사용' 통합 단원의 개념적 설계

교과		개인과 사회(경제), 디자인			
Unit title	지속가능성과 플라스틱 사용	**학년**	Year 3	**시간**	3일
핵심 개념		**관련 개념**		**글로벌 컨텍스트**	
시스템(Systems)		소비(Consuption), 혁신(Innovation), 선택(Choice)		세계화와 지속가능성(Globalization and sustainability)	
탐구명제(Statement of inquiry)					
전 세계(**시스템**) 플라스틱 **소비**가 급속하게 성장하는 가운데 각 이해관계자(생산자, 소비자, 정부 등)는 긍정적인 **선택**을 하고 보다 **지속 가능한** 환경을 촉진하기 위한 **혁신적인** 방안을 마련해야 할 책임이 있다.					

출처: 강효선(2020). IB MYP 통합교육과정의 원리와 한국 교육과정에 주는 시사점.
　　　제주대 대학원 박사학위논문, p. 124.

　　IB 고등학교 프로그램(DP, Diploma Program)은 교과 학습에 더하여 필수과정인 지식론, 소논문, 창의ㆍ체험ㆍ봉사활동을 포함하고 있는데, 이 부분이 우리 고등학교 교과 구성과 다른 것으로 많은 시사점을 찾을 수 있다. 우선 지식론은 우리가 무엇을 왜 공부하는지에 대해서 끊임없이 메타인지를 하고 성찰하게끔 하는 교과로, **전적으로 토론이 이루어지는 수업**이며, 소논문은 학생 전원이 해야 하는 필수 과정으로, 실제로 어떤 문제를 발굴해 보고 그 답을 찾아 나가는 연구 절차를 실행해 보는 교과이다. 그리고 창의ㆍ체험ㆍ봉사활동은 졸업을 위해 반드시 이수해야 하는 것으로, 모든 기록을 교사가 아닌 학생이 스스로 온라인 사이트에 입력하게 되어 있다. 모든 활동을 학생이 직접 기록하고 교사는 다만 그것이 사실과 진실에 기반했는지 확인과 승인만 한다(이혜정 외, 2019:91-97).

국내에서 비교과 활동으로 논란이 되었던 소논문이 필수과정으로 운영되고, 생기부(학교생활기록부) 기재가 대학 입학에 중요한 역할을 하기에 교사들이 일일이 기재해야 하는 창의·체험·봉사활동을 학생들이 기재한다는 것은 무척 인상 깊은 내용이다. 소논문은 학생 각자가 주제를 정해 연구를 진행하는 것으로, 자신이 탐구하고자 하는 주제에 대해 깊이 있는 학습을 할 수 있는 교과이다. 우리도 학생 스스로 융합할 수 있는 교과를 개설해서 스스로 탐구하게 한다면, 학생들이 여러 교과의 지식을 기반으로 창의적인 사고를 할 수 있을 것이고, 학생들의 주도성도 키울 수 있을 것이다. 그리고 교사 업무 중 많은 양을 차지하는 생기부 기재를 학생들이 작성해 온 것으로 입력하는 것도 검토해 볼 만하다. 학부모 민원 때문에 학생들을 믿지 못하는 일은 없어야 할 것이다.

이와 같이 IB 교육은 초·중학교에서 다학문적 융합, 초학문적 융합으로 교과교육을 하고 있고, 고등학교에서는 소논문과 지식론을 통해 자신 스스로 융합적 사고를 하도록 교육한다. 특히, 초등학교의 융합 교과적 주제와 중학교의 글로벌 맥락(나 → 우리 → 세계)은 모든 교과를 연계하고 통합하여 교육할 수 있는 틀을 제공하며, 수업 설계 도구인 '주요 개념'과 '관련 개념'은 융합교육의 대주제, 교과별 소주제와 유사하게 역할을 하고 있다. IB 교육에 대한 이해를 높이고, 오랜 기간 전 세계에서 실행되고 있는 프로젝트 수업 구성에 대한 노하우를 받아들여 현재 일부 학교에서만 실행되고 있는 융합교육을 보다 널리 확대해야 할 것이다.

(2) 학생 스스로 융합할 수 있는 교과 개설도 한 방법!

2011년 교육과학기술부는 융합인재교육(STEAM)을 도입하여 과학기술 기반의 융합적 사고력과 문제해결력을 함양하는 교육을 시작하였고, 2015 개정 교육과정을 통해 창의융합형 인재 양성을 목표로 통합적 사고력을 키우고자 통합사회와 통합과학 과목을 신설하였다. 다양한 지식을 융합하여 새로운 가치를 창출하는 사람을 길러내고자 하는 이러한 교육의 흐름과 함께 '연결'과 '융합'으로 상징되는 4차 산업혁명에 대한 관심은 많은 학교에서 STEAM **교육뿐만 아니라 다교과 간 융합수업, 교과융합 프로젝트, 융합교과 중점학교 등 다양한 형태의 융합교육을 실행**하게 했다.

초등학교의 경우 1, 2학년 통합교과와 학급담임제[12]를 운영하고 있고, 중학교도 다양한 체험활동이 가능한 자유학기제를 실시하고 있어 비교적 다교과 간 융합수업이 용이하게 실행될 수 있는 것과 달리, 고등학교에서는 입시에 대한 부담감과 빡빡한 수업 일정으로 인해 교과 간 융합수업이 쉽지 않은 실정이다. 이전에는 그나마 계열별로 동일교과를 배우는 학급에서 교과 간 융합수업이 가능했지만, **고교학점제 시행을 앞두고 학생 과목 선택권 보장과 융합수업이 함께 이루어질 수 없는 것으로 생각되어 그 시도조차 줄어들고 어려워진 실정이다.** 예컨대 한 학급의 학생들이 동일한 교과를 학습하는 경우, 교과 교사들 간의 협업으로 프로젝트 수업을 구성하기가 용이하지만, 한 학급의 학생들이 서로 다른 교과를 수강하는 경우에는 교사 주도의 융합수업이 어렵게 된다.

그럼에도 불구하고 창의성과 융합적 사고, 문제해결력 등의 미래 역량을 높이기 위해서는 융합교육이 필요하고, 주도성을 키우는 교과 기반 프로젝트 학습을 해야만 한다. 그러한 이유로 2022 개정 교육과정에서 고등학교 선택과목에 '융합 선택과목'을 신설하고, '교과 내·교과

---

12) 학급담임제: 한 교사가 한 학급을 담당하여 전 교과나 대부분의 교과를 가르치는 형태

그림 5-2 고등학교 교과 재구조화

〈 현행 〉		〈 개편 방안 〉				
교과	과목	교과	공통과목	선택과목		
				일반 선택	진로 선택	융합 선택
보통	공통과목	보통	기초소양 및 기본학력 함양, 학문의 기본 이해 내용 과목 (학생 수준에 따른 대체 이수과목 포함)	교과별 학문 영역 내의 주요 학습내용 이해 및 탐구를 위한 과목	교과별 심화 학습 및 진로 관련 과목	교과 내·교과 간 주제 융합과목, 실생활 체험 및 응용을 위한 과목
	일반 선택과목					
	진로 선택과목					

출처: 2022 개정 교육과정 총론 주요사항(시안), p. 29.

간 주제 융합과목'과 '실생활 체험 및 응용을 위한 과목'으로, 예를 들면 '수학과 문화', '미디어 영어', '인간과 경제활동' 등의 교과로 구성하였다.

새롭게 신설된 '미디어 영어', '수학과 문화', '과학의 역사와 문화', '아동발달과 부모' 등과 같은 융합 선택과목들은 기존에 볼 수 없었던 교과들로서 매우 신선하고 서로 다른 교과의 내용이 융합되었을 것 같은 교과로 생각된다. 하지만 일부에서는 새로이 신설된 교과에 대한 정보가 없고 **융합 선택과목의 어정쩡한 성격으로 향후 실천이나 운영상의 어려움이 예상**된다고 우려하고 있으며(강현석, 2023), 특정한 주제를 정해놓고 구성되는 교과는 **오합지졸식 교과서가 될 가능성**이 크고 **2015 개정 교육과정 때와 같이 급조된 교과라는 오명**을 벗지 못할 것이라는 예측도 있다.

2015 개정 교육과정에서도 통합적 사고력을 키우기 위해 통합사회 및 통합과학 과목을 신설했었고, 당시 **통합교과에 대한 논란**은 있었다. 지나치게 내용이 평이하고 개념과 이론 설명이 부족하다는 것이 단점으로 지적되었으며(중앙일보, 2017.9.19.), 교과서와 과목은 통합되었

지만 자신의 전공이 아닌 내용을 가르치다 잘못된 개념을 알려줬을 때의 후폭풍을 감당하기 어려워 수업은 '과목 쪼개기'로 이뤄진다는 이야기가 있었다(중앙일보, 2018.5.18.). 각 교과마다 반드시 알아야 하는 교과내용이 있는데 융합을 한다고 해서 각 교과의 내용을 줄이고 쉽게 한다면 각 교과의 전문성은 사라질 것이고, 상대적으로 학력의 저하를 가져올 수 있어 결국은 그 어떤 교과에도 속하지 않는 교양수준의 애매모호한 교과가 만들어지게 되는 것이다(오찬숙, 2015b:41). 통합사회 적용 첫해에 2명 이상의 교사가 내용을 쪼개 가르치는 경우가 60%를 차지해 통합의 의미가 무색했는데(교육부, 2021), 최근인 2021년에도 여전히 고교 64.2%에서 2-4명의 교사가 '쪼개기' 수업을 하고 있는 것으로 나타났다. 이는 많은 고등학교에서 선택과목을 담당할 교사를 먼저 정하고, 담당 시수가 부족한 교사를 통합사회에 쪼개 배정하고 있기 때문으로 해석된다(교육플러스, 2021.8.3.). 이와 유사한 사례가 중학교 기술·가정 교과나 2009 개정 교육과정의 고등학교 1학년 융합과학 교과에서도 있었는데(오찬숙, 2015b:42), 제도로 교과를 뭉쳐놓고 자신이 전공하지 않은 부분을 가르치지 않는다고 교사들을 비난하지는 않아야 할 것이다.

한국교육개발원(2016) 연구에서도 **융합교과는 이미 융합된 지식을 가르치는 새로운 과목일 뿐**, 새로 구성된 교과들을 고등학교에서 가르치느냐 여부는 융합교육이 지향하는 바와 맞지 않다고 비판했다. 이미 현재의 교육과정에서도 충분히 다루고 있는 융합된 지식들, 예를 들면, 음악과 물리학이 합쳐진 '음향학', 음악과 시가 합쳐진 '노래', 등을 가르치면서 융합교육을 하고 있다고 말할 수 없다. 이러한 이미 융합된 주제를 다루거나 아니거나 간에, **중요한 것은 이 교육과정을 통해 학생들**

이 새로운 연관성을 찾을 수 있게 하는가이다. 그러므로 융합된 지식을 가르치는 새로운 교과보다 **학생 스스로 융합하는 역량을 기를 수 있도록 하는 것이 더 필요하다.**

앞 장에서 살펴본 호주나 캐나다의 경우, 여러 교과의 내용을 통합하여 새로운 융합된 교과를 구성하기보다는 범 교육과정 대주제를 제시하고 모든 교과에서 융합하여 교육하거나, 금융이나 웰빙, 멀티미디어 등과 같은 주제를 교육과정 연결 항목을 제시해 관련되는 교과 간 융합교육을 한다든지, 교육과정 내에 '학제 간 연구'라는 교과를 두어 학생 스스로 여러 교과의 내용을 융합하여 학습할 수 있는 기회를 주고 있다. 특히, 온타리오에서 고학년의 경우, 11－12학년에서 학제 간 연구를 선택 과정으로 제시하여 다양한 학문을 연계하여 공부할 수 있는 학생들의 능력을 길러주고자 했다. 학제 간 연구 과정은 실제 상황에 초점을 맞추기 때문에 동기 부여가 매우 잘 되며, 학생들이 종종 지역사회와 연계된 의미 있는 프로젝트를 진행함으로써 지식과 역량을 개발하고, 다양한 관점에서 관심 있는 이슈와 문제들을 탐구할 수 있는 기회를 갖게 한다. 이를테면, 학생 스스로 구성하는 연구 프로그램, 학생 스스로 구성해서 학습하는 융합학습 프로그램이라 할 수 있다.

이러한 융합교육 형태는 **고교학점제를 시행하고자 하는 우리 교육에 큰 시사점**을 줄 수 있다. 기존 학급 단위로 동일한 교과를 배우는 상황에서 교사 주도의 융합교육이 수월하게 이루어질 수 있지만, 향후 학생 각자가 자신의 진로에 따라 다른 교과를 수강하기 때문에 융합교육이 어렵다고 생각하는 학교나 교사들에게 '학제 간 연구 과정'은 학생 주도의 융합교육을 시도할 수 있는 방법일 수 있다. 예를 들면, ○○고에서 고교학점제가 도입되던 해부터 시도했던 방법이 이와 유사한 형태이다. 당시 2

학년 교과 영역 간 선택과목으로 개설된 '**사회탐구방법**'과 '**생명과학실험**' 교과를 선택한 학생들을 대상으로 융합수업을 시도했었다. '사회탐구방법'에서 우선적으로 연구 방법을 가르치고 그것에 따라 여러 교과에서 배운 내용을 바탕으로 프로젝트를 수행하게 했다. 1학기에는 '생명과학실험'에서 한 실험한 내용을 '사회탐구방법'에서 같이 진행하였고, 2학기에는 '생명과학실험'에서 유전과 관련된 학습을 하고 그 내용을 바탕으로 사회참여활동을 해서 실천해보자는 취지로 운영하였다.

표 5-3 '사회탐구방법 & 생명과학실험' 융합 수업 진행 계획

4. 융합 수업 진행 계획

차시	활동내용	비고	
1	연구계획서 작성, 질문지 만들기	사회탐구방법	4.23
2	주제와 관련된 내용 조사하기	사회탐구방법	4.25
3	연구계획서 실험설계 피드백	생명과학실험	
4	실험 - 수질검사, 중간점검 발표	생명과학실험	
5	실험 - 간이정수기만들기	생명과학실험	
6	실험 - 각 조가 고안한 실험해보기	생명과학실험	
7	주제와 관련된 내용 조사하기 조별 연구 결과(실험결과 및 설문조사)를 바탕으로 우리지역 하천을 아름답게 가꾸기 위한 노력 토론	사회탐구방법	5.7
8	전지에 조사 내용 정리 및 연구 보고서 작성	사회탐구방법	6.11
9	최종 연구결과 조별 발표(ppt 활용), 개별 연구보고서 제출	생명과학실험, 사회탐구방법	6.13

출처: 수주고등학교(2019). 사회참여활동 융합프로젝트 활동지.

그림 5-3 환경문제 융합프로젝트 학습 안내서

환경문제 프로젝트 학습 안내서

1. 환경문제 프로젝트 절차(우리지역 물 사랑 프로젝트)
① 모둠편성 : 학생들은 모둠학습 구성원 3-4명으로 활동한다.
② 모둠별로 프로젝트 주제에 따르는 소주제를 정한다. (부천시 물)
③ 연구 계획서 세우기 : 각자 역할을 분담하고 자료를 어디서 어떻게 수집할 지에 대해서 이야
기한다. → 모둠별 연구 계획서 작성 꼭 5월 전까지 미리 제출하여야함
[연구계획을 세울 때]
1) 선택한 하천의 상태, 주변환경에 대한조사
2) 실험연구방법: 수질검사, 간이 정수기 만들기는 꼭 넣되 물을 활용한 창의서 실험 하나 고안
할 것
3) 하천의 실태 파악 후 하천과 주변환경을 아름답게 가꿀 수 있는 방법, 우리가 할 수 없는 노
력에 대해 토론해야함. 이를 위한 자료조사 계획세우기)
④ 조사하기 : 연구 계획에 따라 모둠원끼리 조사활동을 편다.
 가. 실내조사 : 신문, 잡지, 문헌, 통계자료 인터넷 자료 검색, 수주고 DBpia 활용
 나. 현장조사 : 질문지 조사(문항최소 5개 이상)
 다. 실험조사 : 생명과학 시간이나 점심시간에 계획에 따른 실험
⑤ 조사된 내용을 개인 조사 일지에 기록한다.
⑥ 모둠별로 컨지를 이용하여 조사 과정과 조사내용 및 결과를 정리, 발표한다.
중간점검발표: 하천의 상태와 주변환경을 조사한 내용, 수질검사결과.
        앞으로 연구계획 발표
최종결과발표: 계획서를 전부 이행하고 내용을 정리하여
        개별보고서 제출 및 내용 정리 발표

출처: 수주고등학교(2019). 환경문제 융합프로젝트 학습 안내 및 활동지.

그림 5-4 환경문제 융합프로젝트 보고서

실험 5) 수생식물을 이용한 수질정화
실험 목적) 수생식물이 물을 정화 할 수 있는 능력이 있는지 확인하기 위해
예상 결과) 수생식물이 며칠천 물의 수질을 전반적으로 깨끗하게 만들 것 이다.
실험 방법)
  순서 1) 하천의 물을 관찰한다.
  순서 2) 수질검사키트를 이용해 수질을 검사하고 기록한다.
  순서 3) 수조에 하천의 물을 담고 부레옥잠과 개구리밥을 심는다.
  순서 4) 6일 동안 변화를 관찰하고 수질을 재 측정한다.
  순서 5) 수생식물 심기 전, 후 비교

실험과정)
  1일차) 악취도 나고 물이 탁해서 오래 살아남지 못할거라 예상

  2일차) 아직까지 큰 변화는 나타나지 않음.

출처: 수주고등학교(2019). 환경문제 융합프로젝트 학생 보고서.

이러한 방식은 교과 간 융합수업이 어려운 경우, 예를 들면 고교학점제 도입이나 교사들 간 합의나 협력이 어려워 실제적 융합이 어려운 경우 '(가칭) 과제연구' 교과를 통해 학생 스스로가 자신의 진로에 따른 융합학습을 할 수 있다. ○○고는 '공학·예술'과 '융합과학' 특성화 교육과정을 운영했는데, 이러한 특성화 교육과정과 과제연구 방법은 온타리오의 학제 간 연구 패키지 과정처럼 운영할 수 있어 고교학점제에서 또 다른 융합교육의 가능성을 제시할 수 있다. 예를 들어 공학·예술 교과를 패키지로 제시하고 그 과정을 선택하는 학생들이 '공학·예술 융합 교육과정'을 이수할 수 있도록 하여, 그중 1-2학점을 프로젝트 수행의 과정이나 결과물 전시, 공연 등으로 구성할 수 있다. 그 구체적인 사례들은 "학교를 변화시키는 마법(2020)"에 제시한 '○○고 필름 페스티벌', '연애시대 프로젝트의 전시물과 공연들', '아틀리에 전시' 등을 참고하길 바란다.

고교학점제와 함께 융합교육도 할 수 있는 이러한 형태의 융합교육이 더욱 많이 시도되어야 한다고 제안한다. 학교 교육과정 안에서 교사들이 각 교과 수업 중 교과 간 융합을 진행할 수 있도록 융합의 아이디어와 샘플들을 제시하고, 교사들을 위한 다양한 자료들을 제공해야 한다. 융합교육이 필요하다 하여 각 교과(군)마다 애매한 성격의 융합 선택과목들을 양산하기보다 학생들 스스로 과제연구 교과를 통해 자신의 진로에 맞는 융합학습을 하는 것이 바람직한 방향일 것이다.

(3) 융합교육의 개념을 확장시켜야 한다 - 우리의 문제점은 STEAM

교육과 관련하여 많은 인사(人士)들이 앞으로 미래교육이 필요하고 그래서 이런저런 교육을 할 것이라고 말한다. 시대에 따라 바뀌긴 하지만, 일반적으로 미래교육이라고 하면 로봇이나 AI(인공지능), 코딩, 드론,

3D프린팅, 자율주행 등 디지털 기술을 가르치거나 활용하는 것으로, 주입식이 아닌 토론이나 하브루타, 실험, 메이커 교육, 거꾸로 수업 등 학생활동 중심 수업을 생각하게 된다. 토론이나 하브루타, 거꾸로 수업 등은 **과거부터 이미 많이 활용해 오고 있는 수업 방법으로, 어떤 한 방법을 모든 수업 시간에 사용하기엔 어려움이 있다.** 메이커 교육이나 드론, 코딩 등의 디지털 교육도 대부분의 학교에서 일부 교과 시간이나 방과후학교 프로그램으로 주로 교육하고 있는 실정이다.

이러한 수업 방법들이 미래교육의 대안일 수 있지만, 학교교육 내 정규 교과 시간 중 일상적으로 활용하는 것이 아니라, 교사마다 교과마다 필요한 부분부분에서 사용하기 때문에 **학교 교육과정 안에서 이 모든 것을 아울러서 미래교육으로 나아가는 교육 방법이 있어야 한다.** 융합교육은 여러 교과의 내용을 다양한 수업 방법을 활용해서 진행하는 것으로, 내용에 따라 여러 디지털 기술을 활용하거나 토의·토론이나 실험, 메이커 수업 등 다양한 수업 방법을 사용할 수 있는, 미래교육 방법들을 아우르는 큰 우산일 수 있다. 교육학자 퍼킨스(Perkins)는 통합학습 (intergrated learning), 즉 융합교육이 교과를 깊이 대할 수 있게 하고, 학생들이 닿을 수 없을 것 같은 생각에 이르게 하며, 놀라울 정도로 생각의 폭을 넓히게 한다고 강조했고(오찬숙, 2015b: 16), 2022 **개정 교육과정**에서도 교과교육에서 '**깊이 있는 학습**'을 통해 역량을 함양할 수 있도록 '**교과 간 연계와 통합**', '**학생의 삶과 연계된 학습**', '**학습에 대한 성찰**' 등을 **강화**한다고 명시했다. 깊이 있는 학습은 바로 교과 간 연계와 통합, 즉 융합교육으로 이루어질 수 있는 것으로, 미래교육은 이런 것들이 가능해야 하는 것이다. 너무나 좋은 방법들과 여러 장학자료들이 있지만 정말 중요한 것은 그것을 수업에 적용해 여러 교과들을 심도 있게 공부하고, 생각의 폭을 넓히며, 생각하는 힘을 기를 수 있도록 하는 것이다.

디지털 기술이 발전하면서 창의융합교육이 더욱 필요하다고 강조한다. 현재 우리나라에서 융합교육이라고 하면 교육부 이하 서울시교육청, 경기도교육청, 경북교육청 등 대다수의 교육청에서 과학교육의 발전적 형태인, STEAM 교육(융합인재교육)을 지칭하는 것으로 생각하여 수학, 과학, 영재, 정보, 메이커 교육 등을 포괄하는 넓은 개념으로 사용하고 있다. 2015 개정 교육과정에서 유연하고 창의적인 사고력, 서로 다른 지식을 융합·활용할 수 있는 창의융합형 인재상을 제시했고, 그 후 **국가 차원에서 추진한 융합인재교육(STEAM)이 융합교육을 대표하는 것으로 여겨지고 있다.** 정부 주도의 융합교육은 과도하게 과학 중심적이라는 비판과 함께, 기존 과학선도학교나 과학영재교육, 발명교육 등과 같은 과학 프로그램의 확장 수준이라고 생각되어(오찬숙, 2015a:245), 교사들은 **STEAM으로 대표되는 융합교육에 대해 거부감**을 가지게 된다. 교사들은 자신의 교과에서 실행하는 모든 것들이 STEAM의 성과로 귀속될 때 하고 싶은 생각이 사라진다고 말한다.

이제 우리가 미래지향적 교육과정으로 가려면 융합교육이 과학의 영역에서 벗어나, 모든 교과의 융합교육이 되어야 한다. 많은 연구에서 융합인재교육(STEAM)이라는 용어는 특정과목의 이니셜을 갖고 있는 이유로 어떤 학과의 융합이냐에 집착하게 만드는 경향이 있다는 점을 지적했고, 융합교육이 세계적인 추세이며 과학, 예술, 인문사회 할 것 없이 현재와 미래의 교육과정이 나아가야 할 방향이라는 점을 감안할 때, 'STEAM 교육'이라는 용어보다는 '융합교육'이라는 좀 더 포괄적이고 보편적인 용어를 선택할 것을 추천했으나(교육개발원, 2016), **용어의 교체**

만으로는 부족함이 있다. 융합교육 종합계획(2020 – 2024)에서 '융합인재 교육(STEAM)'이 아니라 '융합교육(STEAM)'으로 용어를 바꾸고 전체 교과를 융합의 대상으로 포괄하는 형태로 개념을 확대했다. 그러나 과학 교과 융합이 주를 이뤘던 2016년과 2021년 조사에서와 마찬가지로 2022년 조사에서도 융합대상 교과가 과학이 가장 많은 것(85.3%)으로 나타나(김현경 외, 2023) 여전히 과학 중심임을 알 수 있다.

앞 장의 외국 사례에서도 살펴보았듯이, 호주의 경우는 자료(resources) 범주 안에 하나의 항목으로 STEM이 제시되어 STEM 연계 프로젝트에 참가한 5개 학교의 사례들을 소개하고 있고, 온타리오의 경우에는 범 교육과정 및 통합학습(cross – curricular and integrated learning) 안에 STEM 교육이 있어 전체적인 융합교육 안에 하나의 부분으로 운영하고 있다. 이렇게 **외국은 큰 융합의 범주 안에 STEM이 있고, 모든 교과가 융합 교육을 하고 있는데** 유독 우리나라는 정부 차원의 과학 분야에서 융합이라는 용어를 사용하기에 다른 교과의 융합교육이 활성화되지 못하고 있는 실정이다.

현재 미래교육의 한 방안으로 많은 관심을 받고 있는 IB 교육은 초학문적, 다학문적 융합 방법을 사용하고 있는, 융합교육을 적용하고 있는 대표적 사례이다. **IB 교육에서 STEAM 관련 이야기는 찾아볼 수 없고, 모든 교과가 융합교육에 참여하도록 되어 있다.** 그러니까 융합은 과학의 용어가 아니라 교육과정의 용어이다. 2022 개정 교육과정에서 추진하는 생태전환교육이나 민주시민교육, 디지털 기초소양 함양교육 등이 모든 교과와 연계되어 교육되기 위해 그리고 다양한 프로젝트 활동이 운영되고 지역연계 교육과정이 유의미하게 이루어지기 위해 융합교육의 개념은 반드시 확장되어야 한다. 물론 미래시대에 수학, 과학이 중요하다는 것은 당연한 이야기이겠지만, 모든 교과가 중심이 되는 융합교육이 이뤄질 때 융합교육이 보편화되어 우리 교육이 미래교육으로 나아갈 수 있을 것이다.

3. 인성교육, 디지털 소양 교육 강화 📎

미래시대를 살아갈 우리 학생들에게 필요한 교육 내용을 국가 수준의 '범 교육과정 대주제'로 선정하여 모든 교과 활동을 통해 교육해야 한다. 시대나 국가에 따라 중요하게 생각하는 교육이 있고, 사회적으로 중점을 두어 교육하는 내용들이 있을 것이다. 멀리 돌아보지 않더라도 나의 경우 반공교육, 교련교육, 외국어교육, 통일교육, ICT 교육 등 다양한 교육을 학교에서 열심히 받았던 기억이 있는데, 이는 우리나라의 성장, 발전과 함께 필요한 교육이었던 것 같다. 앞 장에서 살펴본 호주의 경우처럼 여러 민족으로 구성된 국가의 경우, 함께 어우러져 살아갈 수 있는 교육에 중점을 둘 것이다. 이처럼 국가·사회적으로 요구되는, 학생들이 중점을 두어 배워야 하는 여러 부문의 교육들이 있고 이것을 7차 교육과정 때부터 **'범교과 학습'**이라는 용어를 사용해 제시하고, 교과와 창의적 체험활동 등 교육과정 전반에 걸쳐 통합적으로 다루게 했다.

그러나 시대적으로 또는 사회적으로 **어떤 이슈가 등장할 때마다 추가되어 강조되는 범교과 학습 주제는 너무나 많아졌고, 학교 교육과정에 녹아들지 못하는 형식적인 교육이라는 비판**을 받고 있다. 각계각층의 사람들이 자신이 중요하게 생각하는 내용을 교육해야 한다고 주장하기 때문에, 2009 **개정 교육과정**에서 '에너지 교육', '물 보호 교육',

'지적 재산권 교육', '한자 교육', '의사소통·토론 중심 교육' 등 **범교과 학습 주제의 숫자가 무려 39개로까지 증가**하였다. 각종 법령과 지침에서 요구하는 시간을 한정된 시수 내에 할 수 없고 그 내용이 일반 교과 내용과 중복되기 때문에, 실시 여부를 물어보는 조사에 관련 교과 내용 중 유사 내용의 지도 횟수를 파악해 제출하는 경우가 허다하다. 법령이나 조례 제정으로 강제 편성되는 범교과 학습의 방대한 내용과 그에 따른 형식적 운영, 비현실적인 필수 이수 시간, 실시 결과 보고 등의 논란으로 2015 개정 교육과정에서 **범교과 학습은 10개 주제**[13]**로 축소되었고** 2022 개정 교육과정에서는 다소의 개선 방안을 반영하여 그대로 유지되고 있다. 이를테면, 범교과 학습 주제를 관련 교과의 성취기준과 연계 활용하도록 개선하고, 특히 교육실시, 교육횟수, 교육시간, 결과보고 등을 반영하는 내용의 법령을 제·개정하려는 경우 사전에 국가교육위원회와 교육과정 영향 사전협의를 해야 하는 조항이 신설되었다(교육부 질의응답 자료, 2022: 13). 이로 인해 추가적 부담은 다소 완화될 것으로 보이지만, 여전히 범교과 학습 주제 내용이 방대하고 의무 이수 시간이 많아 형식적 교육이 될 가능성이 크다.

학교는 '학생안전교육' 51시간, '아동안전교육' 44시간 이상, '성교육' 20시간 이상을 연간 실시해야 하고 '다문화교육', '노동인권교육', '장애인식개선 교육'은 연간 2시간 이상 실시해야 한다(경기도교육청, 2023). 이외에도 성폭력예방교육(매년 1회 1시간 이상), 가정폭력예방교육(매년 1회 1시간 이상), 학교폭력예방교육(11시간), 생명존중 및 자살예방

---

13) 안전·건강 교육, 인성 교육, 진로 교육, 민주시민 교육, 인권 교육, 다문화 교육, 통일 교육, 독도 교육, 경제·금융 교육, 환경·지속가능발전 교육(교육부 고시 제 2022-33호[별책1])

그림 5-5 2023학년도 학교교육과정에 편성해야 할 교육활동 기준

2023학년도 학교교육과정에 편성해야 할 교육활동

* 아래의 내용은 초.중등교육법 이외의 **법령, 행정규칙, 자치법규에 근거하여 학교교육과정에 편성해야 할 교육활동**으로 학생들이 체계화되고 맥락화된 학습을 하기 위해 **관련 교과, 창의적 체험활동, 범교과 학습주제와 적극적으로 통합, 재구성하여 실시되는 것이** 바람직하며 세부적인 편성 운영 사항은 학교 여건에 따라 자율적으로 결정합니다.

<table>
<tr><th rowspan="2">순</th><th rowspan="2">교육활동 영역</th><th rowspan="2">도교육청 담당부서</th><th colspan="2">근거</th><th rowspan="2">편성 기준
※ 대상이 특정되지 않은 경우 초 · 중 · 고 전체 해당</th><th rowspan="2">비고
(참고사항)</th></tr>
<tr><th>구분</th><th>내용</th></tr>
<tr><td>1</td><td>학생 안전 교육</td><td>융합교육 정책과</td><td>행정규칙</td><td>◦「학교안전교육 실시 기준 등에 관한 고시」 제3조(학생 안전교육)
※교육부고시 제2021-21호(별표1)
◩ 학년별 학생 안전교육의 시간 및 횟수 ◪
<table>
<tr><th colspan="2">구분</th><th>생활안전 교육</th><th>교통안전 교육</th><th>폭력예방 및 신변보호교육</th><th>약물 및 사이버 중독 예방 교육</th><th>재난안전 교육</th><th>직업안전 교육</th><th>응급처치 교육</th></tr>
<tr><td rowspan="4">교육시간</td><td>유치원</td><td>13</td><td>10</td><td>8</td><td>10</td><td>6</td><td>2</td><td>2</td></tr>
<tr><td>초등학교</td><td>12</td><td>11</td><td>8</td><td>10</td><td>6</td><td>2</td><td>2</td></tr>
<tr><td>중학교</td><td>10</td><td>10</td><td>10</td><td>10</td><td>6</td><td>3</td><td>2</td></tr>
<tr><td>고등학교</td><td>10</td><td>10</td><td>10</td><td>10</td><td>6</td><td>3</td><td>2</td></tr>
<tr><td colspan="2">횟수</td><td>학기당 2회 이상</td><td>학기당 3회 이상</td><td>학기당 2회 이상</td><td>학기당 2회 이상</td><td>학기당 2회 이상</td><td>학기당 1회 이상</td><td>학기당 1회 이상</td></tr>
</table></td><td>학생안전교육 7대 영역
연간 51시간</td><td>• 경기도교육청 누리집
-학교안전-안전교육자료 참고
www.goe.go.kr
• 학교안전정보센터 참고
www.schoolsafe.kr</td></tr>
<tr><td>2</td><td>아동 안전 교육</td><td>학생생활 교육과 등</td><td>법령</td><td>◦「아동복지법」 제23조(아동학대예방의 날), 제31조(아동의 안전에 대한 교육) 및 동법 시행령 제28조 제1항 [별표 6]
<table>
<tr><th>구분</th><th>성폭력 예방교육</th><th>아동학대 예방 교육</th><th>실종.유괴의 예방.방지교육</th><th>감염병 및 약물의 오용.남용예방 등 보건위생관리 교육</th><th>재난 대비 안전 교육</th><th>교통안전교육</th></tr>
<tr><td>실시주기 (총시간)</td><td>6개월에 1회 이상 (연간 4시간 이상)</td><td>6개월에 1회 이상 (연간 4시간 이상)</td><td>3개월에 1회 이상 (연간 10시간 이상)</td><td>3개월에 1회 이상 (연간 10시간 이상)</td><td>6개월에 1회 이상 (연간 6시간 이상)</td><td>2개월에 1회 이상 (연간 10시간 이상)</td></tr>
</table>
※법령상 '아동'은 18세 미만의 사람</td><td>연간 44시간 이상
☞ (교육부) 소방 안전교육은 재난대비 안전교육통합 운영 및 교과교육 연계 연 1회 운영</td><td rowspan="2">▸아동학대예방교육
-중앙아동보호전문기관자료실/교육 · 홍보자료참조
http://www.korea1391.go.kr/new/bbs/board.php?bo_table=report
▸가정폭력예방교육
-여성가족부/교육정보/교육자료실 참조
http://www.mogef.go.kr/oe/olb/oe_olb_s002.do?mid=etc605&div2=406</td></tr>
<tr><td>3</td><td>성폭력 예방교육</td><td>학생생활 교육과</td><td>법령</td><td>◦「성폭력방지 및 피해자보호 등에 관한 법률」 제5조(성폭력 예방교육 등)
◦ 2022년 폭력예방교육 지침(디지털 성범죄 예방교육 내용 포함)</td><td>매년 1회 1시간 이상</td></tr>
</table>

출처: 경기도교육청 학교교육과정과(2023).

교육(연간 6시간 이상 권장), 인터넷 · 스마트폰 과의존예방교육(학기별 1회 이상), 인성교육, 시민교육, 디지털시민교육, 통일교육, 교육활동침해행위 예방교육, 생태전환 환경교육 등 너무나 종류가 많아 경기도교육청은 '학교교육과정에 편성해야 할 교육활동' 33개를 <그림 5−5>와 같이 매 학년 표로 작성하여 배부하고 있다. 또한 교육부에서는 2018년부터 '범교과 학습 주제와 교과 교육과정 연결 맵'을 개발해 교사들이 자신들의 교과와 범교과 학습 주제를 연계하여 교과 교육과정을 운영하도록 예시안을 제시하고 있다(교육부, 2018). 그러나 교사 개인이 33개의 교육활동과 10개의 범교과 학습 주제를 자신의 수업에 연결시켜 교육과정을 구성하기엔 큰 어려움이 있을 것으로 보인다.

그림 5-6 범교과 학습 주제와 교과 교육과정 연결 맵

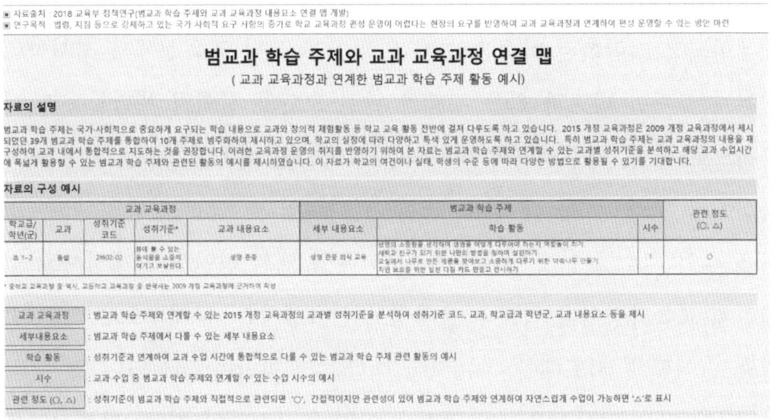

▣ 자료출처 : 2018 교육부 정책연구(범교과 학습 주제와 교과 교육과정 내용요소 연결 맵 개발)
▣ 연구목적 : 법령, 지침 등으로 강제하고 있는 국가 사회적 요구 사항의 증가로 학교 교육과정 편성 운영이 어렵다는 현장의 요구를 반영하여 교과 교육과정과 연계하여 편성 운영할 수 있는 방안 마련

범교과 학습 주제와 교과 교육과정 연결 맵

(교과 교육과정과 연계한 범교과 학습 주제 활동 예시)

자료의 설명

범교과 학습 주제는 국가·사회적으로 중요하게 요구되는 학습 내용으로 교과와 창의적 체험활동 등 학교 교육 활동 전반에 걸쳐 다루도록 하고 있습니다. 2015 개정 교육과정은 2009 개정 교육과정에서 제시되었던 39개 범교과 학습 주제를 통합하여 10개 주제로 범주화하여 제시하고 있으며, 학교의 실정에 따라 다양하고 특색 있게 운영하도록 하고 있습니다. 특히 범교과 학습 주제는 교과 교육과정의 내용을 재구성하여 교과 내에서 통합적으로 지도하는 것을 권장합니다. 이러한 교육과정 운영의 취지를 반영하기 위하여 본 자료는 범교과 학습 주제와 연계할 수 있는 교과별 성취기준을 분석하고 해당 교과 수업시간에 폭넓게 활용할 수 있는 범교과 학습 주제와 관련된 활동의 예시를 제시하였습니다. 이 자료가 학교의 여건이나 실태, 학생의 수준 등에 따라 다양한 방법으로 활용될 수 있기를 기대합니다.

자료의 구성 예시

교과 교육과정					범교과 학습 주제			관련 정도 (○, △)
학교급/학년(군)	교과	성취기준 코드	성취기준*	교과 내용요소	세부 내용요소	학습 활동	시수	
초 1-2	통합	2바02-02	봄에 볼 수 있는 동식물을 소중히 여기고 보살핀다.	생명 존중	생명 존중 의식 교육	생명의 소중함을 생각하며 생명을 어떻게 다루어야 하는지 역할놀이 하기 새싹과 친구가 되기 위한 나만의 방법을 정하여 실천하기 교실에서 나무로 만든 제품을 찾아보고 소중하게 다루기 위한 약속나무 만들기 자연 보호를 위한 실천 다짐 카드 만들고 전시하기	1	○

* 중학교 교육과정 중 역사, 고등학교 교육과정 중 한국사는 2009 개정 교육과정에 근거하여 작성

교과 교육과정	: 범교과 학습 주제와 연계할 수 있는 2015 개정 교육과정의 교과별 성취기준을 분석하여 성취기준 코드, 교과, 학교급과 학년군, 교과 내용요소 등을 제시
세부내용요소	: 범교과 학습 주제에서 다룰 수 있는 세부 내용요소
학습 활동	: 성취기준과 연계하여 교과 수업 시간에 통합적으로 다룰 수 있는 범교과 학습 주제 관련 활동의 예시
시수	: 교과 수업 중 범교과 학습 주제와 연계할 수 있는 수업 시수의 예시
관련 정도 (○, △)	: 성취기준이 범교과 학습 주제와 직접적으로 관련되면 '○', 간접적이지만 관련성이 있어 범교과 학습 주제와 연계하여 자연스럽게 수업이 가능하면 '△'로 표시

출처: 2018 교육부 정책연구(범교과 학습 주제와 교과 교육과정 내용요소 연결 맵 개발).

그림 5-7 안전·건강 교육

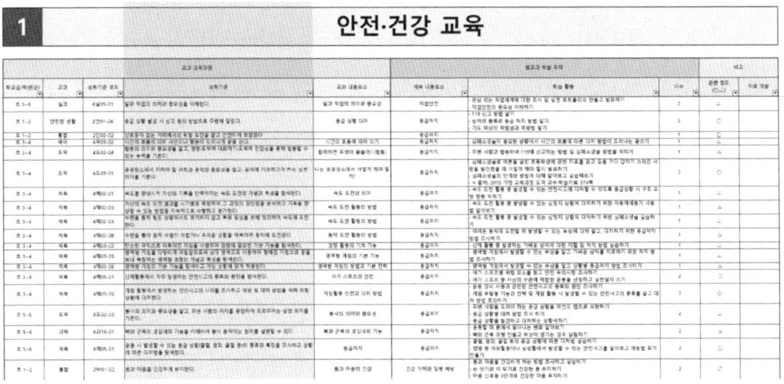

1 안전·건강 교육

출처: 2018 교육부 정책연구(범교과 학습 주제와 교과 교육과정 내용요소 연결 맵 개발).

대부분의 학교에서는 이러한 중요한 교육활동들을 모두 실행하기 위해 많은 노력을 하고 있고, 일반적으로 학교가 자율적으로 구성하는 창의적 체험활동 시간에 이러한 활동들을 실시하게 된다. 따라서 창의

적 체험활동 시간은 해야 할 활동들로 넘쳐흐르게 되고, 학생들에겐 너무나 많은 교육을 받아야만 하는 지루한 시간이 되어버린다. 학생들이 체계화되고 맥락화된 학습을 하기 위해, 교육부나 교육청에서 제시하고 있는 자료처럼 **범교과 학습 주제가 관련 교과와 창의적 체험활동과 적극적으로 통합, 재구성하여 실시되는 것이 바람직하다.** 2022 개정 교육과정에서 교과·주제 간 연계·통합, 원격수업 및 학교 안팎의 학습 경험을 수업 시수로 인정하는 방안 등을 운영 개선 방안으로 제시하고 지역연계 교육과정이나 학교 자율과정도 언급했지만, 구체적으로 어떤 방법으로 어떻게 지도해야 하는지에 대한 실행방안은 제시되어 있지 않아, 정작 **많은 교사들은 교육과정을 어떻게 구성해야 하고, 자율시간을 어떻게 운영해야 할지 혼란스러운 상황**이다.

범교과 학습의 본래 취지는 매우 좋지만, 범교과 학습 주제가 너무나 많아져 그것을 집약해서 교육해야 한다. 방대한 내용과 형식적 운영으로 실제적 교육이 되지 않고 있는 것을 해결하는 방법은 실제로 교육과정 안에서 다루는 것이다. **너무나 많은 범교과 학습 내용을 대폭 수정하여 교과에서 일상적으로 다뤄지는 내용은 교과에서 지도하도록 하고, 미래교육을 위해 우선적으로 필요한 교육 내용을 국가 수준의 '범 교육과정 대주제'로 선정하여 모든 교과 활동을 통해 융합교육을 하는 것이다.** 즉, 개인이나 지역, 국가와 세계적 차원에서 교육이 필요한 영역을 국민적 합의를 통해 범 교육과정 대주제로 정하고, 각 학교에서 교사들 간의 협업을 통한 융합교육 방법으로 모든 교과 학습을 통해 범 교육과정적으로 교육한다면 매우 효과적일 것이다. 융합교육은 단일 교과나 여러 교과에 걸쳐 학습이 이루어지기 때문에 범 교육과정 대주제와 관련된 학습을 깊이 있고 풍부하게 할 수 있고, 학생활동 중심 프로젝트로 이어질 수 있어 교과 학습과 역량교육이 함께 이루어질 수 있다. **현재 역량교육, 범교과 학습, 계기교육 등으로 분절적으로 강조되는 교육들은 교과 학습을 통해 배울 수 있도록 통합적 접근이 필요하다.**

(1) 국가교육 차원에서 시급한 교육을 범 교육과정 대주제로 정하자

앞 장에서 살펴본 것처럼, 호주는 국가적으로, 개인적으로 교육받아야만 한다고 합의된 '범 교육과정 대주제'를 '원주민과 토레스 해협 섬의 역사와 문화', '아시아 그리고 호주의 아시아와의 약속', '지속가능성' 3가지로 제시하고 모든 교육과정에 걸쳐 우선적으로 다루게 했다. 호주는 토착 원주민과 이민자들로 구성된 다문화국가로서 무엇보다도 국가적 화합을 해야 하는 당위성이 있을 것이고, 그래서 국가적 차원에서 교육해야 하는 중요 주제로 '원주민과 토레스 해협 섬의 역사와 문화'를 범 교육과정 대주제로 채택했을 것이다. 그리고 그 주제를 모든 교과에서 우선적으로 학습할 수 있도록 다양한 자료를 개발해서 제공하고 있다. 이는 우리가 **너무나 많은 범교과 주제를 제시하여 오히려 강조하고 있는 것이 강조되지 않는 것과 같은 상황을 초래하고 있는 것과 매우 대조적이다.**

우리도 국가교육과정적 측면에서 강조되어야 하는 범교과 학습 주제를 2-3개 정도로 정해서 범 교육과정 대주제로 제시하고 나머지 주제들은 학교 차원에서 교사들이 관련 교과 교육과정 내에서나 교육과정 연계를 통한 프로젝트 학습 등 다양한 융합교육 방법을 통해 이뤄지는 것이 합리적일 것이다. 일례로 **제주시교육청**은 글로벌 역량을 키우는 교육의 일환으로 **'제주이해(정체성) 교육'**과 **'제주어 보전 교육'**을 하고 있고 (2023 제주시교육청 계획), **대구시교육청**은 인성교육으로 **'대구사랑 · 나라**

사랑교육'을 '인문예술교육'과 같은 중요도를 지닌 교육으로 정하여 대구사랑교육으로 골목탐방, 역사탐방 체험학습과 박물관 연계 수업을, 나라사랑교육으로 통일교육, 독도이해 교육을 하고 있다(2023 대구미래역량교육).

　이와 같이 크게는 국가, 작게는 시·도교육청에서 중요하게 여기는 교육을 범 교육과정 대주제로 제시하여 교육한다면 모든 교과 학습에서 실제적이고 의미 있는 방식으로 관련 수업을 구성할 수 있어 교과와 역량교육 모두를 할 수 있다. 범교과 학습의 내용을 살펴보면 교과의 여러 단원에서 모두 다뤄지고 있는 것인데 사회적 사안이 생기거나 중요하게 교육해야 한다는 여론에 있을 때마다 법령이나 조례 제정으로 실시를 강요하고 보고받는 것은 학교 자율화 취지에서도 지양되어야 할 부분이다.

　4차 산업혁명과 코로나19 팬데믹을 겪으며 전 세계적으로 미래를 대비하는 교육을 해야 한다는 절박함이 생겼고, 우리도 2022 개정 교육과정에서 미래사회를 대비하는 교육 방향으로 언어, 수리, 디지털 소양을 기초소양으로 강조하고, '생태전환교육', '민주시민교육', '디지털·AI 소양 함양교육'을 모든 교과와 연계하여 지도하고 프로젝트 활동을 하도록 제안하고 있다. 기존 사회, 도덕, 과학, 환경 등 관련 교과 중심으로 반영되었던 생태전환교육과 민주시민교육을 모든 교과에서 배울 수 있도록 교육목표에 반영하고 관련 교과 내용 재구조화 및 선택과목 신설을 검토하고 있다. 이와 같은 국가 교육과정에서 강조하여 교육하고자 하는 교육 내용을 '범 교육과정 대주제'로 제안할 수도 있고, 위에서 살펴본 학교교육과정에 편성해야 할 교육활동 중 각종폭력예방교육, 자살예방교육, 디지털시민교육 등 가장 많이 언급되고 있는 '인성교육'을 '범 교육과정 대주제'로 할 수도 있을 것이다.

사실 너무나 많은 숫자의 범교과 학습 주제를 제시하는 것은 아무 것도 하지 말라는 것과 같다. 미래교육을 위해 교육해야 할 대주제를 국민적 합의에 의해 제시하고, 그 시행 방법에 대해서는 학교를 믿고 맡겨야 한다. 국가적, 개인적으로 꼭 필요한 몇 가지 주제를 호주처럼 제안하고 그것을 융합교육 방법을 통해 실제 교육과정 안에서 학교 자율적으로 다루게 하는 것이 바람직할 것이다.

(2) 범교과 학습은 모든 교과에서, 교과 융합 방법으로

시대적 요구에 따른 생태전환교육이나 디지털·AI 교육 등은 매우 시급하고도 중요한 것으로 마땅히 해야 하겠지만, **모든 교과 교육을 통한 교육 방안, 교과 연계 방안, 교과 내용 재구조화 방법 등에 대해 구체적으로 알려주지 않는다면** 기존에 해왔던 범교과 학습과 별반 다를 바 없이 **교과 따로, 활동 따로인 일회성 행사나 서류상으로만 이루어지는 국가적 중점 교육활동이 될 것이다.**

현재 학교에서 자율적 교육과정 운영이라는 타이틀로 각각 분절적으로 운영되고 있는 여러 활동들, 예컨대 학교자율과정이나 자유학기제, 범교과 학습, 계기교육 등을 모든 교과 교육을 통해 통합적이고도 체계적으로 실행할 수 있는 효과적인 방안이 바로 융합교육 방법이다. 융합교육은 여러 교과들이 함께하는 프로젝트 수업으로 진행되는 것으로 유사한 내용을 가르쳐야 하는 교과를 통합하여 한 번에 가르치거나, 사실적 정보나 지식보다는 핵심 개념이나 원리를 중심으로 교육하는 방법으로 교육과정 통합방법에 의해 구성되며, 관련 교과 교사들 간의 긴밀한 협의를 통해 학생들의 성취 수준과 흥미, 요구에 맞게 교육과정을 재구성하여 교육하는 것이다(오찬숙, 2015a:231, 2020:132). **이 방법을 활용한다면 교과와 연계하여, 교과 내용 재구조화를 통해 범 교육과정 대주제**

를 교육할 수 있고, 굳이 융합 선택과목을 따로 신설하지 않아도 학생들의 진로에 따른 융합교육이 가능하다. 또한 똑같은 내용의 공문을 교육청의 각 부서나 과별로, 또는 교과별로 계속적으로 중복되게 시행하지 않아도 될 것이다. 교육청이나 교육지원청에서 범교과 학습 주제와 관련된 여러 교육들을 각 부서마다 '○○교육'이라는 이름으로 공문을 내려보내지만, 학교에서는 '교육과정에 녹아들지 못하는 교육', 공문을 보내는 과와 부서, 담당자만 다를 뿐 실적을 위해 어휘만 조금씩 다르게 하여 시행하는 모두 같은 것이라 생각한다.

학교에서 일반적으로 해야만 하는 성교육, 인권교육, 안전교육뿐만 아니라 미래를 대비하기 위한 교육 방안으로 제시되는 환경교육, 지속가능발전교육, 창의성교육, 메이커교육, 문제해결교육, 시민교육 등등은 따로 교육되는 것이 아니라 기존의 교육활동 중에서 이루어져야 지속적이고 효과적으로 진행될 수 있다. 융합교육의 주제를 우리가 진행해야 하는 **인성교육, 디지털역량 교육, 지속가능발전교육**으로 구성하고 **각 학교별, 각 학년별, 교사 단위로 진행한다면 우리가 추구하는 중요한 교육적 주제들을 교과활동으로 녹여낼 수 있는 것**이다. 미래교육으로의 변화는 융합교육으로 이루어질 수 있다.

어떤 하나의 교육을 실천하기 위해 학교 전체의 교육 방향을 바꾸고 조직을 변경하고 계획을 세우는 등의 과정은 아무리 좋은 교육 방안이라 하더라도 다른 교육이 중요하다고 여기는 바를 소홀히 할 수 있기 때문에 많은 반발과 어려움이 따를 수 있다. 시대에 따라 상황에 따라 교육에서 강조하고 지향하는 바가 바뀌어왔다. 어느 때는 ICT 교육이 중요하다가 어느 때는 영어교육, 또다시 토론교육, 독서교육, 메이커교육 등등. 여러 지자체나 교육청에서 발표하는 정책들을 보면 어떤 것이 중요하다 하면 그것만이 우리의 살 길인 양 강조하고, 그리고 그 정책의 성공을 위해 **너무나 많은 세부적인 실행 계획들이 나와, 그 많은 것들을 추진하느라 정작 해야만 하는 것에 대한 집중도가 떨어진다.** 학교 현장은 어느 한 가지 정책 추진을 위해 그와 관련된 것만을 할 수 있는 여건이 되지 못하며, **그 유행이 지나고 나면 또 다른 유행이 오고, 그러면 또 다른 것을 하는 학교 현장이 되어 버린다.** 그래서 '학교에서 어떤 것도 안 되는 것이 없지만, 어떤 것도 제대로 되는 것이 없다'는 다소 냉소적인 이야기도 있다.

현재 우리는 융합 또한 분절적으로 제시하고 있다. 과학, STEAM, 예술, 창체, 학생 프로젝트 수업 등등 교육부나 교육청의 담당자들이 자신들의 업무를 중심으로 융합을 제시하기 때문에 더욱 분절적으로 된다. **융합은 외부에서의 업무 지시로 이루어지는 것이 아니라, 호주나 캐나다처럼 교사들이 자신들의 교과에서 교육과정 계획을 통해 이루어져야 한다.** 캐나다의 경우에는 초·중등 교육과정 안내 전에 교육과정 계획 시 우선적으로 고려해야 하는 사항으로 '범 교육과정 및 통합학습'을 안내하고 환경교육, 원주민 교육, 금융 문해력, STEM 교육 등 9개 분야를 **자신의 교과와 연계하여 교육과정을 계획**하도록 하고 있다. 호주도 각 교과마다 '범 교육과정 대주제'와 관련된 수업을 계획할 수 있도록 다양한 방법을 제시하고 있는데, 교사들이 교육과정 구성 시 활용하도록 마련된 '자료(resources)' 범주 내에 '교육과정 연결(Curriculum Connections)' 항목을 두고 7개 **'개념 주제14)'와 관련하여 교과 간 학습**

---

14) 개념 주제는 학제 간 학습을 지원하기 위해 호주 교육과정 차원에서 제시한 것으로, 우리나라의 '범 교과학습 주제'와 유사한 것으로 볼 수 있다. 호주는 범교과 학습 주제와 관련하여 '범 교육과정 대주제' 3개를 우선적으로 다루게 하고, 나머지 '개념 주제' 7개를 교육과정 구성을 위한 자료로 제시하고 있다.

을 하도록 안내하고 있다. 또한 각 교과 교육과정의 '내용기술'에서 '일반 역량', '범 교육과정 대주제', '다른 교과와의 연계성'을 제공하여 교과 학습을 통해 국가 차원의 교육, 역량교육, 그리고 교과 간 학습이 함께 이루어질 수 있도록 하였다.

호주의 '범 교육과정 대주제'는 독자적 교육과정을 구성하는 것이 아니라 학습영역을 통해 전달되는 것으로, 모든 청소년들은 범 교육과정 대주제 관련 교육으로 개인과 호주 전체의 이익을 위해 해결해야 하는 영역에 대한 교육을 받게 된다. 이는 융합교육에서 이야기하는 학교나 학년별 대주제와 매우 유사하여, 학년별 대주제를 중심으로 운영한 사례들을 참고할 수 있다. 필자가 근무했던 ○○중이나 ○○고와 같이 학교 차원에서 융합교육을 실시하는 경우, 맨 처음 본교 학생들에게 필요한 교육이 무엇인지에 대한 심도 있는 토론을 하여 학년별 대주제를 정하고, 그다음 여러 교과에서 대주제를 반영한 교육과정을 구성하게 된다.

○○중은 1학년 소통, 2학년 배려, 3학년 성장을 학년별 교육과정 목표로 하였고(오찬숙, 2015b: 69), ○○고는 1학년 자존감, 2학년 협업, 3학년 민주시민을 학년 융합 교육과정 대주제로 정했다(오찬숙, 2020:140). ○○중 1학년 교사들은 학생들 간 다툼과 갈등이 많은 상황을 고려하여 '소통'을 대주제로 정하고, '문화와의 소통', '자연과의 소통', '인간과의 소통', '미래와의 소통'을 소주제로 하여 융합교육을 진행했고, ○○고 1학년은 생활습관이나 학업에 있어서 어려움이 있는 학생들에게 자존감이 필요하다는 의견이 모아져 대주제를 '나(자존감)'로 정하고, '삶의 의미를 찾아서'라는 융합교육 프로젝트를 진행하였다. 학교 차원에서 학년별 대주제에 따라 모든 교과에서 참여하는 융합교육 프로젝트를 실행한 것처럼, 보다 거시적으로 국가교육과정 차원에서 범 교육

과정 대주제를 제시하고, 그에 따라 단위학교의 실정과 여건에 맞추어 학교별, 학년별 융합교육을 실행한다면 모든 학교에서 교과활동을 통해 범 교육과정 대주제와 관련된 교육이 가능하게 될 것이다.

현재 교과 기반 융합교육을 학교 교육과정이나 교사 교육과정으로 실시하고 있는 학교도 있고, 그 관련 연구를 12년 이상 함께 공부하고 있는 교사연구회도 있지만, 아직 모든 학교에서 정확한 방법으로 실시되지 못하고 무늬만 융합수업으로 되는 경우가 많다. 실제 교사들과 함께 융합교육을 실행해 온 경험으로 볼 때, **형식적으로 이루어지고 있는 학교 자율적 교육과정 운영을 본래 취지에 맞게 교사들의 협업 과정을 거쳐 융합교육으로 실행할 수만 있다면, 우리 교육이 미래교육의 중심으로 나아갈 수 있을 것으로 확신한다.** 그 자세한 내용은 "중등 융합교육 레시피(2015)"와 "학교를 바꾸는 마법(2020)"을 참조하기 바란다.

(3) 범 교육과정 대주제는 '인성교육'과 '디지털 소양 교육'

최근 전 세계가 경험한 4차 산업혁명과 코로나19 팬데믹은 미래시대를 대비하기 위한 교육이 필요함을 절감하게 했고, 세계 각 나라에서 이와 관련된 학생 교육에 힘쓰고 있다. 기후 변화 및 환경 지속가능성 교육 프로젝트를 시행(핀란드)하고, 인터넷 안전 의식을 강화하며(중국), 디지털 관련 교과를 확대하고(독일) 있다. 또한 학교폭력 예방이나 가짜 정보 관련 교육을 위해 도덕시민교육 시수를 늘리고(프랑스), 교사의 인공지능 활용 역량 함양을 위한 전략을 제안하였으며(미국), 디지털 역량 교육 등과 관련한 교육지침을 제공(핀란드)하고 있다(교육개발원 국가별 교육동향, 2023.10. 검색). 우리가 앞서 살펴본 호주와 캐나다도 지속가능성과 디지털 관련 교육을 모든 교과에서 학습해야 하는 것으로 강조하고 있고, 우리 역시 2022 개정 교육과정을 통해 미래사회를 대비하는 교육으로 생태전환교육과 민주시민교육, 디지털·AI 소양 함양 교육을 강화하도록 했다.

범교과 학습은 국가·사회적으로 중요하게 요구되는 학습 내용을 학교 교육활동 전반에 걸쳐 교육하는 것으로, 범교과 학습이라는 용어가 처음 사용된 것은 7차 교육과정이지만 오랜 기간 국가교육과정을 통해 시대적, 사회적으로 중요한 내용을 교육활동 전반에 걸쳐 교육하도록 규정해왔다. 2차 교육과정(1963)은 반공도덕 교육, 3차 교육과정(1973)은 건강 증진, 보건 위생, 체력 향상, 안전교육을 강조했고, 4차 교육과정(1981)에서는 도덕, 국민정신, 언어생활, 건강과 안전, 환경교육을 제시했다. 70년, 80년대 당시에도 교육활동 전반에 걸쳐 교육해야 했던 **안전교육과 환경교육**은 지금까지도 범교과 학습 주제로 지속적으로 강조되고 있고, 도덕이나 국민 정신교육으로 명시되었던 인성교육은 7차 교육과정(1997) 이후 **인성교육과 민주시민 교육으로 지속되고 있다.** 7차 교육과정에서 시작된 정보화 및 정보 윤리 교육, **한국문화정체성 교육은 2007, 2009 개정 시기까지** 지속되었다. 4차 교육과정(1981)에서 시작된 환경교육은 7차 교육과정(1997)에서 에너지교육이 추가되었고, 2007 개정 교육과정에서는 물 보호 교육, 지속가능발전교육이, 2009 개정 교육과정에서 녹색교육이 추가되어 2015 개정 교육과정에서는 환경과 관련된 여러 교육들이 **환경·지속가능발전 교육**으로 통합되었다.

정리해 보면 인성교육, 환경교육, 안전교육은 과거부터 지금까지 국가 교육과정 차원에서 강조되어왔고, 정보화 및 정보 윤리 교육은 1980년대부터 2009 개정 교육과정 시기까지 강조되었다가 2022 개정 교육과정에서 다시 부각되고 있음을 알 수 있다. 이처럼 범교과 학습은 국가적으로 2차 교육과정 시기부터 강조되고 있지만, 학교에서 다루어야 할 내용이 너무나 많고 체계적으로 이루어지지 못해 어찌 보면 유사한 활동의 수치만 모아 보고하는 수준으로, 실질적으로 어떤 것을 어떻게 교육하는가는 각 학교의 몫이었다. 그렇다면 **모든 학교에서 실질적으로 교육해야 하는 '범 교육과정 대주제'는 무엇이어야 할까?** 국가적 차원에서 필요한 범 교육과정 대주제에 대해서는 시간을 갖고 논의해서 전 국민적 합의가 이뤄져야겠지만, 우선적으로 우리 교육과정에서 지금까지 강조해온 교육 내용과 호주나 캐나다 등 외국 사례들, 시대적, 사회적, 세계적 변화 그리고 무엇보다도 최근 4차 산업혁명과 코로나19 팬데믹으로 인해 더욱 학생들에게 필요하다고 부각되고 있는 **'인성교육'과 '디지털 소양 교육'을 범 교육과정 대주제로 제안**하고자 한다.

1) 인성교육

최근 코로나19 팬데믹으로 인해 원격 교육(distance education) 및 에듀테크(EduTech)에 대한 수요가 확대되었으며, 그에 따른 디지털 시민교육과 대면교육의 부재로 인한 인성교육의 필요성이 부각되고 있다. 과거부터 지금까지 인성교육을 하고 있지만, 급격한 디지털 전환이나 가족 구조의 변화, 그로 인한 사이버상의 폭력을 포함한 학교폭력의 문제들, 코로나19로 더욱 심화된 심리·정서적 문제, 늘어나는 자살이나 자해 사안들은 국가적 차원에서 보다 적극적으로 교육해야 한다는 시급성을 보여준다.

최근 학폭(학교폭력)의 연령이 점점 더 낮아지고 학생에 의한 교권 침해 사례도 빈번해지고 있으며, 범죄를 저지르는 10대 청소년들의 증가로 인해 2022년 촉법소년 연령을 13세로 하향하는 개정안을 입법 예고하는 등 사회적으로 학생 생활지도에 대한 여러 방법들을 강구하고 있다. 과거엔 성장과정에서 겪게 되는 일상적인 의견 충돌로 생각했던 문제들이 모두 학폭으로 처리되어 학생들을 가해자, 피해자로 분류하게 되고 학생 스스로 해결해 나갈 수 있는 문제들도 법적인 다툼으로 커지는 사례들이 빈번해졌다. 법적으로 옳고 그름을 명확하게 가려 피해학생을 보호하고 가해한 학생을 처벌하여 다시는 그런 행동을 못하게 하는 것도 중요하지만, 한 집단의 구성원으로서 친구들과 함께 살아갈 수 있도록 교육하는 것도 매우 중요하다고 생각된다. 이를 위해 학생들에게 자신의 행동에 대한 책임감과 타인에 대한 이해와 배려, 함께 어울려 살아갈 수 있도록 소통하고 협업하는 역량을 길러주는 것이 필요하다.

앞에서 살펴봤듯이 WEF는 21세기 학생들에게 '기초문해력'과 함께 의사소통과 협업 등의 '역량'과 리더십, 사회문화적 인식 등의 **'인성자질'이 필요하다고 강조**했고, OECD(2019)도 모든 학습에 선행되어야 할 '핵심기초'로 **태도와 가치**를 제시하며 **책임감, 공감과 존중, 협력, 신뢰** 등의 '**변혁적 역량**'과 '**학생주도성**'을 매우 중요한 요소로 강조했다. 이러한 인성과 역량들은 가정을 포함한 모든 사회 시스템 속에서 길러져야 하지만, 그중에서도 학생에 대한 교육을 담당하는 학교에서 보다 체계적이고도 통합적으로 교육되어야 한다. **인성교육은 많은 사람들이 간과하고 있는 잠재적 교육과정**[15]**을 통해, 학교의 교육목표를 중심으로 한 모든 교육활동 속에서, 각 교실에서 이루어지는 교사들의 교육활동 속에서 일상적으로 이루어져야 한다.**

---

15) 잠재적 교육과정 : 의도되거나 계획되지 않았지만, 학생들에게 이루어지는 모든 학습 경험

그림 5-8 "창의적 인성키우기" 연재 기고문

인성교육의 장(場), 학교

입력 2013.06.28 00:01 | 수정 2013.11.03 15:23

오찬숙 안양 신안중학교 교감

학교 안에는 보살펴 주어야 하는 아이들이 많이 있다. 보살핌이 필요한 아이들은 비단 소외계층의 아이들만이 아니다. 맞벌이 가정의 아이들이나 형제자매가 없는 혼자인 아이들도 보살핌이 필요하다. 이런 아이들은 과거 많은 형제자매들 속에서, 그리고 동네아이들 속에서 자랐던 때와 다르게 함께 하고 배려하는 능력이 많이 부족하다. 인성교육은 꼭 잘못된 아이들을 바로 잡는 것만이 아니라 아이들이 사회의 한 일원으로서 올바른 가치관을 가지고 함께 어울려 잘 살아갈 수 있도록 교육하는 것이라 생각된다. 신안중학교는 상담교사와 사회복지사가 학기 중뿐만 아니라 방학 중에도 돌봄이 필요한 학생들과 함께 인성교육 프로그램을 진행하고 있다. 학기 중에는 학생들 간의 관계형성을 돕는 락(樂) 프로그램, 대학생 자원봉사자들과 함께 하는 '씨드스쿨' 등을 운영하고, 방학 중에는 '창의감성 문화동아리'라는 프로그램을 마련하여 방학에 혼자 집에 있어야 하는 아이들을 대상으로 함께 도자기도 만들고 연극체험을 하는 등 사회성 형성 교육을 실시하고 있다.

출처: 중부일보, www.joongboo.com, 2013.6.28.

본인이 근무했던 ○○중이나 ○○고는 처음엔 학생 생활지도가 어려웠던 곳이지만, 교사들이 똘똘 뭉쳐 다양한 인성교육을 실시한 결과, 학폭 사안이 거의 없어지고 학생들 간의 협업과 학생 주도성이 눈에 띄게 향상된 결과를 보여주었다. 예를 들면, 상담교사, 복지사, 진로교사를 한 팀으로 심리상담과 진로상담, 교육복지 프로그램을 통합적으로 지원하고, 교과 연계 인성교육과 감성 기반 동아리 활동, 창체 시간을 활용한 체험 중심의 인성교육 등을 실시하여 자존감을 높여주고, 감사함을 표현하고 서로 소통하는 기회를 마련해 대인관계 형성 역량을 길러주어 삶의 태도를 긍정적인 방향으로 변화시킬 수 있었다. 무엇보다도 학년별 교육과정 목표를 '소통－배려－성장'과 '나(자존감)－우리(협업)－세계(민주시민)'로 정하고 그와 관련된 교과 수업을 진행하여 모든 학교 교육활동을 통해 학생들의 인성교육을 했던 것이 가장 중요했던 것 같다.

모든 학교에서 지금도 인성교육을 하고 있지만, 학년이 올라갈수록 진학이나 입시, 취업 등으로 인해 다른 교과교육에 비해 상대적으로 중요도가 떨어지는 인성교육은 일회성 체험활동이나 형식적인 교육활동으로 운영되는 경향이 있다. 미래교육에서 더욱 중요한 **인성교육**을 범 교육과정 대주제로 제시하고 각 학교에서 그 학교 학생들에게 맞는 인성교육을 모든 교과와 연계하여 실시한다면 보다 통합적이고도 효과적으로 학생들의 인성 역량을 기를 수 있을 것이다.

하지만 주의해야 할 점은 범 교육과정 대주제로 제시되는 인성교육이라든지 또 다른 어떤 교육에 대해 기존처럼 교육부에서 또는 교육청에서 **자료들을 구성하여 일괄적으로 배부하여 교육하는 것은 지양되어야 한다.** 지역마다, 학교마다, 학생들 상황이 다르고, 실제 한 학교에서도 각 학년의 특성이 다른 경우도 있는데, 모든 학교의 모든 학년 학생들에게 똑같은 자료를 보여주는 인성교육은 효과가 적을 것이다. 범 교과 과정 대주제로 인성교육을 제안하고, 그 실행은 교육부나 교육청에서 선 제작한 교육자료나 먼저 실행했던 학교들의 자료들을 참고하여, 각 학교 교사들이 학생들의 특성에 맞게 교육과정을 구성하여 운영된다면 실질적인 교육이 이루어질 것이다.

2) 디지털 소양교육

디지털 시대에 더욱 중요해진 인성교육과 맥락을 같이 하여, 최근 강조되고 있는 **디지털 역량과 디지털 시민의식을 키우는 디지털 소양교육**[16)]

---

16) **디지털 소양**이란 디지털 지식과 기술에 대한 이해와 **윤리의식**을 바탕으로, 정보를 수집·분석하고 비판적으로 이해·평가하여 새로운 정보와 지식을 생산·**활용하는 능력**이다(교육부, 2021:13).

을 범 교육과정 대주제로 제안한다. 최근 인공지능이나 사물 인터넷 등 디지털 신기술 발전과 함께 디지털 역량이나 디지털 기술, 디지털 활용력, 디지털 지능, 디지털 리터러시 등 다양한 용어들을 볼 수 있고, 그와 관련된 교육을 해야 한다는 의견들이 많다. 과거에도 정보통신교육이나 정보윤리교육, ICT[17] 활용 교육, 스마트 교육, 미디어 리터러시 교육, 디지털 리터러시 교육 등을 했었는데, 현재는 디지털 역량, 디지털 시민교육, 디지털 소양 등이 자주 거론되고 있어 그 각각이 무엇이 어떻게 다른 것인지 혼란이 있다.

교육부는 1996년부터 5년 단위로 **교육정보화 기본계획**을 수립해 1단계(1996-2000)에서 기반을 조성하고, 2단계(2001-2005)는 ICT 활용 교수학습 활동에 중점을 두었으며, 3단계(2006-2010)는 이러닝 및 유러닝 학습체제 구축, 4단계(2011-2014)는 교육 영역과 과학기술 영역을 융합하는 방향으로 정책이 추진되었다. 5단계(2014-2018)에서는 교육정보화 영역을 교육 전반으로 확장하고 6단계(2019-2023)는 4차 산업혁명 시기에 선제적인 대응과 준비를 위해 추진되고 있다(한국교육학술정보원, 2022). 단계별 교육정보화 관련 용어(개념)들을 살펴보면, 2단계, 3단계까지 ICT **활용 교육** 활성화를 주로 이야기하다가, 4단계에서 **스마트 교육, 온라인 수업, 디지털 교과서, 디지털 인재** 관련 내용들이 추가되었고, 6단계에서 ICT **교육 환경 조성과 학생과 교사의 디지털 기기 활용 역량**에 대해 강조했다. 최근 정부는 디지털 대전환이라는 시대적 흐름에 대응해 2022년 8월 **"디지털 인재**[18] **양성 종합방안"**을 발표하고

---

17) 정보통신기술(ICT, Information and Communications Technology)은 정보기기의 운영과 관리에 필요한 소프트웨어 기술과 이들 기술을 이용한 정보 수집·생산·가공·보존·전달·활용하는 모든 방법을 의미한다(두산백과).
18) 디지털 인재는 인공지능(AI), 소프트웨어(SW), 빅데이터, 메타버스, 사물인터넷

향후 5년간(2022 – 2026) 양성할 디지털 인재의 목표를 100만 명으로 제시하였다(교육부, 2019:18).

이와 같이 컴퓨터 기술이나 활용법 등을 가르치는 ICT 교육, ICT 활용 교육이 스마트교육, 디지털 교육으로 변화했고 ICT와 디지털에 리터러시란 단어가 합쳐져, 2007년부터 ICT 리터러시를 키워야 한다고 하다가 2018년부터는 디지털 리터러시가 중요하다는 이야기로 확장되었다. 리터러시(Literacy)란 '글을 읽고 쓸 줄 아는 능력'을 뜻하는 것으로, 시대마다 변화하는 사회·문화적 현상을 반영하여 시각 리터러시, 컴퓨터 리터러시, 정보통신 리터러시, 미디어 리터러시, 디지털 리터러시 등으로 사용되고 있다. 그렇게 본다면 **디지털 리터러시는 디지털을 이해하고 사용할 수 있는 능력**이라고 간단히 말할 수 있다. 여러 사람들이 주장하는 디지털 리터러시(Digital Literacy)의 개념을 종합해 유네스코(UNESCO, 2018: 6)는 '**디지털 리터러시는 디지털 기술을 활용하여 정보를 안전하고, 적절하게 탐색하고, 관리하고, 이해하고, 통합하고, 소통하고, 평가하고, 창조할 수 있는 능력**'으로 정의하고, '디지털 리터러시는 컴퓨터 리터러시, ICT 리터러시, 정보 리터러시, 미디어 리터러시에서 적용된 역량을 복합적으로 포함하고 있다'라고 설명했다.

최근에는 디지털 리터러시와 함께 디지털 역량이나 DQ(Digital Intelligence), 디지털 지능 등이 많이 사용되고 있다. 디지털 역량을 디지털의 개념이 역량과 합쳐진 것으로 디지털 정보 기술을 바탕으로 문제를 분석하고 다른 사람과의 상호작용을 통해 **소통하고 협업을 해나가는 능력**이라고 한다면(한국교육개발원, 2021: 29), 디지털 지능(DQ)**은 보편적 윤리가치에 기반한 디지털 역량으로 디지털 시민의식을 중요시**한다. 2017년 세계

등의 기술을 개발, 활용, 운용하는 데 필요한 **지식과 역량을 갖춘 인재**를 말한다.

경제포럼(WEF)과 함께 DQ연구소를 설립한 박유현(2022: 161)은 DQ를 '개인이 디지털 생활을 성공적으로 영위하기 위해 필요한, 보편적 윤리에 기반한 기술적, 인지적, 메타인지적, 사회·정서적 역량을 포괄하는 지능'으로 정의하였다. 2022 개정 교육과정에서는 디지털 소양을 강화하기 위해 모든 교과교육을 통해 디지털 기초소양 교육을 하고, 정보 교육과정과 연계하여 AI 등 신기술분야 기초·심화 학습을 내실화하도록 했다. 이처럼 디지털 관련 교육은 과거처럼 단순히 컴퓨터나 디지털을 이해하고 사용하는 '디지털 리터러시 교육'을 넘어, 디지털 정보 기술을 바탕으로 상호 소통하고 협력하는 능력인 '디지털 역량'과 보편적 윤리 가치에 기반한 '디지털 지능'을 키우는 '디지털 소양교육'으로 나아가야 한다. 어쨌든 우리는 컴퓨터 활용도 잘해야 하고 디지털 피해도 막아야 하고 올바른 시민의식도 길러야 한다.

1996년 시작된 국가정보화 기본 계획에 따라 초고속 정보통신망이 구축되고, 학교에서 ICT 교육을 그 어느 나라에 뒤지지 않게 해왔다고 생각했는데, 인공지능(AI), 사물인터넷(IoT), 로봇기술, 드론, 자율주행차, 가상현실(VR) 등 IT 기술 발전과 함께 우리 일상으로 바싹 다가온 4차 산업혁명에 대한 이야기들은 정말 우리가 디지털 교육을 잘하고 있는가를 반성하게 한다. 무거운 짐을 손쉽게 들어 올리고, 여러 개 계단을 껑충껑충 뛰어오르는 로봇의 모습을 통해 '기술이 나날이 발전하고 업그레이드되고 있구나', '이제 우리는 어떻게 해야 하나', '마치 영화에서처럼 기계에 복종하는 인간들처럼 변하는 것은 아닐까'라는 공포심도 갖게 된다. 기술 개발이 인류에게 도움을 주겠지만, 역으로 우리 삶의 많은 것들을 앗아갈지도 모른다. 앞으로 이러한 기술을 활용하고 개발할 학생들에게 어떤 기술을 개발하고 사용할 것인지에 대한 윤리적 판단을 할 수 있도록 교육하는 것이 필요하다. "DQ 디지털 지능"의 저자도 디지털 창의력이나 경쟁력19)을 익히기 전에 우선적으로 디지털 시민의식을 갖출 수 있도록 해야 한다고 강조했다. 이런 생각은 4차 산업혁명에 대한 이야기가 가슴 답답하게 내리누를 때, 대다수 교사들이 생각하고 우려했던 상황에 대한 해결책이라 생각된다.

특히, 태어날 때부터 디지털 네이티브인 Z세대에게 보다 안전하고 희망적인 미래를 보장해주기 위해 우리는 학생들이 **디지털 시민의식**을 갖추도록 교육해야 한다. 8-12세 아동 중 60%가 사이버불링20), 게임 이용 장애, 가짜 뉴스, 디지털 공격 등 디지털 위험에 노출되어 있다는 2020년 아동온라인안전지수 발표 내용은(박유현, 2022: 63) 대면 교육이 불가한 코로나19로 인해 실시되었던 온라인 교육 상황에서 우리가 이미 경험하고 예상했던 그대로이다. 최근 학폭 사안이 대면보다 사이버 관련에서 더 빠르게 증가하고 있고 **그 양상도 과거와는 완전히 다르게** 변화하고 있다는 것이 바로 그 증거이다. 교육부 학교폭력 실태 조사 결과에 따르면 **사이버폭력과 언어폭력이 늘고, 발생 연령도 낮아지고** 있다. 사이버폭력 피해 응답률은 2017년 9.8%에서 2020년 12.3%로 높아졌으며, 언어폭력 역시 2019년 35.6%에서 2021년 1차 조사에서 41.7%로 늘었다. 또한 지난해 초등학생의 피해 응답률이 중학생의 4배, 고등학생의 12배로 학교폭력 발생 연령이 어려지고 있는 것으로 분석됐으며(한국교육신문, 2023.3.16.), 2022 사이버폭력 실태조사에서도 사이

---

19) **디지털 창의력**은 새로운 지식, 기술, 콘텐츠를 만드는 과정에 걸친 문제해결 역량이다. **디지털 경쟁력**은 기술을 이용해 더 나은 사회와 디지털 경제를 만드는 혁신 역량에 초점이 맞춰진다(박유현, 2022: 162).

20) 사이버불링(cyberbullying): 인터넷상에서 특정인을 집단으로 따돌리거나 집요하게 괴롭히는 행위

그림 5-9 2022년 사이버폭력 청소년 피해·목격·경험률

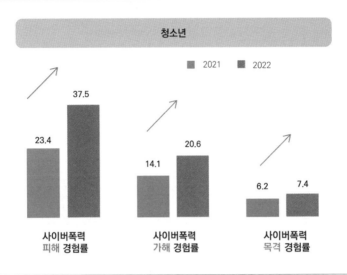

청소년

■ 2021 ■ 2022

37.5

23.4

20.6

14.1

6.2   7.4

사이버폭력
피해 경험률

사이버폭력
가해 경험률

사이버폭력
목격 경험률

출처: 방송통신위원회·한국지능정보사회진흥원(2022). 2022 사이버폭력 실태조사, p. 25.

버폭력 가해·피해·목격 경험률이 2021년 대비 2022년 증가했음을 볼
수 있다(방송통신위원회 외, 2022).

　현재 세계 각 나라에서 미래시대를 대비하기 위해 이러한 디지털
교육에 힘쓰고 있고, 앞서 살펴본 **호주 교육과정**에서는 '**자료(resource)**'
범주에 '**주요 디지털 기술(Digital Technologies in focus)**' 항목을 포함하여,
주요 디지털 기술(The Digital Technologies in focus, DTiF) 프로젝트에 대
한 소개와 더불어 디지털 시스템 활용 방법 및 수업 방법, 온라인 안전
에 대한 안내 등 관련 정보가 있는 연속 간행물을 제공하고 있다. 또한
'교육과정 연결(Curriculum connections) 항목'에 '멀티미디어'와 '온라인 안
전'을 교과 간 학습을 위한 개념 주제로 제시하여 여러 교과에서 디지털 시민
의식 교육을 할 수 있도록 안내하고 있다. **캐나다 온타리오**에서는 '교육과

정 계획을 위한 고려사항(Considerations for program planning)'으로 '정보
통신기술의 역할(The Role of Information and Communications Technology)'
을 제시하였고, '전이가능한 기술(Transferable skills)' 중 하나로 '디지털
사용능력(Digital Literacy)'을 제안하여 교육과정의 모든 교과에서 학습의 일
환으로 **디지털 사용 능력을 개발하게** 했다.

　　우리도 이번 2022 개정 교육과정에서 AI·소프트웨어 교육을 비롯
한 디지털 기초소양을 모든 교과를 통해 함양할 수 있도록 강조했고,
정보교육을 학교자율시간 등을 활용하여 현재보다 2배 이상 확대된 초
등 6년간 34시간 이상, 중학교 3년간 68시간 이상 편성·운영하도록 권
장했다. 이는 현재 초등 실과 교과에서 5, 6학년 2년 동안 17시간 이상,
중학교는 정보교과에서 3년 동안 34시간 이상 정보교육을 받고 있는
것보다 많은 시간이지만 해외 국가들, 예를 들면 일본 405시간(프로그래
밍 등 정보 활용 수업 포함), 영국 374시간, 인도 256시간, 중국 212시간
정보교육에 투자하고 있는 것에 비해 매우 적은 상황이다(소프트웨어정
책연구소, 2021). 또한 강화된 정보교육을 하기 위해 창체 시간(연간 102
시간) 안에 포함된 학교자율시간(연간 68시간)을 할애하고 나면, 안 그래
도 부족한 나머지 창의적 체험활동 시간에 법령이나 자치법규, 행정규
칙에 의해 **반드시 해야만 하는 다른 교육들을 모두 할 수 있을는지 의
문**이다. 예를 들면, 학생안전교육(51시간)이나 성교육(20시간), 학교폭력
예방교육(11시간), 생명존중 및 자살예방 교육(6시간 이상) 등을 해야만
하고, 학교자율시간의 원래 목적인 지역과 연계하거나 다양하고 특색
있는 교육과정을 운영하기도 어려워진다.

　　마치 고무풍선 누르기와 같다. 미래교육을 위해 매우 중요하고 꼭
해야만 하는 디지털 소양교육을 위해 정보교육 시수를 늘리고 모든 교

그림 5-10 주요 국가별 정보교육 운영방식 및 시수 비교

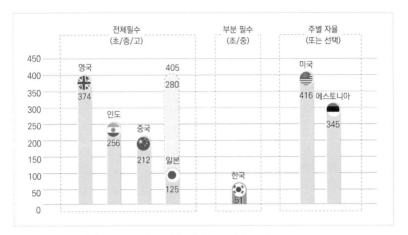

일본은 프로그래밍 등 초등 정보 활용 수업 280시간 포함.
한국은 2024년부터 102시간.

출처: 소프트웨어정책연구소(2021). 보편적 정보 교육 확대 방안(연구보고서 RE-107).
　　 p. 23.

과에서 하라고 했지만 정보교육은 범교과 학습 주제에 포함되어 있지
않고, 정보통신 활용 교육을 보건교육, 한자교육 등과 같이 관련 교과
와 창의적 체험활동 시간을 활용하여 지도하도록 총론 기본사항에서
제시하고 있을 뿐이다. 한정된 시간 안에 해야 할 교육이 너무 많은 상
황은 또다시 데이터상으로, 수치상으로만 한다고 보고될 수 있기에, 진
짜 실제로 교육할 수 있는 방법이 있어야 한다. 캐나다나 호주 모두 디지
털 관련 교육을 교과 연계로 통합적으로 하고 있는 것처럼, 디지털 소양 교육
은 인성교육과 마찬가지로 범 교육과정 대주제로 제시하여 모든 교과에서 보
편적인 소재로 다루고, 모든 학교에서 이론과 경험으로 학생들이 배우는 것이
바람직할 것이다. 일례로 디지털 시민교육에 대해 생각해 보면, 도덕·윤
리 교과에서 사이버 윤리 교육 따로, 정보교과에서의 정보통신윤리교육

따로, 창의적 체험활동의 특강 등이 따로따로 이루어지는 현 상황은 학생 입장에서 통일성 없는 내용을 학습하거나 중복되어 배우게 됨으로써 오히려 디지털 시민교육에 흥미를 잃고 뻔하고 단조로운 것으로 여기게 될 가능성이 크다(김승호, 2020: 19-23). 디지털 시민교육은 단지 정보교과에만 한정될 수 없는 것으로, 특정 교과나 창의적 체험활동의 일부로 넘기지 말고 교과 간 융합으로 이루어져야 한다. 국가적으로 모든 학생들에게 필요한 교육은 교사들이 진정성을 가지고 자신의 교과활동을 통해 교육할 때 실제로 이루어질 수 있을 것이다.

4. 교육과정 특성화로 학생 경로 맞춤형 학습(고교학점제) 📎

학습 과정과 경험을 중시하는 학생 각자의 경로에 따른 학습

뉴노멀(new normal)은 과거엔 일상적이지 않았던 것들이 점차 정상적이고 보편적인 새로운 기준, 새로운 표준이 되는 것으로, OECD(2019)는 교육에 있어서 뉴노멀을 **보다 큰 생태계의 일부인 교육 시스템 속에서 학생들의 학습 경험과 경로를 중요하게 생각**하며, 다양한 목적을 위한 **다양한 유형의 평가**를 하게 되고, **학생들이 주도성을 지닌 능동적 참여자**로서 역할을 하는 것으로 이야기하였다. 최근 우리 교육도 고교학점제, 성취평가제, IB 교육 등 뉴노멀을 지향하는 정책들을 펼치려 하지만, 아직까지 전통적 교육 시스템에서 뉴노멀을 구현하는 교육 시스템으로 완전하게 변화하지 못한 상황이다.

현재 고등학교에서 가장 중요하게 논의되는 이슈는 2025년부터 모든 고등학교에서 시행 예정인 고교학점제[21]이다. 학생 진로와 적성에 따라 원하는 과목을 선택하여 수업받는 고교학점제는 학생이 주도성을 가지고 자신의 학습 경로에 따라 학습함으로써 궁극적으로 학생 웰빙을 추구할 수 있다는 점에서 OECD(2019)가 이야기한 '교육에 있어서 뉴노멀'의 특징을 갖고 있다. 교육부는 2018년 연구 · 선도학교를 중심으로 고교학점제를 시작하여 2020년 마이스터고에 도입했고 2022년부터 특성화고에서 시행하고 있지만, 당초 2022년부터 시행하겠다고 한 계획에서 3년이 늦춰진 2025년 전면도입을 앞두고 이해 당사자들 간 갑론을박이 이어지고 있다.

여느 교육정책들과 마찬가지로, 처음 도입 때부터 현재까지 고교학점제 관련 조사들이나 그와 관련된 신문기사들을 보면 부정적 견해가 상대적으로 많아 보인다. 2022년 7월 현직교사 1,220명을 대상으로 실시한 '고교학점제 실태에 대한 고등교사 설문조사' 결과에 따르면, 교사 52%가 고교학점제 정책 추진을 철회해야 한다고 응답했고, 82.3%는 지역 격차 해소를 위한 온라인고교의 효과가 없을 것으로 전망했다(조선에듀, 2022.7.22.). 2022년 8월 한국일보와 종로학원이 초 · 중생 학부모 561명에게 설문조사한 결과에도 고교학점제 도입에 찬성한 학부모는 80명(14.3%)에 불과했으며 반대한다고 답한 학부모는 229명으로 40.8%, 중립의견 비율은 44.9%였다(한국일보, 2022.9.12.). 그들의 **반대 이유는 교사의 경우 과중한 업무량이며, 학부모들은 준비 미흡과 지역학교 간 격차, 대입혼선** 등을 이유로 반대하고 있다.

이런 내용들을 보면 여러 사람들의 이야기들이 타당성이 있어 보인다. 고교학점제에서 가장 중요한 것은 학생 수요에 맞춘 교과 개설이

---

21) 고교학점제는 학생이 적성과 진로에 따라 다양한 교과목을 선택 · 이수해 누적 학점이 기준에 도달하면 졸업을 인정받는 제도이다(대한민국 정책브리핑, www.korea.kr).

지만, 학교별로 한정된 교사와 교실 여건에서 학생들이 요구하는 모든 교과를 뷔페처럼 개설하기란 매우 어려운 일이다. 공통 기본교과를 배우는 1학년은 그렇다 하더라도 선택과목을 배우는 2학년이 되면 학생들의 요구에 따라 여러 교과를 개설해야 하니 수업 준비부터 시험문제 출제, 학생성적관리에 이르기까지 교사들의 업무가 많아질 것이고, 각각의 시간표로 이동하는 학생들에 대한 생활지도와 출결관리, 담임업무 등도 이전보다 어려워질 것이다. 또한 현행 입시제도와의 괴리로 인해 진로 적성보다는 수능 점수 취득에 유리한 과목을 선택하거나 흥미 위주 과목이나 이수가 쉬운 과목으로 집중될 가능성도 있다.

무엇보다도 **학생들의 입장에서 보면, 진로에 대한 확신을 갖지 못해 진로 결정을 해야 하는 것이 부담스럽고,** 아직 진로를 결정하지 못한 학생들에게 과목 선택을 해야 하는 것이 어려운 문제일 것이다. 대다수 사람들은 고등학교에 진학한 학생들이면 진로탐색이나 진로선택 수준까지는 도달했을 것으로 생각하고 있지만, 실제는 진로설계 수준에도 미치지 못하고 있어 학생들의 1/3에서 1/4 이상은 진로를 결정하지 못한 상태이다. Super(1953)에 따르면 고등학교 시기는 탐색기(15-24세)이며, 특히 15-17세는 탐색기의 하위 단계로 잠정기에 해당된다. 이때 학생들은 흥미, 능력, 가치, 직업적 기회 등을 고려하기 시작하며, 잠정적인 진로를 선택하고 그것을 경험을 통해 해보는 시기이다. "학교를 변화시키는 마법(오찬숙, 2020:313)"에서 <진로교육에 대한 나의 생각>을 이야기했듯이, **학생들은 잠재가능성(가소성)을 갖고 있는 존재로 그들의 선택은 언제나 수정될 수 있어야 하고, 많은 경험을 통해 자신의 길을 찾아갈 수 있도록 우리는 기다려주어야 한다.** 꽃이 피는 시기가 각기 다르듯이, 학생들이 자신의 진로를 찾는 시기도 각자 다를 것이다. 더구나 앞으로

100세 이상을 살게 되는 미래시대에 최소 2−3개 이상의 직업을 경험하게 될 학생들인데, 빨리 진로를 정하고 그 결정대로 공부하라고 하는 것은 정말 아닌 것 같다. 한데 진로에 따른 과목 선택이 대학입시와 연계되기 때문에 대다수 학생이나 학부모들이 어려워하고 걱정하고 있다고 생각된다.

고교학점제를 부분 도입한 서울 일반고 전체 교사 626명과 학생 2천46명을 대상으로 2022년 9월 실시한 설문조사에서 각자 다른 교실에서 수업을 듣고 오기 때문에 친구를 사귀기가 어렵고, 성적 하위권 학생들이 상위권 학생들에 비해 자신의 적성을 파악하지 못한 경우가 많아 과목 선택 등에서 어려움을 겪고 있다는 결과를 얻었다. 그리고 '이동수업에 따라 교우관계 형성이 어려운가'라는 질문에도 내신 '하' 집단(2.6점)이 '상'(2.29점)보다 더 어려움을 느낀다고 답해, 하위권 성적 학생들이 고교학점제를 받아들이는 데 더 어려움을 느끼고 있다는 것을 알 수 있었다(연합뉴스, 2023.2.19.). 결국 성적이 떨어지는 학생들이 진로 결정도 어렵고 친구 사귀기도 어렵다는 이야기인데, **학교에서는 학생들이 자신의 적성을 파악하여 진로에 따른 학습을 할 수 있도록 대책을 마련하여 학생 스스로 학업에 흥미를 갖고 사회성도 기를 수 있도록 해야 할** 것이다.

학생 진로에 따른 맞춤형 교육 강화는 고교학점제가 등장하기 이전인 2016년, 2017년에도 '교과중점학교'[22]나 '교육과정 클러스터', '주문형 강좌' 등의 교육과정 특색화 정책으로 지속적으로 추진됐었다. 교

---

22) 교과중점학교란 기존 과학중점학교와 예술·체육중점학교에서 국제, 경제, 사회, 제2외국어, 융합 등으로 중점 분야를 확대하여 학생 맞춤형 교육과정을 제공하고자 한 것으로, 2016년 시작되어 2020년 교과특성화학교로 명칭이 변경되었고, 이후 고교학점제 도입 기반 조성 사업으로 진행되고 있다.

과중점학교(2020년 이후 교과특성화학교)는 특정 분야에 소질·적성이 있는 학생이 특성화된 교육을 받을 수 있도록 중점교과 관련 과목을 다양하게 개설·운영하는 학교로, 2016년 시작되어 2020년 교과특성화학교로 명칭이 변경되었고 이후 고교학점제 도입 기반 조성 사업으로 진행되고 있다. 학생 선택권 보장을 위해 도입된 고교학점제 등장 이후 **학생들이 원하는 모든 교과를 개설해야 하는 고교학점제와 특정 교과 관련 과목을 다양하게 개설하는 교과특성화학교는 서로 양립될 수 없는 것으로 생각되어 다소 힘을 받지 못하고 있지만, 일반고에서 대학 진학에 도움을 주고자 전국에 걸쳐 다양한 중점과정이 운영**되고 있다. 교과중점학교로 지정되면 학교는 지역과 학생 특성에 맞추어, '문예창작'이나 '인문예술융합', '로봇공학융합', '국제경제융합', '문화콘텐츠융합', '과학공학' 등 특화된 중점과정을 구성하고, 중점교과 관련 과목을 다양하게 개설하여 관련 분야에 대한 심화학습 기회를 제공할 수 있다.

필자가 재직했던 ○○고도 학생 진로에 맞추어 **공학·예술과 융합과학 중점과정**을 운영했었고, 그러한 교육과정 다양화와 특색화 노력으로 학생 진로·진학에 꽤나 큰 성과를 거두었다. 이를테면, 공학·예술 중점과정은 시각디자인, 프로그래밍, 영상제작의 이해와 같은 영상미술이나 공학기술 관련 교과들을 학습하는 과정에서 학생들은 영화제작, 방송, 애니메이션 등의 동아리 활동과 다양한 컴퓨터 프로그램 다루는 법을 배웠고, 웹툰이나 영화제작을 했기에 일러스트, 애니메이션, 영상편집, 연출과 같은 분야로 진로를 정할 수 있었다. 특화된 교육과정으로 인해 학생활동 프로그램이나 자율동아리가 많이 생기게 되고, 그로 인해 학생들은 진로와 연계된 활동을 많이 할 수 있어 대학 진학에 많은 도움이 되었던 것이다(오찬숙, 2020: 98, 120). 당시 ○○고는 **교육과**

정 클러스터23)와 **주문형 강좌**24)도 운영했는데, 교육과정 클러스터로 본교 교육과정에서 개설되지 않은 교과를 인근에 있는 학교에 가서 배울 수 있었고, 방과 후에 학생들이 수강을 원하는 교과를 주문형 강좌로 운영하여 학생들이 원하는 교과를 학습할 수 있게 했었다. 지금 생각해 보면, 그러한 다양한 방안들이 **학생 각자의 학습 경험과 진로에 따른 학습을 제공하기 위해 마련된 것으로**, 현재의 고교학점제로 발전한 것으로 생각된다.

학교장으로 다양하고 특색 있는 교육과정을 운영해 보면서 **인근 지역에 교과특성화학교를 여럿 만들고 지역적으로 가까운 학교들끼리 '학교 간 공동교육과정**25)**'을 운영한다면 학생들이 원하는 교과를 수강할 수 있을 것이라 생각**했었다. 이후 평택교육지원청과 안양과천교육지원청 장학관으로 근무하며 ○○고에서의 경험을 바탕으로 관내 일반고들을 교과특성화학교로 변화시키는 것에 몰두했었다. 2020년 초 평택에서 처음 고교학점제 선도지구 신청 계획안을 작성할 때 **'지역연계 평택 고교학점제 모델 개발'**을 자율과제로 정하고, 평택을 3개 지구로 나누

---

23) 교육과정 클러스터는 인근 지역 학교 간에 교육과정과 교과목 프로그램을 상호 공유 및 활용함으로써 학생들에게 실질적인 교육과정 선택권을 보장해주는 지원체계를 의미한다. 운영 방식은 진로와 연계된 교과 또는 심화과목 등을 중심으로 학생들이 클러스터 내 다른 학교로 이동하여 학생이 재학 중인 학교에 개설되지 않은, 특정 교과목을 수강할 수 있도록 하는 것인데, 운영 형태에 따라 '상호 호혜형'과 '거점학교형'으로 구분된다(경기도교육청, 2016: 102).

24) 주문형 강좌는 학생의 과목 개설 요구가 있으나 교사 수급 문제 또는 반 편성의 어려움 등으로 개설이 어려웠던 과목을 학생의 과목 선택권을 확보하기 위해 학교가 적극적으로 개설 운영하는 강좌이다.

25) 학교 간 공동교육과정은 이전 시행되었던 '교육과정 클러스터'에서 발전된 형태로, 단위학교에서 개설이 어려운 소인수·심화 과목 등을 학교 간 연계 및 협력을 통하여 운영하는 교육과정이다. 시·도교육청마다 '학교 간 협력 교육과정'(서울), '꿈두레공동교육과정'(인천), '캠퍼스형 공동교육과정'(세종) 등으로 다양한 이름으로 운영되고 있다(고교학점제 홈페이지, http://www.hscredit.kr).

그림 5-11 지역연계 평택 고교학점제 모델

○ 지역연계 평택 고교학점제 모델 구안

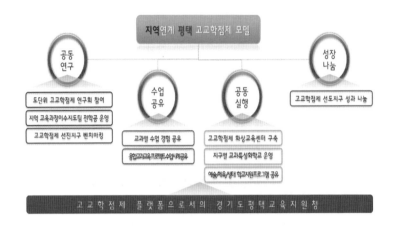

출처: 평택교육지원청(2020). 2020~2021년 고교학점제 선도지구 운영 계획. p. 17.

그림 5-12 지역연계 평택 고교학점제 모델 발전 계획

출처: 평택교육지원청(2020). 2020~2021년 고교학점제 선도지구 운영 계획. p. 54.

어 5개 교과특성화학교를 지역의 중심으로 삼아 인근 학교와의 공동교육과정 운영을 계획했었다. 다음 해인 2021년에 **교과특성화학교를 7교**

로 확대하였고 2022년 모든 일반고를 교과특성화학교로 운영할 수 있도록 기반을 다졌다.

이후 근무했던 안양과천교육지원청에서도 2021년 2개교에 불과했던 교과특성화학교를 2022년 모든 일반고등학교가 교과특성화학교를 운영할 수 있도록 지원하여 인근 학교 간 공동교육과정 운영을 꾀하였다.

그림 5-13 2022 안양과천 교과특성화학교 지정 현황

2022 안양과천형 교과특성화학교 지정 현황

연번	학교명	운영 분야 명칭	운영 교과	비고
1	관양고	NBIC융합 교과특성화학교	정보, 과학	
2	동안고	생태·환경·융합 교과특성화학교	과학, 사회	
3	백영고	글로벌탐구융합 교과특성화학교	사회, 교양	
4	성문고	글로벌사회융합 교과특성화학교	사회, 제외국어, 교양	
5	신성고	사회탐구융합 교과특성화학교	사회, 과학	
6	안양고	창의과학기술융합 교과특성화학교	과학, 기술·가정	
7	안양여고	BT융합 교과특성화학교	과학, 사회	
8	양명고	정보·공학융합 교과특성화학교	기술·가정, 정보, 과학	
9	양명여고	바이오의보건융합 교과특성화학교	과학, 보건	
10	인덕원고	의생명융합 교과특성화학교	과학, 정보, 보건	
11	충훈고	지속가능환경융합 교과특성화학교	사회, 과학, 교양	
12	평촌고	공학·SW융합 교과특성화학교	과학, 정보, 기술·가정	
		의생명융합 교과특성화학교	과학, 사회	

출처: 2022 안양과천형 교과특성화학교 운영 계획서 자료집. p. 4.

사실상 모든 학교에서 학생들이 원하는 모든 교과를 개설하는 것은 앞서 이야기한 것처럼 현실적인 여러 문제점이 따르니, 이제 관점을 바꾸어보자. 고교학점제 정책에 대한 포커스를 많은 과목을 개설하는 것에 두는 것이 아니라 학생 진로에 따른 깊이 있고 집중적인 교과 학습에 두는 것이다. 해외 사례들에 대한 연구에서도 여러 국가에서 다양한 과목의 운영만큼이나 적은 과목을 집중적으로 학습하는 것을 추구하고 있다고 강조한 것처럼(서교연, 2022: 47), 다양한 과목을 개설하여 선택하는 것뿐만 아니라 깊이 있고 집중적인 학습이 이루어질 수 있도록 교육과정을 운영할 필요가 있다.

구체적 방법은 우선적으로 각 학교가 **학생들의 진로 · 적성검사 결과나 의견 수렴을 통해 그 학교의 중점교과를 선정**하고, 자신의 학교에서 **개설되지 않아 학점 이수가 어려운 교과는 인근 학교의 특화된 교과로 이수**하게 하자. 그러면 소수 인원이 선택한 교과 운영이나 온라인 강좌에 대한 요구를 해결될 수 있을 것이다. 즉, 학교당 1 − 2개의 중점 과정을 구성해 보다 심화된 교육과정을 운영하고, 지역적으로 가까이 있는 학교와 교류하여 학교 간 공동교육과정으로 교차 수강하게 하는 것이다. 과거부터 해왔던 교육과정 클러스터와 주문형 강좌를 활성화해서 인근 거리 안에서 학생들이 찾아가서 수강하게 하고, 그것도 어려우면 다른 기관 또는 온라인 등을 통해 수강할 수 있게 하면 될 것이다. 이때 중요한 점은 인근 지역에 있는 학교 간 학사일정을 서로 맞추고, 특정 요일을 '공동교육과정의 날'로 정해 각 학교의 중점교과를 중심으로 개방하는 것이다. 현재도 각 학교에서 개설하지 못하는 교과는 온 · 오프라인 학교 간 공동교육과정으로 운영하거나 소인수과목 지도를 위해 교육청 소속 기간제 교사를 채용하여 순회하는 방식으로 진행하고 있지만, 더 좋은 방법은 오프라인으로 전문성 있는 교사가 개설한 교과를 수강하는 것이다. **오프라인 공동교육과정이 활성화되지 못하는 것은 많은 학교가 특화된 교육과정을 갖고 있지 못해 교사 확보, 교육 프로그램 개발에 부담을 가져 공동교육과정 운영교로 참여하지 못하거나, 대다수**

비슷한 교과를 개설해 수강인원이 부족한 경우가 많기 때문이다. 지침에 따르면 수업량 적정화에 따라 남는 시간에 학생들은 소인수 선택과목, 공동교육과정 등을 듣는 것이 권장됐지만 막상 학교에서는 **자율학습을 시키거나 하교하게 하는 경우**가 있어(울산제일일보, 2023.4.20.), 선택 강좌를 수강하지 않는 학생들에 대한 관리가 되지 않는다는 민원이 있을 정도로 각 학교 간 운영의 차이를 보이고 있다.

　　교과특성화학교를 운영하기 위해 기 확보된 교사와 교육장비, 기자재를 활용하여 관련 교과를 공동교육과정으로 운영한다면 학생들이 보다 전문성 있는 교과를 수강할 수 있을 것이다. 그것이 잘 이루어진 곳이 필자가 근무했던 ○○지역으로, **교과특성화학교를 신청받을 때부터 중점교과와 관련 교과를 공동교육과정으로 운영하도록 권장**했었다. 많은 경우, 중점교과를 학생들의 진학에 도움이 되는 과학이나 정보교과로 하는 경우가 많아 지역별로 특성화된 교과들이 다양하게 구성되지 않고 집중되는 경향이 있다. 다양한 교과로 공동교육과정이 이뤄지기 위해 **지역 내 중점교과, 특성화된 교과의 안배도 필요**할 것이다.

　　한편, 학생들의 학과개설 요구를 살펴보면 학생들은 '**교육학**'이나 '**심리학**', '**경찰**', '**간호**' 등 대학에서 전공하고 싶은 학과와 관련된 교과들이나 **문화 · 예술 관련 교과들**을 배우고 싶어 한다. 이러한 교과들은 학교 내 자원으로는 배우기가 어려운 것으로, 현재 음악, 미술 등의 실기교과는 공동교육과정으로 거의 개설되지 못하고 있고, 교육학이나 심리학, 보건 또는 간호의 기초 등은 주로 전공 외부강사들의 온라인 강좌로 진행되고 있다. 이와 같은 교양이나 전문교과, 심화과목 등은 전문적 지식이나 전공실기 기술이 필요하기 때문에, 각 학교에서 지도해야할 시수가 남는 유사 교과 교사가 가르치는 것보다, **전공학과 교수나**

현장 실무전문가들이 수업을 진행하는 것이 학생들의 흥미와 수업에 대한 참여도를 높일 수 있을 것이다. 특히, 단위학교에서 개설이 어려운 문화·예술·체육 등의 전문교과들은 관련 특수목적고의 공동교육과정 강좌를 활용하면 좋겠지만, 그러한 학교가 인근에 있는 경우는 거의 드물기에 학교 밖 지역학습장이나 지역사회 교육자원들, 예컨대 지역 대학들과 지역문화예술센터, 예술단체 등과 연계하여 운영할 수 있다. 최근 경기도교육청에서 추진하고 있는 '공유학교26)'를 학교에서 개설하기 어려운 교과를 학습할 수 있는 학점이수기관인 '소인수·심화과목 중심 경기공유학교'로 활용할 수도 있다면 그 또한 매우 효과적일 것이다. 현재 운영되고 있는 서울시교육청의 '다가치학교', 인천시교육청의 '마을학교'와 '지역연계꿈이음대학', 경기도교육청이 과거 추진했던 '경기꿈의학교', '경기꿈의대학', '몽실학교', '제2캠퍼스' 등은 학생들의 진로와 적성을 찾을 수 있도록 마련된 것이지만 정규 교육과정이 아닌 방과후 활동이나 진로활동, 체험활동 등으로 진행되어 학교 교육과정과 연계성이 없고, 학생들의 참여율이 떨어져 예산 투자 대비 효율성이 떨어지는 정책들이라는 비판을 받기도 한다. 학교 밖 기관에서 학생들이 학교 교육과정의 일환으로 수강한 교과 활동은 그 명칭이 무엇이든 간에, 학점으로 인정해 주는 것이 필요하다.

또한 **고교학점제 소인수·심화과목이나 미이수 과목에 대한 해결책을 EBS에서도 찾을 수 있을 것이다.** 현재는 지역 교육청별로 단위학교 개설이 어려운 소인수·심화과목이나 농어촌 소규모학교에서 개설이

---

26) **'경기공유학교'**는 지역사회와의 협력을 기반으로 학생 개인의 특성에 맞는 맞춤교육과 다양한 학습 기회를 보장하기 위한 학교 밖 교육활동과 시스템을 포괄하는 지역교육협력 플랫폼이다(경기도교육청, 2023).

어려운 과목들을 온라인 강좌로 공동 개설하여 운영하고 있지만, 향후 우수 콘텐츠를 다량 보유하고 있고 방송이나 디지털 장비가 갖추어져 있는 EBS에서 미이수 학생들을 위한 강좌나 교육학, 심리학과 같은 학교 교사가 가르칠 수 없는 전문성이 필요한 교과들을 강좌로 구성하여 방송하는 것을 고려해 볼 수 있다. 단지 일반 방송은 현재의 온라인 강좌처럼 실시간으로 쌍방향 온라인 수업을 할 수 없고 학생들을 관리할 수 없다는 점이 문제가 될 수 있지만, 우수 강사로 EBS 강의를 구성하고 그것에 **학습자의 학습을 지원하고 관리하는 LMS, 즉 학습관리시스템**(Learning Management System, LMS)**을 추가하여 학생의 학습 과정을 추적하고 학습이력을 관리**한다면, 지역적으로 먼 곳이나 학생 수가 적은 곳에 있는 학생들도 양질의 교육을 받을 수 있을 것이다. 강좌마다 LMS 기능을 추가하기 위한 재원이 들겠지만, 지역별로 각각의 미이수 강좌를 구성하거나 학생들이 원하는 특별 강좌를 중복적으로 구성하지 않아도 되니 고려해 볼 만하다고 생각된다.

처음 고교학점제 이야기가 나왔을 때, 정권이 바뀌면 안 할 수도 있을 거라고 생각했던 사람들도 많았었고, 다른 교육정책들처럼 조금 추진하다가 다시 바뀔 테니 조금만 참자고 했던 사람들도 있었다. 그렇지만 자유학기제나 고교학점제는 지금도 지속적으로 운영되고 있다. 자유학기제는 박근혜 정부 때 시작되었고, 고교학점제는 문재인 정부 때 만들어진 것이다. 이러한 교육정책의 흐름은 단지 보수나 진보 정부에 따라 만들어지는 것이 아니라 시대 변화에 따라 만들어지는 것으로, 정책의 경로의존성이 있어 아예 없었던 것으로 하기엔 부담이 너무나 크다. 지금까지 오랜 시간에 걸쳐 발전해온 정책을 완전히 새로운 정책으로 바꾸기보다는 **현장 목소리에 귀 기울여 수정하고 실제 실행될 수 있도록 하는 것**

이 더 중요하다. 일반적으로 개혁을 추진하는 입장에서는 개혁이 의도 그대로 변형되지 않고 실행되기를 바라지만, 대부분의 경우 개혁은 불변의 것이 아니라 확산과정에서 변화하고 진화한다(오찬숙, 2020:60). 교육의 뉴노멀인 고교학점제를 시작해야 하는 이 시점에 의도했던 원모습으로 적용이 어렵다면 우리 현장에 맞추어 다소 조정된 형태로 발전시켜 실행하는 것이 필요할 것이다. **언제 어디에서나 유연성이 개혁을 존속하게 한다.**

5. 교육의 뉴노멀, 다양한 유형의 평가로 구현(IB 평가) 📎

미래교육의 뉴노멀은 학습의 결과뿐만 아니라 과정을 중시하고 각각의 학생에 맞춘 학습과 다양한 목적을 위한 다양한 유형의 평가가 이루어지는 것이다. 우리 교육도 뉴노멀을 지향하여 일찍이 학업성취의 수준을 평가하는 '**성취평가제**'를 도입하고(중등학교 학사관리 선진화 방안, 2011.12.13.), 2016년 수행평가 시행을 확대하고 과정중심 평가를 강화하는 '**과정중심 평가 강화정책**(교육부, 2016)'을 발표하여 학생 성장을 돕는 평가로 나아가고 있다. 또한 학생 각자의 경로에 따른 학습 진행을 위해 학생들이 원하는 과목을 선택하여 수강하는 고교학점제를 2025년 시행 예정이다. 이렇듯 우리 교육이 전통적 교육에서 뉴노멀을 구현하는 교육 시스템으로 나아가고자 노력하고 있지만, 최근 미래형 평가 모델로 폭발적 관심을 받고 있는 IB 교육의 대두로 인해 현재 초·중등학교 평가 시스템에 대한 깊은 반성의 목소리와 함께 수업과 대입 평가에 대한 각성이 일어나고 있다.

현재 교육의 핫이슈인 IB 교육을 공교육에 도입하고자 하는 사람들은 학생들의 창의적 생각을 이끌어내기 위해 이른바 기존 **지식을 '집어넣는 교육'에서 자신의 생각을 '꺼내는 교육'으로 변화**해야 하고, 그래서 정답을 고르는 객관식 평가가 아니라 **스스로 생각하는 힘을 키우는 논술형 평가로 바꾸어야 한다**고 주장한다. IB 교육 관련 서적들을 보면서 많은 사람들이 정말로 우리 평가가 바뀌어야 한다는 것에 공감했을 것이다. 학생들의 창의적 생각을 이끌어내지 못하는 평가에 대한 지적과 논술형 평가를 하지 못하는 현재 학교 시스템에 대한 깊은 고민들. 필자 또한 여러 강의를 듣고 책을 읽으며 **한평생 교육에 종사한 교육자로서 우리가 열심히 해왔는데 정말 아무런 가망이 없는 것인가**에 대한 절망적 반성과 더불어 도대체 어느 부분부터 바꾸어야 우리 교육이 세계 교육에 뒤떨어지지 않고 학생들의 생각을 끌어내는 교육을 할 수 있는가에 대해 고민하고 있다.

대입이 바뀌어야 수업이 바뀌는 것인지, 수업이 바뀌어야 대입이 바뀌는 것인지는 닭이 먼저인가 달걀이 먼저인가 하는 문제와도 같은 것으로, 무척 어려운 난제이다. 대입이 전혀 바뀌지 않는데 수업이 바뀔 수 없으며, 그 무엇보다도 자녀의 교육을 최우선으로 생각하는 우리나라의 정서로는 대입과 관련 없이 수업의 질을 바꾸기란 매우 어려운 일이다. 그러나 교육의 뉴노멀로 나아가야 하는 이 시기에, 지금 당장은 어려울 수 있지만 언젠가는 대입의 형태를 변화시켜야 한다는 것은 우리 모두가 인지하고 있는 바이다. 단지 많은 변화와 혼동의 시기를 겪어야 하는 교사들이나 그런 정책을 시행해야 하는 담당자들, 무엇보다도 나의 아이가 대학에 진학한 다음에 바꾸는 것이 좋다고 생각하는 분들이 많기에 언제나 벽에 부딪치고 있다.

사실 대학입시가 바뀌지 않는데 초등학교, 중학교, 고등학교 교육 내용과 활동에 대한 학부모들의 요구 사항들을 비난할 수 없다. 교육의 뉴노멀은 결과뿐만 아니라 과정도 가치 있게 여기고 다양한 유형의 평가를 하여 학생들을 주도적인 참여자로 역할하게 하는 것인데, 이러한 부분에 있어서 대학도 예외가 아니라 생각한다. 우리나라 대학들의 순위가 최근 세계 대학 순위에서 중국보다 낮은 상태로[27], 대학들도 지금의 교육 변화를 받아들이고 교육과정을 변화시켜 미래 방향으로 나아가야 할 것이다. 그러므로 **대학을 포함한 모든 학교급의 평가 방안은 재고되어야 한다.** "IB를 말한다"에서는 내신과 수능을 전 과목 논술과 수행평가로 구성해 학교에서 스스로 생각하는 힘을 기르고 평가할 수 있도록 해야 하며, 수능과 내신과 논술을 따로따로 공부하지 않는 구조를 만들어야 한다고 주장한다(이혜정 외, 2019:44). 너무나 옳고 타당한 이야기이다. 하지만 오랜 기간 교직에 있으면서 우리 교육에 대한 강한 반발을 지켜본 나로서는 이것을 당장 시행하면 거의 확실하게 큰 난리가 날 것으로 생각한다. 아마 IBO도 우리 학부모님들의 교육에 대한 열성으로 무척 어려움을 겪게 될지도 모른다. 극한 상상으로 아마 불탈지도. 그만큼 대입을 획기적으로 변화시키는 것은 그러한 큰일을 시도했을 때 겪게 될 후폭풍을 생각한다면 그 누구도 선뜻 나서기 어려운 문제이다.

모든 것이 뉴노멀로 가고 있는데 평가만 과거의 형태를 고집할 수는 없다. 우리도 평가의 뉴노멀로 나아가야 하고 그러한 변화를 위해 모두가 노력해

---

27) 영국의 글로벌 대학 평가 기관 QS(Quacquarelli Symonds)가 2023년 8월 발표한 '2023 세계대학평가'에서 '북경대(중국) 17위', '칭화대(중국) 25위', '서울대 41위'를 차지했다.

야 한다. 중·고등학교에서 평가의 유형이 변화되고 그러한 평가에 대한 학부모의 신뢰가 쌓여 수시의 비율이 늘고 정시의 비율이 점진적으로 줄어들게 된다면? 아니면 수능의 형태가 중·고등학교에서 변화된 수업으로 공부한 학생들이 높은 성적을 받는 형태로 변화된다면? 중·고등학교에서 이뤄지는 평가에 대한 학부모들의 신뢰를 얻는 방법은? 여러 질문들이 꼬리에 꼬리를 문다. 주입식 교육에서 창의성을 기를 수 있는 교육으로 변화해야만 하고, 또한 그러한 교육이 될 수 있도록 평가 방안의 변화도 정말로 필요하다. 옳은 이야기이고 100% 공감한다. 무엇보다 학생 성장을 위한 교육은 학교에서 이루어져야 하고, 그 평가는 타당하고도 공정하게 이루어져야 할 것이다.

교육의 우수성과 채점의 엄정성이 널리 알려져 있는 IB **교육에는 각 학교 논술형 평가의 타당도를 점검하고 조정하는 외부 검증 시스템이 있고**, 학생에 대한 교사의 평가와 함께 학생 자신의 평가도 있다. 그리고 학년 초 명료한 평가 기준을 세워 학생들에게 자세하게 공개하고, 학생들은 자신이 어떻게 평가받는지 분명하게 이해하면서 시작한다(이혜정 외, 2019:204). 객관식 평가를 하면서 교과 진도 나가는 것에 신경을 썼던 내가 '**우와**'하고 놀란 **것은 IB가 학생들에게 채점 기준을 자세하게 가르친다는 것**이었다. 이는 시험시간에 문제의 뜻을 물어보는 학생들이 많은 우리 상황에 주는 시사점이 매우 크다. 예를 들어, '해설하라', '비교하시오', '대조하시오' 등에 대한 조건을 먼저 교육하기 때문에 학습 과정에서도 평가에 대한 생각을 하며 참여하게 된다는 것이다. 역시 IB **교육은 평가와 관련하여 그 어느 곳보다 앞선 시스템**을 갖고 있다.

우리 모두 IB 교육처럼 평가 방식의 변화가 필요하다는 것을 알고 있지만, 앞서 말했듯이 학부모들은 새로운 방법에 따라 나의 아이가 적응하는 것보다 기존 방법에 따라 진학하는 것이 더 안심될 것이고, 교육행정 당국은 성적, 대학, 입시에 있어서 **신뢰도와 공정성에 대한 시비 논란이 너무나 거세기 때문에 감히 어느 누구도 단숨에 그렇게 파격적으로 완전히 바꾸자고 하지 못한다.** 과거 우리가 보아왔던 정시와 수시의 비율 조정에 대한 논의, 절대평가와 상대평가의 전환으로 인한 혼란 등에서 보았듯이 위험 부담이 너무나 크다. 한편으로 교사들은 미래 변화에 발맞추어 나가야 한다는 부담감을 느끼며 지금도 열심히 노력하고 있는데, 또다시 교육이 잘못되고 있고 교사 역량이 부족하다는 비난을 받으며 새로운 방법을 익혀야 하는 상황이 매우 참담할 것이다.

(1) 변화하기 적합한 시기, 점진적 변화로~

과거 교사였고 지금도 교육청에서 일하고 있는 교육 전문직으로, 그리고 나름 박사로서 개혁 확산 방법에 대한 논문을 쓰고 실행하고 있는 필자 또한 헤쳐나가야 할 난관이 겹겹이 쌓여있는 상황에 좌절감을 느끼게 된다. IB **교육을 하겠다고 교육부나 교육청에서 강하게 푸시한다면 과거 시도되었던 여러 개혁들이 실패한 것처럼, 또다시 겉모양만 바뀐 개혁으로 진행되다가 소멸될지도 모르기 때문이다**(오찬숙, 2020: 66). 어쩌면 지금이 평가를 바꾸게 될 매우 적절한 시기일지도 모르는데 말이다. 그래서 평가 방법의 변화에도 개혁의 확산 방법28)을 써보면 어떨까 생각 중이다.29) **초 긍정적 사고를 하는 나는** 지금까지 우리가 해온 것이 **완전히 잘못된 것이라는 우울감에서 벗어나 이렇게 생각하기**

---

28) 개혁의 확산이란 개혁을 채택하는 과정이 원활하고도 효과적으로 이루어져서 더욱 빠른 시간 안에, 더욱 많은 개인과 조직이 개혁을 채택하는 것이다(오찬숙, 2020: 32, 40).

29) "학교를 변화시키는 마법(오찬숙, 2020)"을 참고할 것.

로 했다. '이러한 상황은 교사의 잘못, 학부모의 잘못, 행정 당국의 잘못, 그 어느 한 사람의 잘못이라 할 수 없다. 지난 70년 동안 우리는 엄청난 속도로 발전했고 그 당시엔 그렇게 하는 것이 최선이었을 것이다. 그러나 지금은 여러 책에서 말하고 있는 것처럼 미래교육으로 전환되어야 하는 시점으로, 모든 상황이 변화하기에 아주 적합한 좋은 시기이다.'라고 생각한다.

가만히 생각해 보면 아주 방법이 없을 것 같지는 않다. 지금 시도하고 있는 것처럼, **IB 학교는 IB 학교대로 추진**하면서 여러 노하우를 얻고 그와 동시에 **일반학교에서도 수업을 보다 체계화된 프로젝트 수업으로 바꾸고, 평가 방법도 학생들의 생각을 이끌어 낼 수 있는 방향으로 바꾸어** IB 학교에 더욱 가깝게 **점진적 변화를 하는 것**이다. 교사들도 논술형 평가로의 전환이 필요함을 인지하고 있지만, 현행 규정으로는 시도하기가 매우 어렵고 많은 난관이 있다고 말한다. 예컨대, 반드시 따라야 하는 학업성적관리 규정들, 교사들이 담당하는 많은 학생 수와 그에 따라 장시간이 소요되는 답안 채점 시간, 문제의 의미조차 알지 못하는 기초학력 부진학생들, 평가 결과에 대해 이의를 제기하는 학생과 학부모들을 이해시키기 위해 쏟아부어야 하는 시간과 노력 등이 부담으로 다가온다. 이러한 것들을 모두 해결해야 한다.

주변인이며 회색인이며 융합교육을 주장하는 나는 다각적인 면에서 동시에 조금씩, 조금씩 변화를 시도하는 점진적 변화를 선호한다. IB 학교는 연구시범학교로 추진하면서, 일반학교는 논술형 평가를 확대할 수 있도록 규정을 바꾸고 수업은 프로젝트 방식으로, 대입도 논술형 평가로 학생들을 선발하는 방법의 비율을 높여 나가보자. 우리도 평가 타당도를 인정해 주는 기관을 만들고, 내부와 외부 평가가 연결되어 있는 IB처럼,

학교 문제와 수능 문제, 학교 시험과 대입 시험이 일관성을 갖도록 연계해 보자. 성취도평가(외부)를 내부평가로 하는 방법도 있을 수 있고, 채점도 난이도를 반영해 표준점수로 채점하는 방법을 찾아보자.

하지만 지금 이루어지고 있는 시스템을 순식간에 완전히 바꾸는 것은 매우 어려울 것이다. 모든 것을 한 번에 바꾸는 것은 많은 반발과 혼란을 야기하기 때문에, 특히 모든 사람들이 교육 전문가인 우리나라에서 반발에 맞서서 강력하게 밀어붙이는 것은 한 걸음도 나가지 못하고 좌절될 가능성이 매우 크다. **시행과정의 각 단계에서 현장의 의견을 수렴하고, 발생되는 문제점들을 시정하면서 정책을 발전시켜 나가는 것이** 수정과 조정을 거치며 개혁이 성공적으로 실행될 수 있는 방안30)이다. 그 이전의 노력과 성과도 인정해 주면서 앞으로의 방향을 제시한다면 개혁에 대한 거부감이 없이 현장에 안착될 것31)이다.

(2) 논술형 평가 확대 방안은?

생각을 끌어내는 교육이 필요하고 그렇게 하기 위해 논술형 평가가 실시되어야 한다. 한데 학교 내부를 들여다보면 지금도 완전히 객관식으로만 평가가 진행되는 것이 아니라, 수행평가를 통해 토의·토론, 논술형 평가, 발표, 포트폴리오 등 다양한 형태의 평가가 함께 이뤄지고 있다. 수업의 경우도 자유학기제나 학교자율과정(16+1) 등으로 프로젝트 방식으로 진행되는 경우가 과거에 비해 매우 많아졌으며, 특히 학년별 융합교육 프로젝트를 시행하고 있는 학교는 이미 수업의 형태가

---

30) 개혁의 재발명: 개혁을 받아들여 실행하는 과정에서 개혁이 변화되거나 수정되는 정도가 높을수록 개혁에 참여하고 지속하는 가능성이 커진다(오찬숙, 2020: 60).

31) 기존 문화를 존중하는 태도: 기존 학교 문화를 알고 그것에 기반하여 개혁의 방향을 제시해야 한다(오찬숙, 2020:255).

IB 교육과 매우 유사하게 진행되고 있다. IB **교육은 통합교육과정의 하나로 현재 우리 교육에서 시행되고 있는 융합교육과 같은 방식이다.** 그러니 현재 일부 학교에서 실시하고 있는 융합교육을 모든 학교가 실시하게 하고, 평가의 형태를 지필평가가 아니라 논술형 평가로 진행하면서 수행평가를 말하기나 토의·토론 등으로 한다면 IB 교육과 같은 형태의 교육 방법을 따르게 되는 것이다. 단지 문제가 되는 것은 **외부기관에서 교차해서 검증해 주는 평가 결과에 대한 인증**인데, **경기도교육청에서 이미 "경기 평가관리센터"를 구축**해 공정성을 높이고, 성취평가제 현장 안착을 위한 학생 평가 교원 역량 개발과 질 관리를 지원할 방침(한국경제, 2023.9.25.)이라 하니 기대해 보고 싶다.

　사실 학교에서 논술형 평가가 잘되지 않는 이유를 살펴보니, 교사들의 평가는 교육부와 교육청에서 제시하는 학업성적관리 지침(경기도교육청, 2023:6,10)에 따라 이루어지는데, 현행 지침에 따르면 에세이 형식의 논술형 평가를 지필평가나 수행평가[32)]로 실시하는 것에 어려움이 있다. 2023 **고등학교 학업성적관리 시행지침**에 따르면, 모든 교과의 학기 단위 평가는 논술형 평가를 포함하며, 논술형 평가의 반영비율은 학기 단위 성적의 35% 이상으로 해야 한다. 그리고 논술형 평가는 반드시 채점기준표를 작성하고, 채점기준표에는 인정 범위의 설정(모범답안, 인정답안, 예시답안) 등, 풀이 과정에 따른 부분 점수, 단계별 점수 등을 제시해야 한다. 또한 수행평가는 논술형으로만 실시할 수 없고 각 교과목의 고유한 특성이 드러나는 다양한 활동을 통해 교과 역량 및 학생의 성장

---

32) 수행평가는 교과 담당교사가 교과 수업시간에 학생의 학습과제 수행 과정 및 결과를 직접 관찰하고, 그 관찰 결과를 전문적으로 판단하는 평가 방법으로, 교사별 평가로 실시할 수 있다. 구체적인 방법은 교과협의회에서 정하고, 학업성적관리위원회에서 심의한다.

에 대한 정보를 파악할 수 있도록 해야 한다.

　　이러한 지침을 수정하여 논술형 평가의 비중을 늘려갈 수 있도록 한다면, 예컨대 수행평가를 논술형으로 실시하거나 지필평가 중 논술형 평가를 진정한 의미의 논술을 할 수 있도록 한다면 그리고 채점기준표에 자신의 생각을 기술했을 때 점수를 줄 수 있도록 교과협의회에서 정하게 한다면 개선될 수 있을까? 너무나 경직된 평가 지침이 교사들로 하여금 학생들의 생각을 끌어내는 수업을 하고 그 과정에서 학생들의 창의적인 생각을 논술형식의 평가로 하는 것을 어렵게 한다. 현재 실시되고 있는 평가의 기준을 보다 유연하게 할 필요가 있다. 물론 너무나 자세하고 엄격한 학업성적관리 시행지침이 만들어진 것은 과거부터 성적에 대한 신뢰가 필요했기 때문일 것이지만, 미래교육으로의 전환이 필요한 현재 시점에 우리 평가 시스템에 대한 질타의 목소리에 귀를 기울여야 할 것이다.

　　2015 개정 교육과정 총론에서 '학습의 과정을 중시하는 평가'가 언급된 이후 학교 현장에서 수행평가를 확대하고 과정중심 평가를 강화하고 있지만, **모든 우리나라 교육 문제의 핵심인** 대학 입학시험**이 이러한 변화를 반영해야 하는데, 걱정이다.** 경제협력개발기구 36개국 중 수능과 내신 모두 '객관식 상대평가'인 나라는 일본과 한국 두 나라뿐이며, 서구 선진국은 대부분 전 과목에서 비판적·창의적 사고력을 기르며 꺼내는 교육을 하고 전 과목에서 대규모 논술형 대입시험을 치른다(이혜정 외, 2019:38, 39). 반면 미국은 서구 선진국 중 유일하게 다른 나라들과 달리 입시가 객관식이면서 비교과를 반영하는 입학사정관제를 운영하고 있는데(이혜정 외, 2019:51), 우리나라에 소위 미국 유학파 교수들이나 연구자들이 많아서 미국의 제도를 많이 받아들였는지는 모르겠지만, 여하튼 우리나라 입시제도는 **미국과 매우 유사한 형태**이다. 단지

차이점이 있다면 미국은 내신이 유럽과 유사하게 전 과목 논·서술형 절대평가인 반면, 우리는 객관식과 논·서술형을 함께하는 상대평가라는 점이다. 이처럼, 서구 선진국들은 논술형 평가로 '생각의 힘'을 기르고 있는데, 우리도 창의적 미래 인재를 길러내기 위해 대입에 논술형을 도입하고, 중·고등학교에서도 자신들의 '생각의 힘'을 기르는 교육과 논술형 평가를 하는 것이 올바른 방향이라 생각된다.

나라마다 오랜 기간 진행해온 입시 방안이 있고, 나름의 선발방법이 있다. 우리도 우리의 입시제도가 있다. 선진국들이 객관식 선다형 시험을 치르지 않는다고 해서 우리가 갑작스레 대학입시를 한 번에 바꿀 수는 없을 것이다. 준비기간도 없이 갑자기 논술형으로 바꾸게 된다면 그에 따른 사회적 혼란과 학생, 학부모의 어려움이 매우 클 것이기 때문이다. 이전에도 그런 시도가 있을 때마다 거센 반발로 인해 실행하지 못했던 사례들을 우리는 익히 알고 있다. **과거 우리도 학력고사 이전에 대학별 본고사를 치렀던 적이 있었고, 그 당시 학생들의 과도한 입시 공부로 인한 폐해로 학력고사로 바뀌었는데, 지금 다시 논술형 평가 방안이 필요하다는 주장이 일고 있다.** 미국처럼 선다형 입학시험을 치르지만 논·서술형 내신을 채택하는 나라도 있는데, 우리도 **우선 수업에서 이뤄지는 평가부터 논술형을 확대해 보자.**

논술형 평가가 쉽게 도입되지 못하는 이유가 앞서 이야기한 경직된 지침이나 규정 때문이기도 하지만, 더 중요한 것은 평가의 공정성과 신뢰성에 대한 요구 때문일 것이다. 아마도 외부 채점센터를 두려고 하는 것도 그런 맥락이라 생각된다. 지금도 학업성적관리 규정에 의해 평가를 공정하고 신뢰할 수 있게 하고 있지만, **관건은 각 학교에서 교사들이 정한 정성평가[33] 점수에 대해 학생이나 학부모들이 신뢰하지 못할 것이라는 우**

려이다. 학교의 논술형 평가 내용을 교사 간, 학교 간 크로스 체킹을 하고, 그것을 IB 채점센터처럼 연수받은 유경력자로 '중앙 채점관'을 양성하여 랜덤으로 타당성 평가를 한다면? 그것이 어렵다면 학교 안에서라도 논술형 평가의 채점을 학년이나 반별로 교차해서 하든지, 학생 간 동료평가를 하거나, 평가에 학부모를 무작위로 참여하게 하는 방법은 어떨까. 논술형 평가를 하려면 **교사에게 평가의 자율성과 타당성을 주어야 하는데. 우리도 IB 교육처럼 교사 평가에 대한 방어 시스템이 필요하다.** 이제 우리도 정량평가만이 아니라 정성평가 방안에 대해서도 더 많이 연구하고, 외부기관에서 각 학교의 논술형 평가의 타당도를 점검하는 방안에 대해서도 고민해야 할 것이다.

(3) 평가에 대한 인식 전환이 필요!

우리도 꼭 객관식 평가만 하는 것이 아니라 논술형 평가, 발표, 실기, 연구보고서 등의 수행평가를 하고 있고, 과정중심평가, 동료평가 등 지필평가를 대신할 수 있는 여러 평가 방법을 갖고 있다. 우리들이 너무 이것 아니면 저것이라는 이분법적 사고를 하고 있는 것은 아닐까? 미래교육의 뉴노멀이 과정을 중시하고 다양한 유형의 평가가 이루어지는 것이라 하면, 오로지 논술형 평가만이 그 방법은 아닐 텐데. 토의·토론이나 실험, 포트폴리오 등 다양한 평가로 과정중심평가를 할 수 있을 것이다. 그리고 교사가 결과물에 대한 평가를 하는 경우도 있지만, **다른 팀의 결과나 수행과정에 대해 서로서로 평가하는 동료평가가 보다 큰 객관성을 주기도 한다.** 왜냐면 그 어떤 방법이라 하더라도 학업성취 평가에

---

33) 정성평가란 양적으로 측정할 수 없는 부분에 대해 평가자가 관찰, 의견 또는 경험을 바탕으로 전문적 판단을 하는 평가이다.

대한 책무성이 있고, 학업성취를 일 년에 4번 보는 정기고사로만 평가하는 것이 아니라 과정도 평가하고 있기에, 단지 지필평가만이 객관적이고 지적 역량을 측정할 수 있는 객관적인 평가라고 생각하는 것에서 벗어나, **정성평가도 공정하다는 인식의 전환이 있어야 한다.**

사실 과정중심평가는 학생들의 성장에 매우 중요한 역할을 한다. 팀프로젝트로 학생들의 협력과 소통능력을 높이고 창의성을 끌어올린 올린대의 경우 프로젝트 수업에 대해 실패를 점수로 평가하지 않는다고 한다(조봉수, 2017:26). **실패를 통해서도 배우고 성장할 수 있다는 것을 인지해야 자유로운 창의적 사고가 이루어질 수 있으며, 그 진행 과정에서 구성원 간의 협력과 소통이 이루어지기 때문에 결과물만을 보고 평가를 하는 것이 아니라 그것이 만들어지는 과정까지 평가에 포함해야 한다.**

한데 학교 현장에서 수행평가는 입시에서 내신 점수의 40%의 부분을 차지하는 것으로, 보통 8-9과목 이상에서 실시된다. '평가 계획은 학기별로 수립하되 특정 시기에 평가가 집중되어 학생 부담이 과중되지 않도록 해야 한다'는 지침 내용이 있지만(경기도교육청, 2023:6), **수행평가의 점수 배점이 높고, 아홉 과목당 한 학기에 3번, 대략 27번의 수행평가를 해야 하는 학생들은 많은 부담감과 어려움을 호소한다.** 수행평가 시기엔 하루에도 여러 건의 수행평가를 하는 경우도 많고 심지어 외워서 하는 경우도 있다 하니, 각 교과에서 지금처럼 너무나 많은 프로젝트나 과제를 수행하게 하는 것은 시정되어야 한다. 더구나 지필고사에 도움이 되지 않는 수행평가는 포기하는 학생들도 있는 상황에서, 한정된 시간에 여러 교과에서 부과하는 수행과제는 학생들이 과제를 제출하는 것에 급급하게 하여 정말로 심도 있는 프로젝트를 진행하지 못하게 할 것이다. 크게 보아 한 학기에 한두 개 정도의 프로젝트를 관련 있는 교과에서 융합 프로젝트로 진행하게 하고 그 진행 과정에서 각 교과가 수행과정을 평가하는 것이 옳은 방향일 것이다.

한편, IB 교육이나 프로젝트 수업을 진행한 고등학교의 시험문제를 보면 고등학교 학생들이 어떻게 그 어려운 문제를 풀 수 있을까 하는 생각이 들기도 한다. IB 교육에서는 특히 학교에서 가르친 내용만 시험에 출제하는데, 이는 융합교육 프로젝트를 실시하고 시험을 치르는 우리 학교들과 매우 유사하다. 교과 과정에서 다루지 않은 논술형 평가는 너무나 막막하고 어려울 것이다. 그러나 **교사와 함께 수업 시간에 배우고 생각하고 논의하고 수행했던 프로젝트 과정에서 경험하고 느꼈던 부분을 평가한다면 그것은 학생들이 보다 실제적이고 구체적으로 기술할 수 있다.** 예를 들면, ○○고에서 융합 프로젝트 수업을 하고 그 내용을 정기고사에 출제했는데, 인근 학원에서 그 학교의 평가 수준이 매우 높아 본 학원에서는 도저히 가르칠 수 없다는 이야기를 했다고 한다. 그때 바로 이것이 공교육을 정상화시키고 사교육을 억제할 수 있는 방법이라 생각했었다. IB 교육을 하면 학교마다 교육과정, 진도, 시험방식이 획일화되지 않고 달라지기 때문에 학원이 설 곳을 잃게 된다고 한 이야기도(이혜정 외, 2019:240) 아마 나와 같은 생각에서일 것이다. 수업에서 이루어진 프로젝트를 중심으로 내신 평가를 하면 사교육이 억제될 수 있다. 수능 때문에 학생 주도성을 키우는 프로젝트 수업을 할 수 없다는 이야기는 이제 그만해야 한다.

융합교육이 사교육을 줄이는 방법

우리의 경우, 끊임없이 지속되는 사교육으로 인해 너무나 많은 시간 학습을 하고 있다. 그러나 그것이 진정한 학생 성장을 위한 학습인가는 재고해 보아야 한다. 마치 사교육이 없이는 학생이 공부하지 않을 거라 생각하지만, 냉정히 생각해 볼 때 부모들이 아이를 돌보는 시간을 사교육 기관에 맡기는 것은 아닐까? 물론 직업을 갖고 있는 부모가 아이들을 다른 기관에서 학습하게 하는 것은 미국이나 영국, 핀란드 등 다른 나라에서도 마찬가지이다. 하지만 많은 경우 아이의 적성을 살려 교육하는 것으로 지방자치단체에서 운영하는 방과후 프로그램에 참여한다. 우리의 경우 주로 영어·수학 중심의 주입식 교육을 하고 있고, 대부분 학교에서의 학습을 따라가기 위한 보습학원적 성격이 강하다. 즉, 아이 돌봄과 학교교육 보충용 학습인 것이다. 그래서 **정규 교과 학습과 더불어 미래사회를 살아가기 위해 익혀야 하는 창의성이나 문제해결력, 협업 능력 등을 기를 수 있는 곳은 학교밖에 없다.**

학교에서의 수업이 단순 암기형 교육에서 벗어나 미래지향적 수업으로 바뀐다면 사교육 기관에서도 지금까지 해오던 단순 암기식, 주입식 방식의 학교 수업 보충용 학원을 운영할 수 없을 것이다. 일례로 ○○고에서 수업이 **융합교육 프로젝트 형태로 바뀌고 그 과정에서 수행했던 활동에 관한 문제가 지필고사에 출제**되었다. 몇 년간에 걸친 지필고사 문제를 확보하여 지필고사 대비 수업을 해오던 근처 보습학원에서 ○○고의 문제를 예측할 수 없게 되었을 뿐만 아니라 학교에서 출제한 문제의 정확한 답조차도 제시할 수가 없었다. 인근 여러 학교의 문제를 비교 검토하고 학원생들에게 학습시켰던 학원에서는 논술형으로 사고 과정을 쓰게 한 ○○고의 문제를 무척 높이 평가하고 이러한 시험문제를 출제한 학교의 수준을 매우 높이 평가하게 되었다.

우리에게 사교육비 경감 대책이라는 용어가 낯설지 않다. 사교육비 지출을 하지 않는 가정이 없을 만큼 이미 사교육 시장은 우리나라의 한 산업 분야로 자리 잡고 있어, 한 번에 없애거나 그 수를 감소시키는 정책을 실행하기는 매우 어려울 것이다. 하지만 **많은 학교의 수업이 미래지향적인 방향으로 바뀐다면 적어도 학교 시험문제를 찍어주기 위해 운영되고 있는 기관은 설 곳이 없을 것이고** 다른 방향으로 전환될 것이라 조심스레 생각해 본다. 수업의 변화는 **사교육비 경감과 더불어 학생들의 미래역량을 기르는 교육으로 변화하는 첫 걸음**이라 할 것이다.

(4) IB 교육에 대한 우려

그렇다면 미래교육의 뉴노멀로 나아가는 이 시점에, 우리에게 꼭 필요한 교육 방안을 제시해 주는 장점이 많은 IB **교육에 대해 쉽게 마음이 열리지 않는 이유는 무엇일까?** 그것은 무엇보다도 **지금까지 쌓아온** 우리 교육의 여러 좋은 부분들을 모두 버리고 IB의 교육철학과 운영방식을 따라야만 하는 것에 대한 불편한 마음일 것이다. IB 학교에서는 IB의 철학과 안내를 기반으로 학교 자체의 문서화된 커리큘럼을 만들어야 하는데, 이 커리큘럼 안에 IB 학습자상을 비롯한 지식, 역량, 기능, 태도를 명시해야 하고, IB 학습자상의 속성을 개발하도록 명시해야 한다(이혜정 외, 2019: 80-82). 즉, IB **학교에서는 IBO가 인정한 방식대로 교육해야 하는 것**이다. 우리나라에도 오랜 기간 지속해온 기존 교육목표와 핵심역량이 있고 그 내용이 IB의 것과 별반 다르지 않은데, 우리가 IB 교육목표를 따라 교육해야 하는 것인가에 대한 뭐랄까, 자존감이 떨어진다는 생각들을 하고 있는 것이다.

우리나라 사람들의 자존심(pride)이라고도 할 수 있는데, 우리의 것이 세계적인 것이라는 것을 문화·예술계의 큰 성과들로 보고 있듯이, 우리 교육에도 장점이 많이 있을 것이다. 그것을 기반으로 **우리도 여건만 갖추어지면 생각의 힘을 키우는 교육으로 변화할 수 있는데, 그런 기회조차 주지 않고 모두 바꾸어야 한다고 하면 당연히 반발할 것이다.** 우리 교육에 부족한 점이 많이 있다 하더라도, 현재 우리나라의 번영을 가져온 것은 우리 학부모들의 교육에 대한 열성과 그간 열심히 교육에 종사해 온 교원들의 노력이 없었다고는 볼 수 없다. 오바마 대통령도 한국의 교육을 이야기했었고, 그때 은근한 자부심을 느꼈었는데, 그러한 노력들이 지금 와서 아무것도 아닌 것이 되어버렸으니 교사들로서는 학교에서 **그간 평가 공정성을 위해 엄청난 노력을 해왔음에도 그들의 평가를 신뢰하지 못하는 사회적 분위기에 섭섭한 마음이 클** 것이다.

　그래서 많은 교사들이 우리의 문제를 외국 기관의 평가자에게 검증을 받는 것이 꼭 필요한 것인가에 대해 의문을 제기하고, 70년 이상 교육 지표로 항상 생각하며 교육해왔던 우리 교육의 목표와 인재상을 버리고 IB 교육목표와 인재상을 따라야 한다는 것에 거센 반발감을 갖게 되는 것이다. 일부 학부모들은 교사의 평가 역량에 대한 불만을 이야기하지만, 제도적으로 논술형 평가를 많이 할 수 없었던 교사들에게 평가 역량을 기를 수 있도록 시간을 주고, 우리 나름의 검증 기관을 만들어 학교마다 이루어지는 논술형 평가의 수준을 조정하는 방법을 고려해야 한다. IB의 수업 방식도 현재 우리가 추구하고 있는 바와 매우 유사해 현재 우리의 것을 잘 발전시킨다면 더욱 국제공인 교육과정에 가까워질 수 있다. 특히 IB 교육이 평가 부분에 공정성과 신뢰성을 갖고 있는 기제를 잘 살펴서 우리 교육에 접목시킨다면 우리에게 부족한 부분을 채울 수 있을 것이다.

　그렇게 되기 위해서는 학교교육에 대한 신뢰가 있어야 하고, 무엇보다도 평가의 뉴노멀로 가기 위한 교육공동체의 공감과 합의가 필요하다고 생각한다. 미래교육을 위해 평가의 형태를 논술형 평가로 변화시켜 나가는 것에 대해 학생과 학부모뿐만 아니라 유치원부터 대학까지의 모든 학교, 그리고 우리 사회 전반에 걸친 합의가 이루어질 때, 여러 지역이나 여러 학교들, 많은 학부모님들의 거센 반발을 이기고 정착할 수 있을 것이다. 그러한 합의와 공감에 힘입어 우리 학교와 교사들은 더욱 교육의 뉴노멀로 나아가기 위한 변화 노력을 해야 할 것이다.

6. 학생 주도성을 높이는 지역연계 교육 📎

지역사회와 함께하는 교육으로 미래교육의 뉴노멀 지향

미래교육 2030 프로젝트에서 교육의 뉴노멀은 학교가 더 이상 독립된 기관이 아니라 상호 영향을 주고받는 더 큰 생태계의 일부로, 학생, 학부모를 포함한 지역사회와 함께 의사결정하고, 함께 공동 책임을 지는 것이라 했다. 현재 우리 교육 현장의 모습을 보면 이미 우리는 뉴노멀에 도달한 것으로 보인다. 지방자치제 시행으로 인해 대다수 지방자치단체(이하 지자체)들은 해당 지역주민의 복리증진을 위해 교육에 대한 큰 관심을 갖고 교육환경개선이나 학교급식지원 등 교육경비지원사업을 하고 있고, 각 시·도교육청에서도 지자체나 대학, 기업 등과의 협력관계를 구축하여 **미래교육지구**[34]**(교육부), 미래교육협력지구**[35]**(경기도교육청), 서울미래교육지구**[36]**(서울시교육청), 직업교육 혁신지구**[37]**, 지자체-대학 협력기반 지역혁신 사업**[38] 등 지역 특성에 맞는 다양한 교육

---

[34] '미래교육지구(구 혁신교육지구)'는 교육청과 지자체가 지속가능한 협력 체제를 구축하여, 초등 돌봄 등과 같은 주민수요에 기반한 다양한 교육사업을 민·관·학이 공동으로 추진하도록 지원하는 교육부 공모사업이다(교육부, 2022).

[35] '미래교육협력지구'는 경기도교육청과 31개 시·군이 지역 중심의 교육생태계 강화를 위해 상호 협력하는 사업이다(경기도교육청, 2022).

[36] '서울미래교육지구'는 2015년부터 8년간 추진된 '서울형 혁신교육지구'에 뒤이어 지역 특색을 반영해 서울 25개 자치구와 교육지원청이 함께 협력하는 자치구 특화사업이다(서울교육소식, 2023.5.10.).

[37] '직업교육 혁신지구'란 고졸 인재를 양성하고 지역에 정착하도록 직업계고와 지역기업대학이 참여하여 혁신지구 교육과정을 운영하는 지원체계로 2021년 5개 지구로 시작하였다(교육부, 2022).

[38] '지자체-대학 협력기반 지역혁신사업'은 지방대학을 지역혁신의 중심으로 육성하고자, 대학과 지자체가 동반 관계(파트너십)를 바탕으로 지역에서 필요로 하는 인재를 양성하도록 지원하는 사업이다(교육부, 2023).

협력사업들을 운영하고 있다. 또한 대학에서는 지역사회에 대한 관심과 이해를 높이기 위한 교양교육으로 '**지역사회 연계교육**(교양교육연구, 2021)'을 하고 있으며, 초·중등학교에서도 자유학기제나 고교학점제 시행, **초등 지역화 수업** 등을 위해 지역에 있는 다양한 인적·물적 자원을 활용한 교육과정을 운영해야 한다. 그래서인지 '지역연계'라는 단어가 들어간 '지역연계 교육', '지역자원 연계 교육', '지역연계 공동교육과정', '지역사회 연계교육', '지역연계 교육과정' 등이 낯설지 않다.

그리고 보니 우리 교육도 이제 지역과 함께하는 교육으로 큰 성장을 하고 있는 것으로 보인다. 하지만 실제 학교 현장에서 지역의 자원을 활용해 학교 교육과정을 운영하는 것은 그리 쉽지 않은 일로서, '학교-지역사회 연계교육' 활성화를 위한 지역교육자원 활용방안 연구(김언순, 2018)에서는 지역의 인적, 물적 자원을 활용한 교육이 활발하게 진행되지 못하는 이유를 다음과 같이 밝혔다. 지역자원 활용 경험이 없는 **교사들은 관심 부족과 업무부담의 가중**을 이유로 들었고, 활용 경험이 있는 교사들은 **지역자원 활용을 위한 예산 등 행정, 재정적 처리의 어려움과 학생들의 이동과 안전 문제** 때문에 적극적으로 활용하기가 어렵다는 점을 피력하였다. 무엇보다도 지역과 연계한 교육과정을 어떻게 구성하고 운영해야 하는지를 알지 못하거나 혹은 알고 있지만 그 과정을 힘들고 어려워하는 학교와 교사들은 시대적으로 요구되는 지역연계교육을 단순한 경험 위주의 현장체험학습이나 일회성 행사로 운영하는 데 그치고 있어 많은 아쉬움이 있다.

그렇다면, 지역연계 교육은 어떻게 해야 하는가? 지역연계 교육은 **지역의 인적, 물적 자원을 활용해 지역의 특색이 반영되도록 학교의 자율적 교육과정을 구성하여 교육하는 것**으로 학교 교육과정, 즉 교과를 기반으로 해야 한다. 그리고 지역의 자원을 활용한, 지역사회와 함께하는 교육이 잘 되기 위해서는 **학교 교육과정의 자율성이 확대**되어야 하고, 특히 학생과 교사가 함께 계획하여 진행하고 그 과정까지도 평가하는 **지역연계 융합 프로젝트를 활성화**하여 학생과 교사의 공동 주도성이 발휘될 수 있도록 해야 한다. 미래사회 변화에 대응하기 위해 마련된 2022 개정 교육과정에서도 지역 특성에 맞는 다양한 수업 혁신이 학교 현장에서 이루어질 수 있도록 단위학교 교육과정 편성·운영의 자율권을 확대하고, 초·중학교에서 학교 자율시간 확보를 통해 지역연계 특색프로그램을 운영하도록 했다. 그리고 중학교에서 지역과 연계한 단원을 구성하여 다양한 프로젝트 활동 수업을 하도록 했으며, 고등학교에서도 지역연계를 통해 교육과정 다양화를 하고 다양한 지역 교육자원을 고교교육에 활용하도록 했다(교육부, 2021).

그렇다. 혁신학교와 자유학기제가 성공적으로 안착되지 못한 학교에서 보았듯이, 학생들의 창의성과 주도성을 기르기 위한 **참여형 수업이나 체험활동이 많아졌음에도 여전히 학습과 연결되지 못하는 것은 다름 아닌 교육과정과 연계되지 못했기 때문**이다. 수업이 부실하게 운영되고 학력이 떨어진다는 비판을 받지 않으려면 '지역연계 교육'은 '**교과를 기반으로 지역과 연계된 교육과정**'으로 운영되어야 하는데, 지역교육, 지역 교육과정, 지역화 교육과정, 지역사회교육, 지역자원연계 교육과정 등으로 지칭되며 그 개념조차 모호하다. 그 어떤 단어로 불리어도 중요한 것은 진짜로, 정말로 교육과정과 연계되어야 하는 것이다.

(1) 학교 교육과정과 유리된 체험·프로젝트 활동은 이제 그만

학생들이 평소 학교생활을 하면서 경험할 수 없는 분야에 대한 학습과 체험을 할 수 있도록, 여러 공공기관과 수련 시설, 청소년재단, 대학 그리고 사교육업체에 이르기까지 많은 기관들이 청소년수련활동을 비롯한 각종 캠프들, 영재교육캠프, SW·AI 교육, 창의성캠프, 영어체험활동 등과 같은 학생들 대상 각종 주제별 교육 프로그램이나 프로젝트 활동들을 운영하고 있다. **프로젝트 활동이나 캠프 등이 새로운 경험을 하고 문제해결력도 기를 수 있어 필요한 교육활동**이지만 일반적으로 학교에서는 꽉 짜여진 학사일정으로 인해 자주 하는 것이 쉽지 않은 반면, 일부 사설업체들은 그러한 활동들이 자신들만의 우수 교육 프로그램인 양 홍보하여 많은 학부모들이나 학생들이 참여하기를 원하는 것 같다.

이에 교육부나 여러 시·도교육청들은 학생들이 학교 밖 프로그램을 통해 다양한 체험을 할 수 있도록 노력해오고 있다. 일례로 경기도교육청은 학생들의 주도적 활동을 위해 2016년부터 학교 밖 학교로 학생 스스로 기획하고 도전하는 프로젝트형 '**학생이 만들어가는 경기꿈의학교**'39)를 운영해왔고, 2021년 하반기 다양한 미래학교 기반 마련을 위해 학생 주도 프로젝트 활동을 체험할 수 있는 교육 공간으로 '**제2학교**'40) **설립을 추진했다.** 이러한 사업들은 **학생들이 프로젝트 활동을 기획하고 만들어가게 함으로써 주도성을 높이고자 마련된 것**으로, 서울시교육청의 마을결합형 청소년 자치배움터인 '**다가치학교**'라든지, 인천시교육청의 '**인천청소년자치학교 은하수학교**', 경상남도교육청의 '**경남행복마을학교**'41) 등이 이와 유사한 사례들이다.

---

39) 경기꿈의학교는 경기도 내 학교 안팎의 학생들이 스스로 꿈의 학교를 만들어 운영하는 학교 밖 교육활동이다(2017 경기꿈의학교 기본계획).
40) 제2학교는 현재 다니는 학교(제1학교)를 벗어나 일정 기간 온라인으로 정규수업에 참여하고 진로설계나 원하는 프로젝트를 학생이 직접 만들어 운영하는 공간이다(경기도교육청 보도자료, 2022).

'꿈의학교'나 '다가치학교', '은하수학교' 같이, 학교 밖 환경에서 프로젝트 수업을 진행할 수 있는 방안들은 마련되었지만, 이러한 활동에 **참여할 수 있는 학생들의 숫자가 일부 학생들로 매우 한정적이고, 활동 내용도 여러 기관이나 사교육업체 등에서 운영하는 것과 유사하게 학교 교육과정과 연계되지 않은 체험활동으로 진행되는 경향**이 있다. 문제는 미래교육에서 매우 중요한 학생 주도성을 대다수 학생들을 대상으로 교육해야 하는데, 프로젝트에 참기한 소수 학생에 대한 교육이 너무 강조되고 일반 학생에 대한 교육이 간과되고 있다는 것이다. 예를 들어 경기도 교육청에서 실시했던 '꿈의학교'나 '제2학교'의 경우, 일부 학급이나 일부 학생을 대상으로 체험학습처럼 운영되기 때문에 기존 학교의 교육과정과 병행하여 운영하기에 어려움이 있으며, 교과별로 참여하는 경우 담당 교사가 그 학급만을 담당하는 것이 아니기에 함께 이동하여 활동하는 것이 불가능한 문제점이 있었다. 즉, **학생 주도성과 문제해결력을 기르는 교육은 학생들이 일상적으로 생활하는 학교에서, 모든 학생을 대상으로 학생 주도의 프로젝트 수업을 통해, 삶과 연계한 '깊이 있는 학습**[42]'으로 이루어져야 하는 것이다.

이러한 **학교 교육과정과의 연계성 부족**은 '꿈의학교', '제2학교'뿐만 아니라 '몽실학교(현재 이룸학교)'나 '창의체험교실'과 같은 **학교 밖 프로그램이 지니고 있는 한계일 것**이다. 일례로 '제2학교' 사례에서처럼, 여러 지역에서 모인 학생들에게 어떠한 지역이나 교과적 기반(base) 없

---

41) 경남행복마을학교는 청소년과 지역민을 대상으로 목공, 요리, 제빵, 도예, 밴드, 댄스 등의 강좌를 운영하는 평생학습마을이다(2023 경남행복마을학교운영계획).

42) 깊이 있는 학습이 이루어지기 위하여 '교과 간 연계와 통합', '학생 삶과 연계한 학습', '학습에 대한 성찰'의 교수·학습 방향이 필요하다(2022 개정 교육과정 총론).

이, **그냥 하고 싶은 것을 계획하라고 하는 것은 매우 막연하고 학생들이나 교사들에게 혼란을 가중시킬 수 있다.** 똑같은 주제의 프로젝트라 하더라도 학년마다 학습해야 하는 성취기준이 있어 그 수행 수준이 다를 수 있고, 교과 내용에 근거한 활동이라야 지식과 경험이 함께 어우러져 깊이 있는 학습이 가능할 것이다. 그래서 '꿈의 학교' 프로그램에는 학생활동의 조력자와 촉진자 역할을 하는 '길잡이 교사'가 있고 '제2학교' 운영자들은 미리 작성된 '예시안'을 제시하여 대부분 그 안(案)대로 프로젝트를 하도록 이끌어 주게 되니 학생 스스로 계획하여 진행하는 것이 아닐 수 있다.

또한 학교에서 진행되는 교과 수업을 원격으로 수강하고 오후에는 각종 체험활동을 하게 하는 것이 매우 미래지향적일 수 있지만, 예컨대 1순위는 노래방, 2순위는 캠핑존과 같이 아무런 제한이나 기준 없이 그냥 아이들이 하고 싶은 활동을 하는 방식으로 진행되는 제2학교 프로그램은 교과 학습과 어떤 관계가 있는지 매우 궁금하다. 이것은 학교 밖 체험이나 프로젝트 활동들이 전혀 무익하다는 것이 아니라, **교과 과정과 연계되지 못해 단순 체험이나 놀이로 인식되어 그 경험들이 100% 깊은 지식으로 내면화되지 못한다는 이야기**이다.

이와 같이 학생 주도성을 기르는 프로젝트 수업은 학교 안이 아닌 학교 밖 기관에서 더 많이 시도되고 논의되고 있는데, 이것이 학교 교육과정을 통해 교사들이 했어야 했던 프로젝트 학습을 하지 않아 학교 밖에서 하는 방법으로 찾아가게 된 것은 아닐까 반성하게 된다. 그래서 많은 사람들이 학교에는 창의성을 기르는 활동이 없다고 생각하게 되고, 학교 밖 프로젝트 활동들이 마치 미래교육의 주역인 양 관심을 받게 되는 것이다. 정말 좋은 프로젝트 수업은 학교에서 교사중심으로 이루어져야 하는데 안타까운 상황이다.

(2) 학교 교육과정과 연계된 공유학교

위에서 이야기했던 학교 교육과정과 유리(遊離)된 체험이나 프로젝트 활동의 문제점을 인식하여 경기도교육청은 2022년 12월 **학교 교육과정과의 연결을 강조하는 '지역맞춤 공유학교'**를 새로운 정책으로 등장시켰고, 2023년 5월 **'경기공유학교 플랫폼**43)**'**을 중심으로 한 지역교육협력 방안을 구체화하였다(경기도교육청, 2022, 2023). 공유학교는 학교 밖 자원들을 활용하여 학교 내에서 운영이 어려운 교육과정을 중심으로 지원하는 지역연계 교육으로, 학교 교육과정과 연계성을 높여 공교육을 더욱 강화하고자 하는 것이다. 2023년 현재 경기도 내 6개 시범교육지원청이 운영되고 있으나, 25개 교육지원청에서 모두 지역 현안을 반영한 지역 맞춤 공유학교 모델 개발에 힘쓰고 있다. **성남교육지원청**의 경우, 지역의 인적, 물적 자원들을 찾아서 목록화시키고, 우선적으로 교육 수요자들이 필요로 하는 분야에 대한 프로그램을 **'디지털'**, **'학습코칭'**, **'이중언어'**, **'예술'**, **'건강'**, **'K-문화'**, **'Pre-IB'**의 **7개 영역으로 구성**하였다. 그리고 2024년 공유학교 프로그램 파일럿(시범) 운영을 통해 지역연계 교육이 학교 교육과정에 녹아들어 각 학생들의 요구에 부합하는 교육이 가능할 수 있도록 가능성을 탐색하고 있다.

교육의 뉴노멀은 학교가 더 이상 독자적 독립체가 아니라 지역사회와 더욱 긴밀히 연결되고 상호 영향을 주고받는 생태계의 일부가 되는 것이다. 그런 의미로 보았을 때 **학교 밖 교육자원들을 학교와 연결시켜**

---

43) '경기공유학교 플랫폼'은 지역사회와의 협력을 기반으로 학생 개인의 특성에 맞는 맞춤 교육과 다양한 학습 기회를 보장하기 위한 학교 밖 교육활동과 시스템을 포괄하는 지역교육협력 플랫폼이다(경기도교육청, 2023).

그림 5-14 성남교육지원청 '공유학교' 관련 기사

성남에 '움' 트는 공유학교…지역사회 협력 기반 '성남다(多)움'

입력 2023.10.16 17:14 수정 2023.10.16 17:14   유진상 기자 (yjs@dailian.co.kr)

🖨 ⬦ 가⁺

배움·돋움·피움·키움·채움·나눔·틔움 등 7가지 '움'
판교테크노밸리 연계 디지털 공유학교 선보여
인성과 역량 갖춘 지역 미래인재 육성 기대

출처: 데일리안(2023.10.16.).

학생들에게 다양한 학습 기회를 줄 수 있는 공유학교는 교육의 뉴노멀을 지향
할 수 있는 정책이라 할 수 있다. 단지, 앞서 이야기했던 교육과정과 연
계되지 않아 본래 목적을 잃어버린 여러 프로젝트 활동처럼 되지 않으
려면, 무엇보다도 교육과정 연계로 활동이 이루어져야 할 것이다. 하지만
많은 경우 교육과정 연계를 어떻게 하는 것인지 알지 못하고, 또다시
'다가치학교'나 '미래교육협력지구' 사업들처럼 방과후 활동이나 일부
희망자들이 선택해서 하는 활동으로 진행하려는 경우들을 볼 수 있다.
성남교육지원청에서는 파일럿 프로그램 운영 후 신학기 교육과정 편성
전에 **공유학교 프로그램에 대한 안내와 함께 '지역연계 융합 교육과
정44)'** 연수를 진행하여 공유학교 교육활동이 반영된 학교 교육과정을

편성하도록 할 것이다. 학교와 지역 교육자원은 학교 교육과정을 중심으로 연계되어야 하고, 이러한 작업들은 여러 다른 교육정책들과 마찬가지로 교사들의 협업과 노력으로 이뤄질 수 있다. 특히, 지역자원을 연계한 공유학교 프로그램은 학교의 자율적 교육과정 운영에 활용될 수 있어 학교마다 더욱 다양하고 특성화된 교육과정을 운영할 수 있을 것으로 기대된다.

(3) 학교 자율적 교육과정 운영

여러 지역자원들을 학교의 자율적 교육과정 구성을 위해 활용하는 것은 실생활 맥락 속에서 학습 내용을 습득하고 적용 실천할 수 있게 하여 역량 함양을 위한 교과교육에 매우 도움이 된다. 획일적 교육이 아니라 지역의 상황이나 학교, 학생의 요구와 필요에 맞는 교육을 제공하기 위해 단위학교 교육과정 편성·운영 자율권이 필요하고, 2022 개정 교육과정에서는 **지역 연계 교육과정과 특색 교육과정 운영을 위한 '학교 자율시간' 확보 및 운영 방안을 제시함으로써** 교육과정 자율성을 확대하고 그 중요함을 강조하였다. '학교 교육과정 자율성 확대'에 대한 이야기는 30여 년 전인 제6차 교육과정 시기(1992–1997)에서도 논의되었던 것으로, 제7차 교육과정을 거쳐 2009 개정 교육과정, 2015 개정 교육과정[45] 그리

---

44) '지역연계 융합 교육과정'은 2020년 평택교육지원청을 시작으로, 2021년 안양교육지원청, 2022년 시흥교육지원청, 2023년 성남교육지원청에서 지속적으로 실행하고 있다.

45) 제6차 교육과정에서는 학교 교육과정을 편성 운영함에 있어서 교원, 학생, 학부모, 지역사회의 실정 등을 반영하도록 했으며, 제7차 교육과정은 학교의 독특한 교육적 필요, 학생의 요구 등에 따른 재량활동과 특별활동 등을 운영하게 했다. 2009 개정 교육과정에 이르러 학교가 자율적으로 교과(군)별 20% 범위 내에서 시수를 증감·운영할 수 있게 하였고, 2015 개정 교육과정에서는 '자율 편성 단위'를 제시하여 학교 실정에 맞는 교과목을 편성·운영할 수 있도록 하였다.

고 2022년 12월 확정·발표된 2022 개정 교육과정46)에 이르기까지 우리들이 학교교육 발전을 위해 지속적으로 추진해온 부분이다. 이는 **학교 교육과정 자율성 확대가 오랜 기간에 걸쳐 끊임없이 고민하고 꾸준히 노력하고 있는 매우 중요한 사항이기도 하지만, 그만큼 쉽게 실행될 수 없었던 어려운 과제라는 이야기도 될 수 있다.** 현재 학교 교육과정 자율성 확대 시도는 **경기도교육청**의 '학교자율과정', **충북교육청**의 '자율탐구과정', **인천시교육청**의 '초등 학생중심 자율교육과정'과 **전북교육청**의 '초등 학교교과목 개설 허용' 등으로 나타나고 있다.

교사들은 누구나 수업에 있어서 전문가가 되기를 원하고 미래형 수업을 해보고 싶은 니즈(needs)가 있다. 이러한 니즈를 충족할 수 있게 한 것이 학생중심 수업으로의 변화를 하는 것이고, 그러한 다양한 시도들이 학교 자율시간 확보를 통한 교사교육과정 운영으로 발전되었다고 본다. 그러나 '**학교 자율시간**'이나 '**학교자율과정**', '**자율탐구과정**', '**학교 교과목**', '**학교 자율적 교육과정**'47)이라는 다양한 이름으로 운영되는 학생활동 중심 수업들은 목적에 부합하게 충실히 운영되고 있는 **일부 학교를 제외한 대다수 학교에서 아직까지도 과거에 해오던 대로 관행적으로 이뤄지고 있다.** 예컨대, 기존 학교 역점사업이나 특색사업 등으로 실시하고 있던 활동들을 그 명칭으로 모아 놓은 경우가 많고, 업무 담당자가 부담되지 않는 수준에서 진행하는, 일회성 행사중심의 교육활동으로 적당히 시간을 보내는 것으로 생각하는 경향이 있다.

---

46) 2022 개정 교육과정은 2021년 11월 24일 총론 주요사항이 발표된 후, 2022년 12월 22일 확정·발표된 교육과정으로 2024년 초 1·2학년을 시작으로 순차 적용 예정이다.
47) 본고에서는 이후 이들을 대표하는 것으로 '학교자율과정'이라는 용어를 사용하고자 한다.

그림 5-15 경기도창의융합교육연구회 직무연수(2022.6.11.) 운영 중 "학교자율
과정 운영의 어려움"에 대한 패들렛(padlet) 내용

**교사들이 추가된 업무로 생각하여 참여의지가 대
체로 낮음**

학교자율과정 이해도 부족

일회성 행사라고 생각하는 사람들이 많음
하라고 하니까 형식적으로 진행

**학교자율과정을 하나의 업무로 생각하고 부담스
럽다는 인식**

선생님들의 참여의지 부족, 주제 도출 및 운영 방법의 미숙

1. 관리자나 담당 보직교사 그리고 교사들 가운데 학교자율과정에 대한 이
해와 실행의 경험이 부족하여 그 필요성을 충분히 이해하지 못하고 있음.

*** 전공교과 외의 새로운 활동에 대해 교사들이 갖
는 거부감과 두려움이 있을 수 있고, 교사마다 역
량이 다르므로 교육이 추구하는 바를 달성할 수
있을 지에 대한 고민. 제대로 계획이 작성되지 않
고 추진된다면 추구하는 방향성을 잃을 수도 있을
것 같음. (충분한 사전 연수 및 노력이 보장되어야
함).**

학교 교육과정의 자율성을 확대한 본래 목적에 비추어 보면, 지역
특성에 맞는 다양한 수업 혁신이 학교 현장에서 이루어져야 하고 이를
위해 교사들 간 협의를 통한 교육과정 재구성으로 지역과 연계된 다양한 교육
과정 및 프로젝트 활동을 편성·운영해야 한다. 이는 **교과를 기반으로 하
여** 여러 교과 간 융합교육[48]**으로 진행되어야** 하는데, 많은 일선 학교에
서는 융합교육을 어떻게 해야 하는지 갈피를 못 잡고, 돌파구도 찾지

---

48) 융합교육은 특정 주제에 대해 여러 교과가 함께 교과 내용을 기반으로 교육과
정을 재구성하여 만든 활동중심의 프로젝트 수업이다.

못하고 있는 듯하다. 학교 교육과정 담당 부서에서는 주체적으로 교사 교육과정을 운영하도록 하는 것에 대해 교사들이 거부감을 표시하는 것이 부담스럽고, 교사들도 학교자율과정 활동에 참여해야 하는 입장에서 어떻게 운영해야 할지 잘 알지 못한다는 것이 문제이다. 또한 학교 자율과정을 운영하기 위한 융합교육에 대해 각각의 이해가 서로 달라서, 어떤 학교는 '그냥 교사들이 둘씩 짝지어 뭐라도 하라고 했다'고 하고, 또 다른 학교는 '주제만 하나로 하고 각자 수업하는 경우가 많아' 융합이 된 것인지 아닌지 애매한 경우가 너무나 많다. **겉모양은 융합교육으로 구성한 듯 보이지만 막상 내부를 들여다보면 진정한 의미의 융합이 아닌 것**이다. 학교 자율적 교육과정 운영을 위해 융합교육에 대한 정확한 이해와 실행이 필요하다.

　학교자율과정을 도입하기 이전에도 학교에서는 역점사업, 특색사업을 했었고, 학기 중이나 학기 말에 프로젝트 주간을 운영했었다. 학교자율과정은 과거 프로젝트 주간에 교외활동이나 체험학습을 하기 위해 교육과정상 교과 시수를 가져와 구성했던 것을 실제 자율과정으로 편성할 수 있도록 근거를 마련해준 것으로, '학교자율과정'은 '프로젝트 주간'으로 '교사교육과정'은 '교육과정 재구성'의 다른 버전**으로 이해하면 좋을 것이다.** 원래 용어라는 것이 오래 쓰다 보면 낡은 감이 있어 새로운 용어로 바뀌게 되는데, 용어에 매달리지 말고 실제 의미하는 바를 잘 살펴 이해하는 것이 필요하다. '교육과정 재구성'은 국가수준 교육과정을 지역과 학교, 학생 등에 맞게 새롭게 구성하여 수업하는 것으로 교사가 중심이 되어 학교 교육과정을 만들고 그 교육과정을 토대로 교육활동을 실행(진행)함으로써 학교 교육과정의 자율성을 높일 수 있다. 즉, **기존에 학교에서 특색 있는 교육과정을 운영해 오던 것을 학교자율과정**

이라는 이름으로 **체계화시킨 것**으로, 학교별로 학생들에게 필요한 교육 내용을 학교자율과정으로 구성하고 그것에 대해 **교육과정 재구성을 통해 교사교육과정을 운영한다는 의미**일 것이다. 학교자율과정을 통해 각 교과 시간에 분절적으로 이루어지던 것들을 하나로 모아 보다 체계적으로 운영될 수 있게 되었고, 운영시간을 매주나 격주 또는 월별로 블록으로 구성하여 프로젝트 수업을 연속성 있게 실질적으로 진행할 수 있게 되었다. 오랜 기간 융합교육에 대해 공부해 온 나와 우리 동료 교사들은 **학교자율과정이 융합교육 시행의 프레임을 준 것**으로, **융합교육이 학교자율과정을 수행할 수 있는 매우 적합한 방법**이라 생각한다.

그러므로 학교자율과정은 단순한 체험활동이나 학교에서 해야 하는 여러 교육활동들을 모아 운영하는 것이 아니라, 학생들의 학력과 역량을 함께 기를 수 있도록 실제 학교 교육과정 안에서 자신의 교과와 연계하여 재구성된 교육과정으로 운영해야 한다. 진정한 의미의 학교자율과정이 이루어지려면 일회성 행사들의 나열이나 기존에 하고 있던 특기활동 등을 이름만 바꾸어 그대로 실시하는 것이 아니라, 교사들의 협업에 의한 교과 연계 교육활동으로 준비되어 체계적으로 실시되어야 한다. 학교자율과정이 교과를 바탕으로 교과 내, 교과 간 교육과정 재구성을 통해 실시하는 융합교육으로 진행된다면, 학교 비전에 따라 대주제를 설정하고 대주제에 따른 학년별 주제를 선정해 심화된 교육과정을 구성할 수 있고, ○○고에서 운영했던 생태환경이나 공학 · 예술과 같은 다양한 특성화된 교육과정[49]을 운영할 수 있다. 어쨌든 융합교육은 학교 자율적 교육과정 구성에 있어서 매우 중요한 근간으로, 학교 환경과 학생들의 특성을 고려

---

49) 이 부분은 "학교를 변화시키는 마법(오찬숙, 2020)" <매직 1> **다양한 교육과정** 부분을 참조할 것.

한 교사 수준의 교육과정 재구성을 보다 적극적으로 격려하여 학교 단위의 교육과정 자율화의 폭을 넓혀 나가야 할 것이다.

(4) 지역연계 융합교육을 해야 한다

앞으로 아니 지금도 우리가 해결해야만 하는 여러 문제들, 예를 들면 코로나 팬데믹이나 국제분쟁, 기후 변화와 그로 인한 식량 부족 문제, 신기술 개발에 의한 윤리적 문제 등은 단지 한 나라나 일부 나라만이 아니라 전 세계 모든 나라들의 당면 문제로, 모든 분야의 전문가들이 함께 소통하고 협력해서 해결해 나가야 한다. 예컨대 생태학자, 엔지니어, 기후 전문가뿐만 아니라 각국의 정책 부서와 업무 담당자, 그리고 그런 정책에 참여하는 일반 시민에 이르기까지 세계적으로 당면한 문제를 해결하기 위해 함께 협력하고 소통하는 역량을 필요로 한다. 이러한 시대 흐름에 따라 많은 대학들이 창의적 사고와 더불어 소통·협업 역량을 키우는 방향으로 나아가고 있고, **공학교육의 혁신 사례로 유명한 올린 공과대학도 전문적인 지식과 경험뿐만 아니라 협업과 소통 역량의 중요함을 인식하여 프로젝트 기반 교수법을 통해 학생들을 교육하고 있다.**

올린공대 교수들은 수업을 설계할 때 연결성을 높이기 위해 다양한 노력을 기울이는데, 그 첫 번째가 **지역사회와의 연결성을 만드는 것**이다. 진정한 학습이 되기 위해서는 지식을 실제 상황과 끊임없이 연결할 수 있어야 하며, 그 과정에서 학생은 학습의 목적과 의미를 인식하게 된다(조봉수, 2017:46). 이는 2022 개정 교육과정에서 학교에서의 학습이 학생의 삶에 의미 있는 학습 경험이 되도록 학습 내용을 실생활 맥락 속에서 이해하고 적용하는 기회를 제공해야 한다고 제시한 것과 맥을 같이 하는 것이다. 다시 말해서, **지역사회와 연계한다는 것은 교과 시**

간에 학습한 것을 학생의 실제 생활환경에 연결하어 적용하는 것으로, 그 과정을 통해 지식이 내면화되고 진정한 학습이 이루어질 수 있다.

필자가 교장으로 재직했던 ○○고등학교에서 진행했던 **지역연계 융합교육**50)은 고등학교와 대학이라는 수준의 차이는 있을지라도 **올린 공대 수업방식과 매우 유사**하다. '지역연계 융합교육'은 지역사회와의 연결성을 만드는 교육활동으로, 여러 교과가 함께 지역 교육자원을 활용한 프로젝트를 학교 교육과성으로 운영하는 것이다. 이는 실제로 존재하는 문제나 현상을 학습 내용과 연결하게 하여 학생들이 실제 문제를 해결하기 위해 **학습하고자 하는 내적 동기**를 올릴 수 있다. 또한 팀을 구성하여 진행되는 프로젝트 수업은 혼자서 지식을 습득하는 것이 아니라 **친구와 함께 배우고 성장한다는 연결성**을 줄 수 있어 협업이나 소통 역량을 키울 수 있다. 전 세계가 미래교육의 모델로 집중하고 있는 올린공대의 프로젝트 수업과 같은 방식의 융합교육 프로젝트를 기본 지식을 습득하는 중·고등학교 때부터 병행하여 운영한다면 학습에 대한 태도 변화뿐만 아니라 사고력과 문제해결력을 키우는 미래교육으로 한 발 더 다가갈 수 있을 것이다.

교장으로서 ○○고등학교에서 시도했던 지역연계 융합교육 사례를 이야기하자면, 부천은 '한국만화영상진흥원'과 '부천국제판타스틱영화제' 등이 유명한 곳이다. 사회성과 예술성이 높은 학생들의 적성을 고려하고, 영상 관련 지역사회 자원을 연계하여 교육할 수 있는 공학·예술 중점 교육과정을 구상하였다. 지역사회 연계 학교 내 문화예술 교육 활성화를 위해 **부천문화재단과 MOU를 맺고, 한국만화영상진흥원, 부천**

---

50) 이 부분은 "학교를 변화시키는 마법(오찬숙, 2020)" <매직 2> **수업의 변화** 부분을 참고할 것.

시민미디어센터 등의 자원을 활용하여 부천 지역 강사를 초빙해 수업을 진행하였다. 프로젝트 결과물 발표회로 영화, 영상, UCC 등의 작품을 상영하는 **학교 영상제인 '필름 페스티벌'을 개최하여 학생과 지역주민들이 함께 어울릴 수 있는 기회를 마련**하였으며, 학생들의 페스티벌 출품 작품들을 **부천국제애니메이션 페스티벌에서 찬조 상영**하였다. 이러한 지역연계 융합교육은 학교가 지역사회와 긴밀히 연계되는 교육의 뉴노멀로 학생들은 자신들이 살고 있는 지역의 자원을 직접 활용하여 학습할 수 있어 내적 동기가 높아지고 진정한 의미의 학습을 할 수 있으며, 자신들의 진로·진학에 큰 도움이 될 수 있다.

표 5-4 지역사회 연계 융합교육

∘ 지역사회 협력체제 및 초-중-고 연계 프로그램

프로그램		시기	내용	비고
지역 연계 학년 융합교육		7, 12월	꿈끼 탐색 주간을 활용하여 지역의 인적·물적 자원을 활용하는 수업, 지역 사회의 문제를 개선하는 활동 등 진행	지역 연계
초-중-고- 지역 연계 프로그램	지역 중1 학생을 위한 창의융합체험교실	5~7월 (10회)	본교 과학동아리 및 공학예술반 학생이 관내 3개 학교, 24명의 중학교 1학년 학생을 1:1로 담당하여 과학 원리 설명, 실험, 공학예술 체험과 심화학습 기회 제공	동아리, 봉사 연계
	지역 중3 학생을 위한 고교탐방프로그램	7월 (2회)	중학생들의 진로 선택을 돕기 위해 학생 홍보단을 중심 으로 본교 교육과정 및 교육활동 소개	자치, 봉사 연계
	수주과학문화한마당	10월	이공계열 동아리들이 20개의 체험 부스를 설치하고 지역 중·고등학생, 주민들을 대상으로 재능기부 봉사 활동 실시	동아리, 봉사 연계
	지역 연계 영상영화제 수주Go! Film Festival	10월	교과, 창체 시간에 학생들이 제작한 영상을 상영하는 영 상영화제를 지역 주민에게 개방하여 학생들의 성장을 함께 격려하고 지역 주민에게는 문화 활동 기회를 제공	교과, 동아리
지역 교육·문화 거점 기관	진로교육거점학교	연중	부천시 4권역 진로교육 거점학교. 히어로 프로젝트 운영	지역 연계
	경기 꿈의 대학 거점학교	연중	한국사(서강대 연계), 심리학(성공회대 연계) 등 2개 과정 운영	진로 연계
지역 자원 활용	부천 아트밸리	기타반	3-11 월	기타 연주 및 공연	동아리 연계
		영화제작반		영화 제작 및 상영(수주 Go! Film Festival)	
	부천시 한 도시 한 책 읽기	연중	'원미동사람들(양귀자)' 읽기, 시립도서관, 원미동사람 들 거리 견학, 전문 토론 강사와 토론 실습	동아리 연계
	오정 아트홀	10월	학교 축제를 지역 문화 기관인 오정아트홀 지원으로 운영. 지역 주민에게 축제를 개방하여 문화 활동 기회 제공	교육기부
	고리울 청소년 문화의 집	연중	'고리울 청소년 문화의 집'에서 제공하는 강사, 지원금 등을 활용하여 학생 동아리 운영 및 재능 기부 활동	동아리, 봉사 연계

출처: 오찬숙(2020). 학교를 변화시키는 마법. p. 299.

표 5-5 지역연계 교과특성화 고등학교(평택)

2021 평택형 융합교육과정

순	학교명	특성화 영역	운영 교과	비고
1	비전고	생태환경 융합	환경, 사회, 과학	
2	라온고	과학중점, 예술중점(과학예술융합)	과학, 예술	
3	송탄고	사회과학융합	사회, 과학, 교양	
4	이충고	과학문화융합	과학, 미술, 지식재산일반	
5	태광고	국제회화문화융합	사회과, 외국어과	경기도형
6	평택여고	문화콘텐츠 국제화융합	사회과, 외국어과	
7	현화고	국제사회 융합	사회, 중국어	

GYEONGGIDO PYEONGTAEK OFFICE OF EDUCATION

출처: 경기도안양교육지원청(2021). 지역연계 융합교육과정 연수 자료.

표 5-6 지역연계 융합 교육과정 추진 계획(안양과천)

안양과천 지역연계 융합 교육과정 추진 계획

경기도안양과천교육지원청 중등교육지원과

I 추진 근거

☐ 2021~2023 경기교육기본계획(정책2. 교육과정 내용과 운영의 다양성 강화)
☐ 2021~2023 안양과천교육 기본계획(정책2. 다양한 교육과정 지원)

II 추진 목적

☐ 지역과 연계된 융합 교육과정 운영으로 특색있는 안양과천교육 실현
☐ 교과 기반 교육과정 재구성을 통한 빛깔있는 학교 교육과정 운영
☐ 지역 인적・물적 자원 활용을 통한 학교자율과정의 정착 및 내실화 조력
☐ 학생의 삶을 중심으로 교육환경의 변화를 반영하는 교사교육과정 개발

III 추진 방침

☐ 전문적학습공동체 활성화로 교육과정 재구성 역량 강화 및 공감대 확산
☐ 지역 교육자원 활용을 통해 학습 시공간의 확장으로 학생 주도의 다양한 학습경험 제공
☐ 학교 간 네트워크 구축을 통한 운영 사례 나눔 및 협의 활성화
☐ 혁신지구 프로그램 활용으로 다양한 정보 제공, 모니터링 및 컨설팅 강화

출처: 경기도안양과천교육지원청(2021.5.13.).

표 5-7 안양과천 지역연계 프로그램 추진을 위한 자원 목록

안양과천 지역연계 융합프로그램 자원 목록
-문화예술 / 민주시민·인성 / 생태 / 스마트-

문화예술

교육영역	기관명	프로그램명	내 용	대상		예산(강사비)	담당자 연락처	비고
				학급급	학년			
문화예술	과천시 청소년 수련관	만화 그리기	캐릭터 따라그리기, 도형을 이용한 사람그리기, 내용에 알맞은 만화 그리기	중	전학년	시간당 45,000원	박경수 주무관 02-2150-3933	참가비, 재료비 별도
		꽃으로 만드는 예술품 플라워 아트	꽃과 식물 알기, 꽃을 이용한 다양한 작품 만들기					
		목소리 왕 성우	성우 훈련을 통한 언어, 비언어소리, 감정으로 자신을 표현하기					
		나의 그림 팝아트	도안그리기, 칼러화작업, 플랙카인 완성, 작품 완성하기					
		교육 마술	수학, 과학 등 교육원리를 이용한 마술 교육					
		스트릿 방송댄스	K-POP 댄스 배우기, 댄스 기초 및 기본동작 연습					
		아나운서	말하기 훈련, 아나운서 실습, 분미멘리포트, 쇼호스트 등 참여형 실습					
		레크레이션	다양한 게임을 통해 자신감과 발표력을 향상시키기					

출처: 경기도안양과천교육지원청(2022.1.17.).

    교장으로서 지역연계 융합교육의 필요성과 중요함을 느껴 이후 장학관으로 근무했던 **평택과 안양 지역에서도 지역연계 융합교육을 시도하였고 지금도 2024학년도 '성남 지역연계 교과특성화학교'를 추진 중**에 있다. 기존 방식대로 운영되고 있는 일반계 고등학교의 교육과정을 학생들의 소질과 적성에 따라 특성화하고, 특히 교과특성화학교로 구성할 때 생태·환경융합, 과학·예술융합, 사회·과학융합, 국제사회융합, 과학·문화융합, 사회탐구융합 등 **융합교과로 특성화하도록 조언**하였으며, 교과특성화 교육과정 구성 시 가능한 **지역연계 융합교육을 실시하도록 강조**하였다. 학교 교육과정 구성의 중심 역할을 하는 교육과정 부장이나 교감, 교장 대상으로 지역연계 교육과정을 구성할 수 있도록 **실습연수를 실시**하여 실제적 방법을 알 수 있도록 안내하였다. 또한 지역연계 교육과정 구성 시 활용할 수 있도록 지역자원 목록을 문화예술, 민주

시민·인성, 생태기후, 스마트산업 관련 자원 등으로 유목화하여 구성하고, 학교에서 보다 용이하게 **지역자원을 활용할 수 있도록 안내**하였다.

그림 5-16 지역연계 융합교육과정 추진을 위한 연수 보도자료

기호일보

HOME | 교육 | 경기

학생 중심 교육과정 구성·실행력 제고

ⓘ 이정탁 기자 | ⓘ 승인 2021.12.10 | ⓘ 11면

| 안양과천교육청, 중·고교 교감 등 대상 융합교육과정 연수

안양과천교육지원청이 지난 8일 3층 대회의실에서 중·고교 교감과 업무담당자를 대상으로 '2022 지역연계 융합교육과정' 연수를 실시했다. <안양과천교육지원청 제공>

출처: 기호일보, 2021.12.10.

여러 지역에서 근무했던 내 경험으로 **지역연계 융합교육이 될 수 있는 좋은 사례를 제안**해 본다면, 환경교육법 시행으로 학교에서 해야만 하는 환경교육을 지역연계로 진행할 수 있을 것이다. 시흥시의 경우 시흥행복교육지원센터 사업(https://happyedu.siheung.go.kr/)으로 다양한 체험활동 프로그램을 진행하고 있고, 시와 교육지원청이 지속적인 협의

와 소통으로 프로그램을 발전시키고 있다. 관건은 관내 학교들이나 교사들이 자신들의 교육과정과 연계해서 최대한 교과 지식을 증대시킬 수 있는 방향으로 활용해야 하는 것이다. 시흥시에서는 자원순환과 재활용팀 사업으로 **자원순환교실**을 2021년부터 운영하고 있고 시흥시 관내 초등 2학년 100학급에서 참여하고 있다. 또한 **시화호 해양레저관광 거점 조성 사업**을 22년 7월 착공했고 **시흥창의체험학교 프로그램**으로 '시화호의 새와 친구 하기', '시화호의 수질', '시화호의 생태계의 디딤돌 플랑크톤' 등을 운영하고 있다. 현재는 초등학교 대상으로 운영되고 있지만, 향후 확대하여 지역의 중·고등학교 학생들이 교육과정 내에서 환경교육이나 관련 교과수업을 진행하고, 교과와 연계한 다양한 체험을 하는 방식으로 프로젝트 수업이 가능할 수 있다.

지역마다 이와 유사한 사례들이 많이 있을 것이고, 앞으로도 지역의 자원을 학교의 교육과정과 연계한 융합교육을 실시하여 2022 개정 교육과정에서 제시하는 생태전환교육이나 학습자의 삶과 연계한 주제를 중심으로 다양한 프로젝트 활동을 운영할 수 있기를 바란다.

7. 학교 현장 중심 개혁으로 진정한 변화 추진

첨단기술의 발전과 더불어 급격한 사회·경제적 변화는 전 세계로 하여금 미래교육으로의 변화를 촉구했고, 우리 정부도 미래교육을 위한 AI·SW 교육, 그린스마트 미래학교, 고교학점제, IB 교육 등 다양한 방안들을 내놓고 있다. 이러한 정책들은 기존에 해오던 교육에서 새롭게 변화되거나 보다 강조되는 것으로, 학교 현장에 적용되어 미래교육으로

그림 5-17 개혁의 확산단계 및 영향 요인

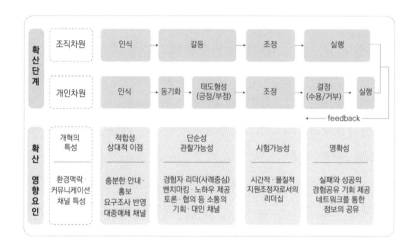

출처: 오찬숙(2014). 교사학습공동체의 개혁확산 과정에 관한 사례연구, 고려대학교 대학원 박사학위논문. p. 37.

의 변화가 이루어져야 한다. 그러나 **아무리 좋은 방안과 방향이 있어도 성공적으로 현장에서 실행되지 못한다면 아무것도 바꿀 수가 없기에 변화에 대한 전략적 접근이 중요**하다. 그래서 많은 정치가나 행정가, CEO들은 어떻게 하면 자신이 추구하는 변화나 개혁이 잘 이루어질 수 있는가에 대해 관심을 가졌고, 그와 관련하여 '개혁의 확산51)'에 대한 연구들을 해오고 있다(오찬숙, 2020:22). **교육의 관점에서 '개혁확산'은 새롭게 시행하고자 하는 교육정책(개혁)이 어떻게 해야 일선 학교에서 잘 실행될 수 있는가(확산)에 대한 이야기이다.** 미래교육으로 가는 방법을 제

---

51) 개혁의 확산이란 개인이나 조직에게 새롭다고 느껴지는 사물이나 행동들이 특정 커뮤니케이션 과정을 통해 다수의 개인이나 조직에게 퍼져 나가는 과정이다(오찬숙, 2014). 개혁의 확산 부분은 고려대학교 박사학위논문(교사학습공동체의 개혁확산 과정에 관한 사례연구)의 내용과 관련된다.

시하는 마지막 순서에서 평소 교육정책 시행에 대해 갖고 있던 생각을 개혁의 확산 방법과 함께 이야기해보려 한다.

　　교육을 포함한 여러 분야 정책 실행과정에서, 많은 경우 정말 안되는 방향으로만 가는 것을 볼 때 답답한 마음이 들기도 했고, 그렇다고 해서 내가 하는 방법이 꼭 잘된다는 보장은 할 수 없지만, 지금까지 해왔던 일들의 결과를 보면 성과가 그리 나쁘지는 않았던 것 같다. '개혁의 확산' 공부를 하면서 '과연 이런 방법으로 하면 잘될까'라는 의구심도 가졌었지만, 작게는 학교, 크게는 교육청이나 교육부 차원에서 무난하게 진행되는 정책들을 보면 아래 단계와 유사한 과정을 거치는 것으로 생각된다.

(1) 마음을 얻어야 바뀐다

　　급변하는 사회만큼이나 교육에 있어서도 많은 변화 요구가 있어 미래교육을 위한 새로운 정책들이 나오고 있고, 학교나 교사들은 그러한 요구를 받아들여 변화하고 적응하느라 바쁘다. 수업도 바꾸어야 하고, 에듀테크도 활용해야 하고, 교육과정도 변화시켜야 한다. 하지만 언제부터인가 교육이 잘못되었으니 변해야 한다는 이야기들을 너무 많이 들어와서 무엇보다도 변화나 **개혁, 혁신에 대해 식상하여 더 이상 변화가 필요하다는 말에 둔감해진 경향이 있다. 개혁 피로감이랄까.**

　　코로나19가 한창일 때 각 시·도교육(지원)청마다 온라인 원격수업을 하도록 지원했었는데, 당시 선도적으로 무선인프라를 구축하고 쌍방향 원격수업을 시도했던 ○○교육지원청 교육장이 그 지역 상황에 대해 '하드웨어, 시스템은 그 어느 나라보다 발달되어 있지만, **잘 되고 안되고는 교사들의 마음에 달려 있다'**고 했던 말이 생각난다. 온라인 수업은 실시간으로 출석 체크를 하고 PPT에 더빙하거나 작은 모습으로 나오는 동영상을 넣어 올리고 아이들이 내려받아 볼 수 있게 하는 것이 대부분이었는데, 어떤 수업은 실시간 수업에 직접 제작한 수업자료를 활용하는가 하면 어떤 수업은 EBS만 계속 보여주는 등 학교나 교사에 따라 수업의 내용과 질에 많은 차이가 났었다. **모든 것이 정말로 하고자 하는 마음이 있을 때 열심히 하게 된다.** 그것이 바로 요즈음 교육계에서 많이 언급되는 2030 나침반의 '주도성'일 것이다.

사람들은 자신이 하는 일에 의미를 느낄 때 주도적으로 하고자 하는 자발성을 갖게 된다(오찬숙, 2020:44). '공부를 해서 원하는 직업을 갖고 싶은 기대감', '수업을 바꿀 때 교사들이 느끼는 보람', '학생 상담으로 도움을 주고 싶은 마음', 더 크게는 '융합교육으로 우리 교육을 발전시키겠다는 신념' 등이 그 사람에게 '의미'일 것이다. 그러니까 **교사들이 새로운 정책에 대해 자발성을 갖고 주도적으로 참여하게 하려면 그것이 자신에게 의미가 있고, 합리적이며 내게 도움이 되는 필요한 것이라는 마음을 갖게 해야 한다.**

새롭게 시행되는 여러 정책에 대해 현 상황에 적합하고 유익한 것인가를 반문해 보자. 예를 들어, 미래교육을 위해 강조하고 있는 에듀테크나 고교학점제 등은 합리적이고 필요한 것인가? 그것을 했을 때 어떤 점이 유익한가? 불합리하다고 느끼는 부분은 없을까? 이런 부분에 대한 안내와 홍보, 해결 방안 등을 제시하여 학교와 교사, 그리고 학부모들이 열심히 참여해야겠다는 공감대가 형성되도록 해야 할 것이다.

(2) 실행을 위한 실행이 아니라 실제 가능한 방식으로 발전 시키자

본래 교사이지만 교장, 장학관, 교육장으로 오랜 기간 행정업무를 했던 나의 경험으로, 한번 결정한 것을 다시 번복하는 일은 혼란을 야기하고 더 많은 문제를 일으킨다는 것을 너무나 잘 알고 있다. 그래서 **대다수 조직이나 기관들은 일단 계획을 세워 시행하면 어떤 문제점이 있다고 해도 그대로 진행하는 경향**이 있다. 물론 새로운 정책을 시도하고자 하면 어느 정도 개혁에 대한 저항이 있다는 것은 모두가 다 알고 있는 사실로, 정책이 안착되어 진행될 수 있으려면 그런 저항을 굳세게 이겨내야 한다. 그럼에도 불구하고 너무나 많은 사람들이 문제가 있다고 지적하고, 어렵고 힘들다고 호소하는 것들은 잘 살펴서 쉽게 할 수 있는 방향으로 점진적 수정을 해야 현장에 착근될 것이다. 일반적으로 **개혁을 추진하는 입장에서는 개혁이 계획된 의도 그대로 변형되지 않고 실행되기를 바라지만**, 대부분의 경우 개혁은 불변의 것이 아니라 확산 과정에서 변화하고 진화한다. 이와 같이 개혁을 받아들여 실행하는 과정에서 사용자에 의해 개혁이 변화되거나 수정되는 것을 '재발명(Rogers, 2005)'이라 하는데, 개혁학자들에 따르면 재발명의 정도가 높을수록 그 개혁의 채택률이 높아지고 지속될 가능성이 높아진다고 한다(오찬숙, 2020: 60). 즉, 수정이 되는 정도가 높아야 개혁이 지속되는 것이다.

야심 차게 시작했다가 중단된 정책들, 예를 들면 제7차 교육과정의 '수준별 교육과정'과 '특별보충과정', 2009 개정 교육과정의 '집중이수제', 그리고 2009년 예비평가를 시작하여 2015년 폐지된 '영어능력평가시험(NEAT, National English Ability Test)'[52] 등은 실시 이전부터 찬반 논란이 많았던 것으로, 특히 현장 교사들의 불만이 높았었다. 어떤 정책이든 경로의존성이 있어 한번 시행되면 다시 거스르기가 매우 어렵

---

52) 465억을 들인 NEAT(국가영어능력평가시험)는 2009년 예비평가를 실시하여 2012년부터 본 시험을 실시하였고, 2014년 고등학생 대상 2급, 3급이 폐지되고 2015년 일반인 대상 1급도 폐지되었다.

지만 이렇게 시행되다가 폐지된 정책들은 그것의 개발을 위해 쏟아부었던 많은 사람들의 노력과 막대한 예산의 손실을 가져오기 때문에 처음부터 현장의 의견을 수렴하여 정책 입안을 해야 한다. 그러나 정책이 시행되는 과정 중에라도 **현장의 의견을 들어 수정할 수 있었다면**, 즉 개혁의 확산 과정 중 재발명이 있을 때 안착되는 것처럼, 문제점이라 지적된 것들을 수정할 수 있었다면 **완전히 중단하는 것이 아니라 현장에 맞는 방식으로 안착될 수 있었을지도 모른다.**

한편, 중단되지는 않았지만 현장의 의견이 반영되지 않고 강행된 정책들은 왜곡된 형태로 운영되거나, **내용은 바뀌지 않고 포장만 바꾸는 형태로 운영되는 것이 상례적**이다. 이러한 양상은 혁신학교 일반화 과정이나 전문적학습공동체 실행에서 문제점으로 지적되었던 것으로, 스티글러와 히버트(1999)는 교사들이 **개혁을 잘못 이해하고 표면적인 특징만 바꾸어 개혁에 실패한다**고 했으며, 옥스 등(1999)도 어떤 이들은 구조만 바꾸면 변화가 일어난다고 생각하는 것이 문제점이라고 지적하였다(Fullan, 2017:58). **현장의 이야기에 귀 기울여 실제는 변화시키지 못하고 겉모양만 변화된 정책이 되지 않도록 유의해야 할 것이다.**

현재 각 시·도교육청에는 IB 교육 도입과 관련한 난제가 있고, 고교학점제도 2025년 시행으로 연기되어 있는 상황이다. 자유학기제나 고교학점제, 에듀테크와 IB 교육 등은 미래교육을 위해 우리가 나아가야 할 방향으로, 학교 현장의 어려움을 들어가며 단계적으로 진행해야 한다. 이미 시작된 지 오래된 자유학기제 같은 경우에는 시행은 되고 있지만, 학습량 부족에 대한 학부모들의 불만과 프로그램 부족으로 인한 학생들의 만족도가 높지 않은 편으로, 무엇보다도 학습과 연관되지 않은 채 진행되어 학습결손으로 귀착되고 있다. 그러니 **자유학기제를**

운영하면서 학습도 할 수 있게 해야 하고, 지역연계 교육을 활성화해서 진로탐색 프로그램도 다양하게 마련해야 할 것이다.

오랜 기간 준비하고 있는 고교학점제 또한 교실 공간이나 교과 교사의 부족, 늘어나는 교사들의 수업 시수, 진로 결정을 하지 못한 학생들에 대한 지도 등의 문제점이 거론되고 있고, 이에 대한 해결 방안을 찾아야 우리에게 맞는 형태가 될 수 있을 것 같다. 앞서 살펴봤듯이 각 고등학교의 교육과정을 특성화시키고 인근 학교끼리 특성화된 교과를 서로 교류하는 방식이 보다 합리적이지 않을까 생각한다. 모든 학교가 모든 교과를 개설할 수 없기 때문에 각 고등학교가 보다 중점적으로 잘 운영하는 교과들을 특화시키고 그것을 지역으로 묶어 운영하는 것이 옳은 방향일 것이다. 시행은 연기되었지만 **수정의 시간을 갖게 된 고교학점제는 지금 갈등의 시기를 지나 조정의 단계로 가고 있는** 듯하다. 조정의 단계에서 필요한 것이 바로 재발명으로 개혁 참가자들에게 어느 정도의 여지(wiggle room)를 주는 것이 중요하다(오찬숙, 2020:317). **어떤 점이 잘못되었다고 모든 것을 제로로 하여 완전히 다시 바꾸어 시작할 수는 없는 것으로, 보다 유연성 있는 정책 실행이 필요하다.**

(3) 성공과 실패의 경험을 나누는 공유의 기회 마련

다른 여느 교육정책들과 마찬가지로, 미래교육을 이야기할 때면 언제나 교사들의 역량이 높아져야 한다고 말한다. 모든 교육정책의 중심이 학생이기 때문에 학교와 교사는 매우 중요하고, 그런 중요한 역할을 하는 교사들이 자발적으로 역량을 높일 수 있으면 매우 바람직할 것이다. **하지만 너무 많은 연수, 너무 많은 자료, 너무 많은 일들. 교사들은 지치고 의욕을 잃는다.** 무엇보다도 자신의 역량을 높이고자 본인 스스로 주체가 되어 연수나 역량 강화 프로그램 등에 참여한다면 보다 재

미있게 할 수 있을 텐데, 해야 할 일들이 너무 많이 밀려오다 보니 어려울 뿐이다.

　학교나 교육청에서 조직구성원들의 역량을 높이기 위해 대부분 외부 전문가를 초청하여 연수나 워크숍 등을 진행하는데, 이런 연수들은 새로운 지식이나 방법을 접할 수 있고 한동안 새롭게 마인드셋을 할 수 있어 효과적이지만, **외부 전문가의 좋은 사례들은 얼마간의 시간이 지나고 나면 잊혀 실행으로 연결되지 않는 경우가 많다.** 교장 재직 시절, 교육과정이나 수업의 변화가 필요했을 때 우리 상황에 맞는 최적의 방법은 내부에서 찾는 것이 최선이라 생각하여, 내부 구성원의 성공사례를 나누고 그에 대한 분과별 협의, 서로 간의 생각을 공유하는 시간을 마련했었다. 교육청의 경우에도 각 부서별로, 직급별로 정보와 생각이 공유되지 않아 서로 분절적인 행정을 하게 되는데, 그런 관점에서 보면 ○○교육지원청에서 모든 직원들이 참여했던 **독서토론 시간**이나 **팀장과 장학사가 함께 참여하는 워크숍**이 괜찮았던 것 같다.

　현재 구성원들 간에 서로 협의하고 생각을 공유하는 시간은 전문적학습공동체(이하 전학공) 활동으로 하게 되어 있는데, 이것을 형식적인 전학공이 아니라 **실질적인 전학공으로 운영해야 한다.** 교육청도 전학공을 하는가 의아해할 수 있지만, 학교에서 전학공을 해야 한다고 하면서 교육청에서 하지 않는 것은 이치에 맞지 않는 것이다. 전학공은 학습조직과 실행공동체의 개념이 교육 분야에 도입되어 발전한 것으로, 실행공동체는 기업 분야에서 그 활동을 통해 서로의 정보를 공유하고 업무능력을 향상시키고, 조직의 업무성과를 높이기 위한 것이었다(오찬숙, 2014:27). 모든 것은 자신이 해봐야 어려운 점과 좋은 점을 알게 되는 것으로, 교육지원 방안을 고민하는 전학공은 각 부서에서도 팀장과 부서원들이 함께해야 하고, 교육청 전체 차원에서도 구성원들이 모두 참여하는 '공유의 장'이 마련되어야 한다.

이것은 비단 학교나 교육청에만 해당되는 것이 아니라, 모든 조직에 적용될 수 있는 것이다. 새로운 어떤 정책을 적용시키고 싶을 때 **외국의 사례나 다른 지역의 정말 잘하는 사람들의 이야기를 듣는 것보다, 내부 구성원들의 실제 경험담을 들으며 서로의 노하우를 공유하는 것이 더욱 효과적**이다. 왜냐하면, 개혁 확산의 갈등단계에서 대다수는 다른 사람들도 자신과 같은 의견인지를 알고 싶어 하고, 그래서 경험자가 사례를 보여 주면서 노하우를 제공하고 벤치마킹할 수 있는 기회를 준다면 새로운 정책을 단순하고 어렵지 않게 할 수 있다는 것을 알아 동참하게 된다(오찬숙, 2020:46-51). 어떤 교수학습방법이나 교육모델을 정말로 활성화시키고 싶다면, 지역 내에서 지역 간으로, 그리고 전국네트워크로 전파시켜야 하고, 그것도 선도학교 중심이 아니라 지역청 중심으로 모여서 실행의 어려움에 대해 이야기하고 실제 해봤던 경험자가 조언을 해주는 것이 효과적일 것이다.

학교나 교육청에서 서로 이야기 나눌 수 있는 경우가 워크숍이나 전학공이기 때문에 그 사례를 앞서 이야기했지만, 정책 토론회나 각종 연수, 콘퍼런스 등에서도 같은 이유로 **먼저 어려움을 경험했던 사람들의 의견들을 공유할 수 있는 기회를 마련하는 것이 중요**하다. 그런 의미에서, 이제 플랫폼을 구축하는 것에서 확장하여 공유하는 데 초점을 두자고 말하고 싶다. 지금까지 어떤 정책이 나오면 그와 관련한 자료를 모아 책자를 만들고, 관련 플랫폼을 구축하여 자료를 모아두고 있다. 과연 그러한 책자나 홈페이지를 얼마나 많은 사람들이 보고 있을까? **나의 독설**이지만, **교사들은 자료가 너무 많아 사용하지 않고, 연수가 너무 많아 참여하지**

그림 5-18 확산 단계별 정보전달 방법

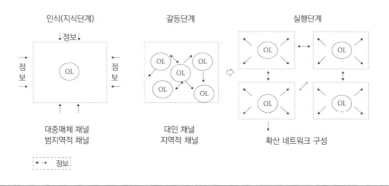

출처: 오찬숙(2014). 교사학습공동체의 개혁확산 과정에 관한 사례연구, p. 231.

않으며, 할 것이 너무 많아 아무것도 하지 않는다. 이것은 당연히 나에게도 해당되는 말이다. 2012년 '경기도창의융합교육연구회'를 처음 구성하여 운영했을 때, 당시는 전학공이 정책화되기 전이었는데, 융합사례에 대한 작은 규모의 연수를 실시해도 많은 교사들이 휴일임에도 함께 모여 공부하곤 했었는데, 지금은 너무나 좋은 강좌가 운영되어도 참여하는 교사들이 많지 않은 실정이다. 너무나 많은 공모연수, 너무나 좋은 직무연수가 있어 그 소중함이 덜한 것은 아닌가 생각하게 된다. 이제 자료를 모으고, 책자를 만들고, 플랫폼에 차곡차곡 쌓아두는 것에서 벗어나 실제 활용하는 것에 중점을 두자. 지금은 모으는 것이 아니라 **실행해야 할 때로, 성공과 실패의 경험을 나누는 공유의 날을 마련해야 할 것**이다.

(4) 정책 실행의 명확성을 높이자

마지막으로 정책의 명확성을 강조하고 싶다. 현장에서 보면 상부기관에서 무수히 많은 사업계획이나 정책안들을 내려보내도 학교에서는 단순하게 변형시켜 할 수 있는 것만 하는데, 오히려 **교육부나 교육청**에서는 새로운 계획을 세울 때 기존의 정책들을 모두 가져다가 **자신들의 계획 아래에 두고 전체를 덮어버리는** 경향이 있다. 예를 들어, 2022년에 작성된 '4차 산업혁명 교육 시행 계획'을 보면, 4차 산업혁명이라는 전제하에 ○○교육청 각 부서에서 하고 있는 많은 것들을 다시 뭉쳐 재나열한 수준이었다. '**과학, 기술, 다문화, 민주시민, 교육과정, 체육, 도서관, 진로, 연구회, 미래학교**'까지 포함하고 있는데, 4차 산업혁명과 연결된 것 같기도 하고 아닌 것 같기도 하지만, 어쨌든 4차 산업혁명은 모든 것과 연결되니까 이해해 주는 것으로 하자. 물론 그 계획은 너무 방대하고 모호하여 후속 절차가 진행되지 않아 다행이었지만, 지역청이나 학교에서는 누가 그 문서를 담당하느냐로 다소 혼란스러웠다.

　　○○교육청의 '**AI · 과학 · 메이커 · 영재 · 정보 · 수학교육 주요 업무 계획**'도 같은 맥락인데, 이것은 교육부의 '과학 · 수학 · 정보 · 융합교육 종합계획(2020－2024)'에 AI와 메이커 교육을 포함하여 구성한 것이다. 교육부의 계획은 그동안 과학, 수학, 정보, 융합교육의 계획이 각각 독립적으로 수립되어 추진되어왔으나 **정책의 연계성이 부족하다는 생각에 4개 영역의 중장기 종합계획을 함께 모아서 동시에 수립한 것**이다. 내용을 보면 각각의 계획들을 순서대로 나열했는데, 융합교육을 공부하는 나로서는 이렇게 해서 융합교육이 잘 될 수 있을까 의문을 갖게 된다. 이러한 조합만 보아도 교육부가 STEAM의 범주 안에서 융합교육을 추진하고 있다는 것을 알 수 있지만, 그럼에도 융합은 STEAM 범주 안에서도 여전히 되지 않아 각각의 계획을 모아놓은 수준에 불과하다. 융합의 시대에 연결도 좋지만, 옆에 나란히 있다고 연결되는 것이 아니라는 것을 알아야 할 것이다.

그러니까 **교육청 각 부서에서 부서 업무를 계획할 때 모든 것을 포함하는 계획으로 구성하는 것이 아니라,** 자신들의 고유 업무만을 다루어야 한다. '4차 산업혁명'이나, '미래교육', '에듀테크', '스마트', '융합' 등 이슈가 되는 용어들은 교육과정뿐만 아니라 정보, 시설, 창체, 문화, 예술, 체육, 도서관, 진로, 연수 등 모든 부서에서 사용한다. 자신들의 실적을 크게 하기 위해 당시 유행하는 좋은 어구들을 넣고, 타 부서에서 해야 하는 일까지 모두 자신들의 계획에 넣으면 안 될 것이다. 본질은 하나인데, 여기에서도 사용하고 저기에서도 사용해서 나중엔 어느 것이 진짜인지 알 수가 없고, **여러 부서에서 시달되는 공문에 학교는 숨 막히게 된다.**

또한 교육부나 시도교육청이 동일한 정책의 이름을 자주 바꾸는 것도 개혁 피로감을 높인다. 마치 새로운 정책, 새로운 교육 방안으로 내세우지만 자세히 보면 기존에 해왔던 것이고, 그러한 것들이 많아지니 정작 새로운 정책도 새로운 것이 아닌 것으로 생각하게 된다. 담당자가 바뀔 때마다 명칭이 바뀌고, 그래서 학교는 혼란스럽고 새로울 것이 없다고 생각한다. '꿈·끼 탐색주간', '프로젝트 주간', '특색 교육과정', '학교자율과정', '교사교육과정', '교육과정재구성', '클러스터', '공동교육과정' 등등. 이름이 중요한 것이 아니라 실제 목적대로 운영되는 것이 중요한데. '현대 쏘나타 자동차'는 38년이 지나도 '쏘나타'이듯 **오래되어도 좋은 것은 지속되어야 한다.**

이렇듯 **정책이라는 것이 최초 기획할 때와 다르게 왜곡되어 실행되는 경향이 있는데, 이것은 정책의 명확성이 부족하여 정책제안자와 실행자 사이에 갭**(gap, 격차)**이 있기 때문**이다. 많은 사람들이 개혁의 필요성을 인식하고 공감한다 하더라도, 어떤 방식으로 어떤 개혁을 실행하는지에 대해 명확하게 인지하지 못하면 개혁이 어떤 의미가 있는지조차 불투명하게 생각하게 된다(오찬숙, 2014:79). 교사들은 추상적인 목표와 지시사항 때문에 혼란을 겪고 불안해하고 짜증이 나고 결국엔 노력을 포기하게 되는데, 목적이 불분명하고 산만하며 비현실적이고 끊임없이 변화하고 게다가 그것이 타인이 부과한 목적이면 교사들은 불행하다고 느낀다(Hargreaves 외, 2015:177).

그러므로 미래교육의 성공을 위해 **정말 필요한 것을 명확하게 전달하는 계획을 구성**하고, 처음 목표했던 방향으로 지속적으로 진행될 수 있도록 **실행단계에서 다시 한번 목표를 강조**해야 한다. 담당부서나 담당자의 성과를 커 보이게 하려고 외장을 부풀려 이슈가 되는 모든 것을 포함하지 말고, **실제적으로 각 학교에서 정확하게 실행할 수 있도록** 내실을 기해야 한다. 단위학교 수준에서 할 수 있는 사업은 학교에서 하게 하고, 교육청은 초연결의 시대에 걸맞게 네트워킹과 정책 확산 실행에 중점을 두어야 할 것이다.

에필로그

미래교육으로 변화해야 하는데, 많은 사람들이 모든 교육 문제에서 '대학입시'가 우리의 발목을 잡기 때문에 해결이 어렵다고 이야기한다. 우리나라의 높은 교육열은 산업화 시대에는 발전의 원동력이었지만 한편으로는 선진국 진입의 문턱에 있는 지금까지도 발전의 걸림돌이라는 지적을 받고 있다. 사회는 바뀌고 있고 교육도 바뀌고 있는데, 자녀에 대한, 특히 **자녀의 직업에 대한 생각이 바뀌지 않으면** 더 나은 방향으로 나아가기 어렵다. 아이들에게 함께 더불어 살아가는 힘을 길러주어야 하지만 많은 학부모들은 자녀가 조금도 손해를 보면 안 된다는 생각으로 끝까지 다투는 사례들이 많다.

아이를 길러 사회의 일원이 되도록 노심초사 걱정해온 나는 **지금 우리나라의 상황이 우리 청년들에게 너무나 어렵고 힘든 시기**라 생각한다. 우수한 스펙을 갖추고 소위 SKY 대학을 나와도 직업을 갖지 못하고, 너무나 많은 사람들이 공무원이 되기를 원하는 사회, 그리고도 자신의 적성과 맞지 않아 이직하고 다시 취업준비생이 되는 사회. **40년 가까이 교사로서 살아가고 있는 나는 무한한 책임감과 미안함을 느낀다.** 매 순간 노력했지만 사회의 큰 틀을 변화시키지 못하고 부모로서, 교사들의 선배로서, 사회의 한 구성원으로서 큰 좌절감을 갖게 된다.

내가 하지 못한 것을 내 아이에게 강요하지 말라고 누차 강조하는 나는 아이들의 진로가 매번 바뀌고 고등학생, 대학생이 되어서도 자신의 진로를 찾기가 어려운 아이들에게 우리 어른들이 넓은 이해심과 기다려 주는 마음으로 자녀들을 길러야 한다고 생각한다. 과거 학생이었던 '지금의 주인공'인 우리 청년들이 많은 실패들을 성장의 동력으로 삼아 오뚝이처럼 다시 도전하는 마음을 갖고 밝게 살아가기를 바란다. 우리 청년들의 아이들이 미래사회의 주인공으로서 창의성과 주도성을 가지고 살아갈 수 있도록 우리 모두 힘을 합쳐 미래교육을 준비했으면 한다.

◆ 참고문헌 ◆

강효선(2020). IB MYP 통합교육과정의 원리와 한국 교육과정에 주는 시사점. 제주대 대학원 박사학위논문.

강현석 외(2005). 교육과정 수업평가를 위한 새로운 분류학. 서울시: 아카데미 프레스.

경기도교육청(2023). 2023 고등학교 학업성적관리 시행지침.

교육부(2019). 제6차 교육정보화 기본계획(2019~2023).

교육부(2021). 2022 개정 교육과정 총론 주요사항.

교육부(2021). 포스트코로나 대비 미래지향적 사회교과군 교육과정 구성 방안 연구.

교육부(2022). 초·중등학교 교육과정 총론.

김수형, AI 강국보고서팀(2020). 비욘드 사피엔스 인공지능, 초지능 인간이 온다. 매일경제신문사.

김승호(2020). 온라인 수업 시대의 디지털 시민성 함양교육(CP2020-18). 한국교육개발원 2020 이슈페이퍼 6호.

김언순(2018). '학교-지역사회 연계교육' 활성화를 위한 지역교육자원 활용방안: 서울시 동북지역 2개 자치구를 중심으로. 학습자중심교과교육연구.

김현경·김선경(2023). 융합교육(STEAM) 운영 현황 실태 조사 및 미래형 융합교육(STEAM)에 대한 인식 조사. Brain, Digital, & Learning, 13(1).

다니엘 핑크(2012). 새로운 미래가 온다. 서울시: 한국경제신문 한경BP.

마야 비알릭 외(2020). 인공지능 시대의 미래교육. 서울시: 피와이메이트.

박제원(2021). 미래교육의 불편한 진실. 고양시: 한국교육방송공사.

박유현(2022). DQ 디지털지능. 경기도: 김영사.

방송통신위원회·NIA 한국지능정보사회진흥원(2022). 2022 사이버폭력 실
   태조사.

서울특별시교육청교육연구정보원(2022). 서울 고교학점제 전면 도입을 위
   한 안착 방안 연구: 일반고 지원을 중심으로.

소프트웨어정책연구소(2021). 보편적 정보 교육 확대 방안(연구보고서
   RE-107).

안양과천교육지원청(2022). 안양과천형 교과특성화학교 운영 계획서 자료집.

IB 교육이란 무엇인가? 한국어 번역본(2020.8), https://www.ibo.org/glob-
   alassets/new-structure/become-an-ib-schoolpdfs/what-
   is-an-ib-eduation-ko.pdf.

오찬숙(2014). 교사학습공동체의 개혁확산 과정에 관한 사례연구. 박사학위
   논문. 고려대학교.

오찬숙(2015a). 중등학교에서 융합교육 실행의 쟁점과 과제. 교육학연구.
   53(3), 229-264.

오찬숙(2015b). 중등 융합교육 레시피. 서울시: 지식과감성#.

오찬숙(2018). 제4차 산업혁명 시대를 대비하는 교육방안으로서 융합교육
   프로그램 효과 분석. 교육연구. 32(2), 26.

오찬숙(2019). 융·복합시대를 대비하는 학교차원의 융합교육 실행 방안 탐
   구. 교육학연구. 57(1), 331-364.

오찬숙(2020). 학교를 변화시키는 마법. 서울시: 피와이메이트.

이혜정 외(2019). IB를 말한다. 서울시: 창비교육.

조봉수(2017). 미래의 교육, 올린. 서울시: 스리체어스.

최연화·최경애(2021). 대학 교양교육으로서 지역사회 연계교육의 현황과

과제. 한국교양교육학회, 15(6).

평택교육지원청(2020). 2020~2021년 고교학점제 선도지구 운영 계획.

한국교육과정평가원(2017). 외국 사례 분석을 통한 우리나라 학교 교육 강화 방안 탐색. KICE POSITION PAPER, 9(5).

한국교육과정평가원(2018). 학생 역량 강화를 위한 초학문적 융합 수업 현장 실행 연구. RRI 2018－1.

한국교육개발원(2016). 융합교육을 통한 영재교육.

한국교육개발원(2022). 한국교육개발원 교육여론조사(KEDI POLL 2022), 연구보고 RR 2022－15.

한국교육학술정보원(2022). 2022 교육정보화백서.

한국교원대 교육연구원(2014). 제8회 청람교육포럼, 융복합시대를 위한 인재 육성 방안.

Australian Curriculum, Assessment and Reporting Authority[ACARA] (2013). The shape of the Australian curriculum version 4.0. Retrieved from https:// acaraweb. blob. core.windows.net/re－sources/The_Shape_of_the_Australian_Curriculum_v4.pdf.

Flavell, J. H. (1979). Meta－cognition and cognitive monitoring: A new area of cognitive－developmental inquiry. American Psychologist, 34(10), 906－911.

Fullan, M.(2017). 학교개혁은 왜 실패하는가[The new meaning of edu－cational change]. (이찬승 · 은수진 역). 서울: 21세기교육연구소. (원전은 2015에 출판)

Hargreaves, A., & Shirley, D. L.(2015a). 학교교육 제4의 길 1(학교교육 변화의 역사와 미래방향)[The Fourth Way: The Inspiring Future for Educational Change]. (이찬승 · 김은영 역). 서울: 21세기교육연구소. (원전은 2009에 출판)

OECD(2005). The Definition and Selection of Key Competencies Executive Summary.

OECD(2013). OECD Skills Outlook 2013: First Results from the Survey of Adult Skills. Programme for the International Assessment of Adult Competencies (PIAAC). (http://www.oecd.org/site/piaac/surveyofa‐dultskills.htm)

OECD(2019). OECD Future of Education and Skills 2030: OECD Learning Compass 2030.

Rogers, E. M., & Kincaid, D. L.(1981). Communication networks: Toward a new paradigm for research. New York: The Free Press.

UNESCO(2018). A Global Framework of Reference on Digital Literacy Skills for Indicator 4.4.2. Information Paper No.51.

WEF(2015). New Vision for Education: Unlocking the Potential of Technology.

WEF(2016). New Vision for Education: Fostering Social and Emotional Learning through Technology.

교육플러스(2021.8.3.). "'통합사회'는 아직 '통합' 안됐다...과목 '쪼개기' 수업 여전". http://www.edpl.co.kr/news/

뉴스1(2023.10.1.). "디지털기기 못 쓰게 하는 선진국…디지털교과서 문제 없나". https://www.news1.kr/

뉴시스(2021.8.2.). "[혁신학교 반발 왜 계속되나③] "일반학교 보다 학력 떨어진다" 부정 인식". https://mobile.newsis.com/

데일리안(2023.10.16.). "성남에 '움' 트는 공유학교...지역사회 협력 기반 '성남다(多)움'". https://www.dailian.co.kr/

동아일보(2023.5.29.). "서울대 이공계 신입생 10명중 4명 '수학 학력미달'". https://www.donga.com/

오마이뉴스(2021.4.27.). "스웨덴도 걱정하는 코로나 시대 교육격차". http://www.ohmynews.com/

연합뉴스(2023.2.19.). "하위권 학생에게 더 압박인 고교학점제…"적성 파악 어려워"". https://www.yna.co.kr/

조선에듀(2022.7.22.). "교사 52% "고교학점제 철회해야"…1년 전과 상반된 결과". https://edu.chosun.com/

중부일보(2013.6.28.). "인성교육의 장(場), 학교". http://www.joongboo. com/

중앙일보(2017.9.19.). "통합사회·통합과학 교과서, 현장교사들이 분석해보니". https://www.joongang.co.kr/

중앙일보(2018.5.18.). "통합사회·통합과학 도입 두 달…교사 60% "융합사고력 기르는데 도움 안 돼"". https://www.joongang.co.kr/

중앙일보(2021.3.17.). "서울 혁신학교 올해 신설 18곳 중 강남 '0'…10년째 기피 이유는". https://www.joongang.co.kr/

한국일보(2022.9.12.). "고교학점제 도입 찬성하는 초중 학부모 14.3% 불과". www.hankookilbo.com/

저자 소개

오찬숙

고려대학교 영어교육학과 졸업 후 영어교사, 장학사, 교감, 교장, 장학관을 거쳐 현재 경기도성남교육지원청 교육장으로 근무하고 있다. 고려대학교 일반대학원에서 교육행정학 및 고등교육학을 공부하여 박사 학위를 받고, 이후 5년간 같은 학교 교육대학원에서 교육행정과 리더십 관련 강의를 했으며, 12년 전 경기도창의 융합교육연구회를 구성하여 교사들과 함께 융합교육에 대한 연구와 실천을 지속하고 있다.

주요 연구 관심사는 '미래교육'과 '개혁확산 과정', '융합교육', '미래핵심역량', '교사 역량개발', '교사학습공동체' 등으로, 이와 관련된 논문과 다수의 학술지를 게재하였으며, 티처빌 원격교육연수원의 콘텐츠로 "야! 나도 이제 융합교육 할 수 있다!(교사와 학생에게 희망을 주는 융합교육)"를 제작한 바 있다. 저서로는 "(학생, 학부모, 교사가 함께 하는) 중등 융합교육 레시피"와 "학교를 변화시키는 마법"이 있다.

오박사의 미래교육으로 가는 7가지 방법

초판발행	2024년 1월 22일
지은이	오찬숙
펴낸이	노　현
편　집	김다혜
표지디자인	Ben Story
제　작	고철민 · 조영환
펴낸곳	㈜ 피와이메이트
	서울특별시 금천구 가산디지털2로 53, 한라시그마밸리 210호(가산동)
	등록 2014. 2. 12. 제2018-000080호
전　화	02)733-6771
f a x	02)736-4818
e-mail	pys@pybook.co.kr
homepage	www.pybook.co.kr
I S B N	979-11-6519-494-9　93370

copyright©오찬숙, 2024, Printed in Korea

* 파본은 구입하신 곳에서 교환해 드립니다. 본서의 무단복제행위를 금합니다.

정　가　19,000원

박영스토리는 박영사와 함께하는 브랜드입니다.